黎友焕 著

企业社会责任在中国

广东企业社会责任建设前沿报告

华南理工大学出版社
·广州·

内容简介

本书是作者对国际企业社会责任运动在中国的发展情况，尤其是对广东企业社会责任建设的情况进行调查、研究所做的总结，分主题报告、专题报告、实践报告三大部分。主题报告部分论述了以SA8000为代表的企业社会责任认证对广东对外经济贸易的影响，从整体上对广东企业社会责任建设作了回顾和总结。专题报告部分针对广东企业社会责任理论研究、构建和谐社会与企业社会责任建设、民营企业的企业社会责任建设、珠三角“民工荒”与企业社会责任建设、珠三角核心竞争力与企业社会责任建设以及企业社会责任的法制建设等，对企业社会责任建设作了研究，并探讨了新形势下各个相关部门的应对措施。实践报告部分主要论述了广东企业在环境保护、社会保障、依法经营、工会维权、公益事业等方面承担社会责任建设的具体情况。

本书立足广东，面向全国，放眼世界，在探究企业社会责任建设、构建和谐社会方面具有一定的参考价值，可供相关领域政府部门研究人员借鉴、参考。

图书在版编目（CIP）数据

企业社会责任在中国：广东企业社会责任建设前沿报告/黎友焕著．—广州：华南理工大学出版社，2007.9

ISBN 978-7-5623-2583-3

Ⅰ.企…　Ⅱ.黎…　Ⅲ.企业-社会-职责-研究-广东省　Ⅳ.F279.276.5

中国版本图书馆CIP数据核字（2007）第046620号

总 发 行：华南理工大学出版社（广州五山华南理工大学17号楼，邮编510640）
营销部电话：020-87113487　87110964　87111048（传真）
E-mail：scutc13@scut.edu.cn　　**http**：//www.scutpress.com.cn

策　　划：潘宜玲

责任编辑：潘宜玲　胡　元

印 刷 者：广州市穗彩彩印厂

开　　本：787mm×960mm　1/16　**印张**：16.75　**字数**：310千

版　　次：2007年9月第1版　2007年9月第1次印刷

定　　价：35.00元

前 言

近年来，随着国际企业社会责任运动的发展和我国对外交流的不断深入，国际企业社会责任理念由跨国公司导入中国，并对我国经济社会发展产生了巨大的影响。从广东省社会科学院 SA8000 与企业社会责任课题组跟踪的情况看，目前国际企业社会责任运动及其理念对我国的影响主要是外向型企业，尤其是劳动密集型外向型企业。广东是我国外向型劳动密集型企业的重要基地，是受国际企业社会责任运动影响最大的地区。因此，加强对广东地区的企业社会责任研究显得相当紧迫和重要。相信本研究对全国其他地区也有重要的启示和借鉴作用。

对广东的地方性企业社会责任研究，很难从理论上形成很严密的逻辑框架体系，但根据广东企业社会责任发展的现实情况进行跟踪调研、形成相关的调研报告却非常现实和可行。广东省社会科学院作为省委、省政府的智囊团、思想库，有开展对广东地区进行实地调查研究的条件和资源，所形成的调研报告成果也便于推荐给政府部门或企业作参考。由笔者主持的广东省社会科学院 SA8000 与企业社会责任课题组，自 2004 年以来相继推出了“SA8000 前沿研究系列报告”、《广东省企业社会责任建设蓝皮书》等研究成果，在社会上引起了较大的反响。因此，从 2004 年开始，笔者就开始针对广东企业社会责任建设与广东外向型经济发展相结合的情况展开研究，并充分利用广东省社会科学院为该项研究专门设立的数据库和前期的调研成果，形成了系列研究报告。

本书主题报告的第一篇“SA8000 对广东对外经济贸易的影响及其对策研究”，是在 2004 年 2 月提供给广东省委、省政府主要领导参阅的报告（见《社会经济决策参考》2004 年第 8 期）的基础上进一步研究形成的，也是笔者所承担的广东省哲学社会科学规划项目中主题报告的主要内容。本书中各报告的内容大部分基于对实际调研材料所进行的判断和分析。在撰写方法上同其他应用型决策报告有很大的区别，即运用了经济学和管理学的很多分析方法和数理模型对调研材料进行剖析，这是本书的一大特点。

本书在2005年10月完成初稿，之后又进行了多次的修改。笔者的博士生导师叶祥松教授和赵景锋教授，师兄喻卫斌博士、曹宗平博士、许治博士和师弟罗海平、郭庆学、何一鸣等人，都相继参与了本书的撰写或修改工作；中山大学研究生王贤彬和笔者指导的研究生杜彬也全面参与了本书的修改与收集资料的工作。他们为本书的撰写、修改和出版付出了大量的时间和精力，实际上，本书也应该是以上这些老师和朋友们的共同劳动成果。同时，本书的撰写还参考了很多同行专家、学者的科研成果。另外，广东省企业社会责任研究会对本书的出版也给予了资助。在此一并致谢！

黎友焕

2007年3月

目　录

主题报告

专题报告

实践报告

主题报告

SA8000对广东对外经济贸易的影响及其对策研究

一、导　论

（一）研究背景及意义

1. 研究背景

随着中国经济的日益崛起，中国对国际经济贸易和国际事务的影响越来越大，同时也已不知不觉地进入了“国际经济摩擦时代”。目前，按照中国经济发展的速度和趋势，中国面临的国际经济摩擦将日趋严重，国际经济贸易摩擦将成为中国经济发展的常态，需要我们逐渐适应，并在摩擦中寻求不断发展。

从20世纪70年代开始，以资本全球化、市场全球化和贸易规则全球化为主要特征的经济全球化进程进一步加快，在更大范围和更高层次上以更快的速度优化了资源配置，促进了经济的繁荣，同时也打破了国际社会的传统利益格局和调整机制，加剧了社会矛盾。在重构新的国际经济贸易规则的过程中，一方面，以捍卫消费者权益、劳工利益和环境保护这三大公众利益为核心的企业社会责任成为不同利益集团共同关注的焦点，也成为他们争夺利益的新阵地，企业社会责任在这种氛围下得到广泛的推广。另一方面，跨国公司对全球经济以及各国政治、社会生活的影响扩大，跨国公司将生产线转移到生产成本低廉的发展中国家，从而建立了全球性的生产网络，世界范围的资源流动和全球化生产使跨国公司能够规避国际劳工法规，且不受东道国劳工法规的制约，从低成本生产地区间的国际竞争中获得更大的利润。针对跨国公司转包生产体系中存在的“血汗工厂”问题，西方发达国家的消费者、工会组织以及非政府组织等团体发起了对跨国公司的“拷问”运动，强烈要求跨国公司在全球扩张的市场竞争中，在谋求最大经营利润的同时，承担其对相关利益者的社会责任，于是，企业社会责任运动便伴随着跨国公司的业务发展而向全世界扩散和渗透。

随着人们价值观念、消费观念的改变以及对可持续发展观的认同，围绕着捍卫消费者权益、劳工利益和环境保护这三大公众利益，西方社会掀起了一系列既深入、广泛而又持久的社会运动，包括消费者运动、劳工运动、环保运动、女权运动、社会责任投资运动和可持续发展运动等。如在消费者运动方面，西方消费者普遍关心他们所购买的商品是否是“清洁或干净”的，他们以“拒绝购买”的方式来“拷问”生产企业：他们购买的这些商品的制造过程是否符合以上一系列运动的要求，从而迫使生产企业关注并倾听消费者的声音。这些捍卫公众利益的社会运动的不断发展，使西方社会不断推出新的价值观和发展观，并形成新的共同社会观。与这种新的共同社会观相适应的是一股能左右消费潮流的市场力量，它要求企业按照其道德要求调整经营管理思路。在这种新的社会环境下，企业实现利益的途径已经从原来依靠单纯的市场竞争转变为以社会公众利益的实现为前提，企业实施企业社会责任已经从当初以被动地处理劳工冲突和环保问题为主要内容，提升到主动地实施企业社会责任战略来提高企业国际竞争力为主要目的。

目前，企业社会责任运动已不仅仅是一种理念，而且还是一种实践。在西方发达国家，尽管以赢利为惟一目的的实践依然很强势，但越来越多的人和企业开始接受具有社会责任感的企业实践。此外，来自社会的压力包括舆论压力和各种法规，也从另一侧面促成了这一运动的发展。可以说，国际企业社会责任运动已经成为消费者和其他相关利益者推动的不可阻挡的国际社会潮流。近年来，随着我国对外经济贸易的发展和对外交流的逐步深入，国际企业社会责任运动导入我国，尤其是包括 SA8000 和各大跨国公司制定的数百个生产守则在我国出口企业的广泛认证，使我国出口型企业受到了很大的冲击，引起了社会各界的广泛关注。可以说，在当前国际贸易格局和国际贸易规则出现巨大调整的新时期，我国对外贸易将面对来自企业社会责任运动的重大压力。这场运动将会对我国的对外贸易优势、出口成本、出口商品结构、出口产业结构甚至社会经济结构都会产生较大的影响。

2. 研究意义

在来势汹涌的国际企业社会责任运动浪潮中，我国对外贸易的成本比较优势可能被加剧弱化，对外贸易体系将面临巨大的冲击，国际贸易规则将可能因此而改变。珠三角的许多外向型企业已经感觉到这场运动所释放出来的压力，对采取何种新的策略参与经济全球化以及如何应对这场社会责任运动的研究相当紧迫。

广东出口的大类商品主要以机电、纺织、鞋帽、珠宝加工等劳动密集型传统产品为主，在国际市场上主要靠价格低廉、薄利多销取胜。而 SA8000 推行的直接效应，就是使相当大的一部分劳动密集型产品，因为劳工等所谓的社会责任因素而无法进入目标市场或被迫退出目标市场，具体表现在没有获得有关认证的产品的市场竞争力大大降低，从而改变和影响全球贸易发展的格局。目前，由于 SA8000 加快了在全球的推进步伐，获得社会责任管理体系认证企业的产品越来越受青睐。如果市场上有两件同样的产品，一件有社会责任标志，另一件没有，那么，即使前者的价格比后者要高，消费者也往往会选择前者。所以，积极主动地研究、参与、讨论、制定双边或多边规则的谈判活动，争取达成最大限度地保护自己利益的有限妥协条款，才是明智的策略。从目前的实际情况来看，欧美等发达国家在国际劳工标准的实施上开始采取单方面的行动。因此，我们有必要加强对 SA8000 的研究，在劳工标准问题上主动与发达国家进行沟通和对话，否则，就可能失去在短期或中期贸易交往中的竞争优势。

由于我国理论界对企业社会责任的研究还相当薄弱，对 SA8000 的研究更是寥寥无几，全国研究企业社会责任的书籍很少，且大都是从法律或公司治理或跨国公司的某个生产守则的角度偶尔探讨，或就某方面对企业社会责任进行探讨，这就导致了各界对企业社会责任运动和 SA8000 的不甚了解。由此可见，加强对 SA8000 的研究已迫在眉睫。

（二）国内外 SA8000 研究动态

1. 国外 SA8000 研究动态

从目前 SA8000 的认证情况看，SA8000 主要在发展中国家推行，发达国家中企业认证 SA8000 寥寥无几，因此发达国家专门针对 SA8000 的学术研究几乎没有；但是，对社会责任方面的研究却较多。笔者在英国诺丁汉大学做访问学者期间，在与很多专门研究企业社会责任的专家讨论企业社会责任相关问题时，发现很多研究企业社会责任的学者甚至还不知道有 SA8000，也有不少人得知 SA8000 的信息竟然来自中国国内对 SA8000 的讨论或研究材料。目前，国外对 SA8000 的研究以发展中国家居多，但研究成果并不多。

Kaewta Rohitratana（2001）认为，泰国普遍存在超时工作问题，SA8000 的实施会大大降低泰国服装的出口竞争力，但是 SA8000 的实施在一定程度上能够缓解劳资关系紧张的问题①。布登（Frans Paul Van der Puttern，2004）在

① Kaewta Rohitratana，PhD. How to effectively implement SA8000 in Thailand，presentation at the ICIT conference，2001.

分析 SA8000 对中国出口企业潜在影响时认为，获得认证尽管有可能提高企业在国际市场上的形象方面的竞争优势，但是相关认证的高费用，可能会抵消这种优势[①]。

国际企业对 SA8000 的实施效果也有不同的看法。国际跨国公司普遍持积极支持态度。SGS－ICS 瑞士通用公证行国际认证服务高级副总裁约翰·布鲁斯（John Brooks）认为："SA8000 是一个再好不过的标准，是该领域迄今为止所公布的最好标准。同 ISO9000 一样，如能加以正确解释，它将在各行各业的企业组织中得到圆满的实施，不论这些企业的规模和组织方式如何。"美国玩具反斗城公司产品开发和安全保证总监汤姆·德鲁卡（Tom Deluca）认为："SA8000 是最好的创新行动，一旦供应商完全实施，像我们这样的组织，可依赖 SA8000 认证过程，以替代我们内部进行的供应商审核。"美国雅芳公司全球供应商发展总监菲驰·黑莱尔（Fitz Hilaire）充分肯定了 SA8000 的作用，他认为："考虑到 SA8000 对人力资源管理的作用，即使没有公司总部的推动，工厂也会寻求 SA8000 认证。"另一方面，人们也表现出对 SA8000 认证的某些担忧。泰国工业部贸易发展办公室主任伟侯恩·斯麦凯迪（Vithoon Simachokedi）指出："部分泰国电子、纺织品、服装、家具产品出口商称，美国贸易伙伴要求他们一年内符合 SA8000 标准，执行新标准任务十分紧迫。"[②] 联合国国际劳工组织北京局的技术顾问王林（Wan Ling）认为，事实上被许多社会公益人士寄予厚望的 SA8000 也只是一个普通的商业认证标准，并非已经获得普遍认可的强制性国际标准，中国劳工问题的根本解决之道仍在于《劳动法》的不断完善和有效执行。

2. 国内对 SA8000 研究动态

（1）国内理论界研究 SA8000 的几个阶段。

国内理论界研究 SA8000 大体上可以分为如下几个阶段[③]：

第一阶段，是以 SA8000 出台后到 2003 年 12 月 12 日《粤港信息时报》（后来改成《民营经济报》）发表的"美欲向我抡 SA8000 大棒　珠三角恐成重灾区"一文为标志。这个阶段的特点是理论界的研究比较零散，国内已有不少有关 SA8000 的报道文章，但却很少有人或媒体专门进行长期跟踪研究或连续发表系

① Frans Paul Van der Puttern. Relevance and potential impact of SA8000 in China, Gemma crijns, 2004.

② 周国银，张少标. SA8000 社会责任国际标准实施指南［M］. 深圳：海天出版社，2002.

③ 黎友焕. SA8000 与中国企业社会责任建设［M］. 北京：中国经济出版社，2004：375－378.

列文章，国内各界包括理论界和外经贸领域的人士了解 SA8000 的寥寥无几。现在回顾当时公开发表的文章，理论界基本上把 SA8000 界定为技术贸易壁垒；企业已经通过或正在认证 SA8000 的几乎全都是在国外购买方的要求和指引下进行，咨询、培训和认证机构全都由国外购买方联系和包办，其他绝大部分企业基本不了解 SA8000 的要求或含义；政府部门在这个阶段基本上没有对 SA8000 发表任何言论。

第二阶段，是从 2003 年 12 月 12 日《粤港信息时报》发表的“美欲向我抡 SA8000 大棒　珠三角恐成重灾区”一文到 2004 年 4 月 28 日《南方日报》发表的“跨越 SA8000”一文为标志。这个阶段的特点是媒体一下子把 SA8000 炒得铺天盖地，而且越炒越玄乎，甚至出现了很多误解和曲解。我们也注意到，在这个阶段很多接受媒体采访者，其实不了解 SA8000，所以这个阶段媒体对 SA8000 的报道几乎是没有新意的“膏药”，不过是从这个媒体“贴”到那个媒体罢了。另外，由于媒体的炒作，引发了国外从事 SA8000 工作的所有机构都前所未有地对中国市场产生了浓厚的兴趣，纷纷派人前来中国打开其工作局面。理论界开始关注和研究 SA8000，企业在媒体的炒作下纷纷到处了解 SA8000 的情况，表现出对 SA8000 认证的高度重视。政府相关部门也开始注意 SA8000。媒体方面要算《粤港信息时报》最积极，多次推出了系列报道。

第三阶段，是以 2003 年的 10 月 28 日《南方日报》发表的“跨越 SA8000”一文到 2004 年 7 月 13 日《羊城晚报》发表的“SA8000 认证国内遭遇尴尬”一文为标志。这一阶段的特点是对 SA8000 的争论达到了高峰，主要集中在 SA8000 是不是“壁垒”上。首先是《南方日报》作为广东省委党报，少有地以全版登载由广东省社会科学院 SA8000 课题组供稿的“跨越 SA8000”。与此同时，各种媒体纷纷转载。商务部的《WTO 经济导刊》和原国家经贸委的《现代企业教育》等杂志纷纷开辟专栏，引起了理论界和政府相关部门的高度重视。很多政府相关部门纷纷组成工作组进行调查研究，不少理论界的专家和政府官员也就 SA8000 发表看法，全国兴起了培训 SA8000 知识的热潮。境外的中介机构（主要是经过 SAI 授权、有权进行认证的 9 个认证公司在香港的中介机构）纷纷进入中国内地开展培训、咨询和认证业务。国内的相关认证机构和中介组织也就 SA8000 开展了一系列活动，但大都受制于境外同行机构，对 SA8000 的培训和咨询市场被高度垄断程度表示很不理解，却找不到答案。

第四阶段，是从《羊城晚报》2004 年 7 月 13 日发表的“SA8000 认证国内遭遇尴尬”一文为标志到现在。这个阶段的特点是，对 SA8000 认识的扭曲逐步回归到正确的轨道。理论界和相关政府部门的深入调查研究取得了初步的成果，对SA8000的看法出现了转变。更为值得一提的是，由于对SA8000的深入研究，得到了更有深刻意义的启示，理论界开始从对SA8000的研究转入到对中国企业社会责任的研究。相信在不久的将来，这个领域的研究成果将不断涌现，对企业社会责任建设敏感区域研究的沉默局面必将被打破，对劳工及其他社会责任建设的话题将长期成为媒体的焦点。大批企业对SA8000的看法也迅速回归，感受到SA8000压力的企业表示将继续认证SA8000；还没感受到压力的出口企业对SA8000出现了反感的情绪。境外开展认证的机构的认证和咨询活动开始有所收敛，不再大张旗鼓，而转为更加隐秘的形式，包括经过SAI授权、有权认证的9家认证机构在内的所有境外涉及SA8000的机构，它们因广东省社会科学院SA8000课题组推出的“SA8000研究前沿系列报告”所反映的问题而震惊。这些认证机构开始反思其在中国开展SA8000认证的行为，对中国市场的关注程度更大。

（2）目前对SA8000研究的主要观点。

①对SA8000的理解和认识。叶祥松（2004）认为，随着贸易保护主义的重新抬头和贸易壁垒形式的不断翻新，作为旨在关注劳工身心健康和劳工权益的SA8000，它不仅迎合了发达国家借口保护人权和环境，从而达到保护本国产业、抑制发展中国家竞争优势的目的，而且也满足了公众和消费者关注可持续发展的好奇心，因此，SA8000这种新的贸易壁垒形式的隐蔽性和欺骗性使其在推行的过程中出奇的顺利[①]。喻卫斌（2005）认为，因为SA8000实际上的强制性认证，使这个“工作场所的行为标准”演变成了国际贸易与国际劳工标准“挂钩”之争的延续，把本来属于解决生产链与供应链内部的劳资问题提升到国家层面的贸易关系问题。随之而来，一个原本自愿选择的企业标准，变成了一个带有强制性的国际贸易标准[②]。

②SA8000对我国对外贸易的影响。曹宗平（2004）认为，相比较而言，发展中国家产品的比较优势主要体现在低廉的劳动力成本上，如果实行严格的劳工标准与企业社会责任标准，人力成本提高是无疑的。例如，如果企业按SA8000标准或者一些跨国公司自行制定的标准执行，某些劳动密集型生产商的平均人力成本会上升50%～100%，生产成本的上升对发展中国家企业的打

① 叶祥松．SA8000与中国企业社会责任建设（序）［M］//黎友焕．SA8000与中国企业社会责任建设．北京：中国经济出版社，2004.2.

② 张兵．企业社会责任渐成发展潮流：中国不宜推行SA8000？［N］．公益时报，2005-09-01.

击将是灾难性的，无异于将发展中国家的产品逐出国际市场[①]。梁桂全和笔者（2004）认为，由于社会文明与经济发展的阶段不同，各国在实施劳工标准时客观上呈现各自的特殊性和过渡性；而全球统一的SA8000标准在某种程度上实际成为发展中国家进入国际市场的障碍，其致命的关键之处在于它有效地化解了发展中国家在竞争中最大的比较优势——劳工成本。因为实施SA8000的认证和维护，需要企业投入巨大的人力、物力、财力去申请和更新，无疑将大大增加成本，使企业不堪重负[②]。

3. 对国内外文献研究综述的评价

由以上文献综述可以看出，国内外专家学者对企业社会责任和SA8000的相关影响进行研究和分析的结果有以下几个特点：第一，注重从企业社会责任问题入手，研究企业的社会责任存在问题和解决的对策；第二，深入研究SA8000给我国贸易方面带来的影响，全方位、多角度地进行分析；第三，注重资料的收集和整理，用事实说话，尽管目前有关企业社会责任和SA8000方面的数据较难收集。当然，由于企业社会责任问题和SA8000的研究才开展几年，时间不长，相关数据的缺失给研究带来一定的影响，尤其缺乏实证性的研究。

（三）研究的方法、基本思路及报告的框架结构

1. 研究的方法

本报告主要采用调查研究与理论分析相结合的方法进行研究。在资料收集方面，本报告采取了一手资料收集和二手资料收集相结合的方法，特别是分析广东企业对SA8000认证推行的反映，笔者对相关企业开展了深入的实证调查。在理论分析方面，本报告运用了大量的经济学理论尤其是权威的国际贸易理论，并结合客观实际情况进行了演绎、推理、分析。

2. 研究的基本思路

本报告研究的基本思路是：首先，说明SA8000产生的背景，解释SA8000的含义和基本内容，从宏观角度审视SA8000在世界范围内实施的情况并预计SA8000在世界范围内的发展态势。这部分主要为阐述SA8000对广东外经贸的影响作理论说明和相关背景的铺垫。其次，本报告论述SA8000在广东的现状和发展态势，这是说明SA8000对广东外经贸的影响的现实依据。

---

① 曹宗平．跨国公司和企业社会责任［M］//黎友焕等主编．2004广东企业社会责任建设蓝皮书．广州：广东经济出版社，2004：115－116．

② 梁桂全，黎友焕．SA8000削弱珠三角出口企业竞争力［J］．WTO经济导刊，2004（7）：83．

第三，分析了企业获取SA8000认证的主要推动力。论述这部分的目的是揭示外在因素对企业获取SA8000认证的影响和企业本身通过认证获取的利益。虽然部分企业通过了SA8000认证，但是企业本身却很少宣传。第四，进一步揭示企业通过认证后不敢宣传的原因，总结企业通过SA8000认证的若干启示。本报告的核心在于揭示SA8000对广东经济贸易的影响，通过以上相关分析，从市场准入、企业的生产成本、对外贸易、国民经济和经济安全等方面进行深入分析和阐述，总结广东应对SA8000的若干启示。

3. 报告的框架结构

报告的框架结构如下：

SA8000对广东对外经济贸易的影响及其对策
- SA8000概述
  - SA8000的产生
  - SA8000的含义及基本内容
  - SA8000在世界进程中的现状与发展态势
- SA8000在广东推行的现状和发展态势
  - SA8000在广东推行的现状
  - SA8000在广东推行的发展态势
- SA8000在广东推行的主体及其行为分析
  - 跨国采购公司积极推动SA8000认证的行为分析
  - 欧美国家政府默认及支持SA8000的行为分析
  - 相关认证、咨询中介机构推动SA8000的行为分析
- 广东企业通过SA8000认证后不敢宣传的原因透视
  - 企业通过SA8000认证却不宣传的原因分析
  - 广东企业推行SA8000的若干启示
- SA8000对广东对外经济贸易的影响
  - 对市场准入的影响
  - 对企业的影响
  - 对贸易量的影响
  - 对国民经济发展的影响
  - 国家的经济安全受到挑战
- 广东应对SA8000的策略
  - 建立并推行广东劳工保护的社会责任国际认证体系
  - 加快行业协会的国际化接轨工作
  - 协调好跨国公司与广东经济的发展
  - 规范认证机构的经营行为
  - 规范出口企业行为，适当提高产品价格
  - 建立SA8000预警机制
  - 加强对SA8000知识的研究、培训和普及工作
  - 企业应积极推行企业社会责任建设
- 结论

（四）报告的主要特征及创新

1. 报告的主要特征

虽然SA8000在中国的推行刚刚开始，但是对中国企业和经济贸易的影响尤其是对广东经济贸易的影响已经逐渐显现。本报告主要是通过数据对广东外贸经济的现实进行分析，阐述SA8000对广东经济的影响，并且全面提出了政府、企业、行业协会等方面应对SA8000的举措。因此，本报告最突出的特征是理论与实践相结合，数学模型分析与演绎推理相结合，多角度、多层面揭示问题，具有多样化、实用性与系统性。

2. 报告的创新

本报告的创新之处有以下几点：

(1) 对SA8000的要点作出简要的分析，使读者对SA8000有全面系统的认识和理解。

(2) 利用在国外取得的第一手资料对通过了SA8000认证的企业进行分析，解释企业通过SA8000认证后不敢宣传的原因。

(3) 全面阐述SA8000认证对广东外经贸的影响，包括对市场准入的影响、对企业的影响、对贸易的影响、对国民经济发展的影响和对国家经济安全的影响。

(4) 阐述广东在经济贸易上应对SA8000的策略，包括政府、企业、行业协会等方面应当采取的相关措施。

二、SA8000概述

（一）SA8000的产生

1.SA8000产生的背景

从严格意义上讲，道德规范和国际贸易分属两个完全不同的领域，但冷战结束后，世界的政治、经济格局发生了巨大变化，新兴工业化国家的起飞导致发达国家在传统产品的国际市场竞争中失去优势。在诸多领域，新兴工业化国家已成为发达国家的竞争对手。发展中国家为实现经济赶超战略，鼓励出口，其廉价的劳动力带来了生产成本上的优势，在各个领域冲击着国际市场。为寻求遏制发展中国家竞争力的手段和途径，某些发达国家便构筑起种种非关税的贸易壁垒。

然而，在经济全球化的今天，传统的贸易壁垒形式面临着越来越大的挑战和阻力。首先，这些贸易壁垒形式与WTO的宗旨以及世界经济一体化的趋势相违背，必然遭到众多发展中国家的反对，在WTO下设的争端仲裁机构的斡旋中也处于劣势，因而必须寻找更具道义假象的理由。先行工业化国家提出：各国企业在履行社会责任方面，尤其是劳工状况的差异，使发达国家在成本价格和贸易竞争中处于不利的地位，必须采取协调一致的行动对发展中国家施加压力和采取限制行为。在近年来许多经济贸易和劳工标准的国际会议上，美国、德国等西方国家的政府代表和专家都一再提出这个问题。在东盟与欧盟外长会议上，当时德国外长金克尔代表欧盟国家明确提出要把人权、环境保护和劳动条件纳入国际贸易范畴，将劳动者权益与经济问题挂钩，即轰动一时的所谓"社会条款"。在关税与贸易总协定的乌拉圭回合谈判期间，美、欧等发达国家就曾经提出将劳工标准问题列入多边谈判的议题，主张在国际贸易自由化的同时，在贸易协议中制定出统一的国际劳工标准，并对达不到国际标准的国家的贸易进行限制。与此同时，美、欧等发达国家还主张在全球范围内推广"社会标签计划"，即在各国的产品上都加贴表明其生产和加工过程中是否符合劳工标准的"社会标签"，以便消费者选择、鉴别。WTO新加坡部长级会议宣言提到："国际劳工组织是制定和执行核心劳工标准的职能机构，我们对国际劳工组织提高劳工标准的工作表示支持。我们相信，由贸易增长带来的经济增长与发展和进一步的贸易自由化将会对这些标准的提高作出贡献。"在WTO于卡塔尔首都多哈举行的第四次部长级会议上的《部长会议宣言》中，再次重申了在新加坡部长级会议宣言中的观点，认为"全球化过程中的社会标准问题应该由国际劳工组织负责"。

事实上，廉价的劳动密集型产品制造国将其大量廉价产品出口到发达国家市场，受其冲击的当然是发达国家的国内市场，使其所在国的纺织品服装、玩具、鞋类等相关行业失业率上升或工资水平下降，引起发达国家政府的高度关注。美国等发达国家为了保护国内市场，减轻政治压力，日益加重了对发展中国家劳工条件及劳工环境的批评指责。发达国家一些地区性行业乃至全国、全球性行业组织和非政府组织纷纷参与制定相关规则，以求获得贸易自我保护。

正是在这一背景下，一方面，美、欧等发达国家把劳工标准同其对发展中国家实施的普遍优惠制度挂钩。北美和欧洲都已在自由贸易区协议中作出规定，提出所谓只有采用同一劳工标准的国家与地区才能参与贸易区的国际贸易活动，以期共同对抗以降低劳工标准投入作为贸易竞争手段的国家和地区，共同对那些劳工状况较差而又不采取措施改进的国家与地区在国际贸易中进行制裁和谴责。同时，在这些国家，一种以劳工标准为主要内容的、新的民间壁垒即SA8000也开始建立起来，在政府的首肯和支持下，且有由民间壁垒走向政府壁垒的趋势。

另一方面，由于消费者和公众的压力，面对日益激烈的市场竞争，很多欧美跨国公司都制定了各自的社会责任守则，同时，一些行业性、地区性、全国性乃至全球性的行业组织和非政府组织也制定了各不相同的守则。据国际劳工组织统计，这样的守则已经超过400种。跨国公司要推广本公司的社会责任守则，同时，它还要遵守行业性、地区性、全国性乃至全球性的守则，以迎合不同利益相关团体的需要。同样，对于一家供应商和制造商，它不得不应对不同客户的可能各不相同的守则，不得不重复接受不同客户的工厂检查。由于不同的守则内容可能各不相同，定义各不相同，缺少可比性，也缺少专业的审核员，零售商、供应商和工厂不得不花费大量的人力、物力和财力用于守则的实施和监督，公众和消费者对跨国公司这种缺乏透明度的监督制度也很不满意。公司和消费者都希望制定一个类似ISO9000的标准和全球通用的社会责任标准，同时建立一套独立的认证认可机制。正当各类国际机构或组织在寻求共同建立大家都来遵守的企业社会责任国际管理体系时，SA8000悄悄地先于其他组织的行动浮出水面，并企图以先推出的“优势”成为大家都来遵守的国际标准。

2.SA8000产生的过程

美国的经济优先权委员会（The Council on Economic Priorities，CEP）一直在积极推动并参与制定社会责任标准的活动。1997年初，经济优先权委员会成立了经济优先权委员会认可委员会（The Council on Economic Priorities Accreditation Agency，CEPAA），由CEPAA负责制定国际通用的社会责任标准，并根据质量体系评估和认证机构（ISO）的基本要求来评估认可认证机构。2001年，经济优先权委员会认可委员会（CEPAA）更名为社会责任国际(Social Account-ability International，SAI)。SAI咨询委员会负责起草社会责任国际标准。SAI咨询委员会声称它由来自11个国家的20个大型商业机构、非政府组织、工会、人权及儿童组织、学术团体、会计师事务所及认证机构的有关人士组成（注：SAI从不对外公布其组成成员，国际社会对其自称的成员广泛性问题无法考证）。

CEPAA在纽约召开的第一次会议上就提出了标准草案，最初命名为SA2000，经过多次协商后，最终定名为SA8000，并在1997年10月公开发布。2001年12月12日SAI发表了SA8000第一个修订版，即SA8000:2001。

（二）SA8000 的含义及基本内容

1.SA8000 的含义

SAI 和其他的 SA8000 利益相关机构没有对 SA8000 定义进行具体的解析。SA8000 的相关利益机构对 SA8000 的自我评价为：①SA8000 是全球第一个可用于第三方认证的社会责任国际标准，旨在通过有道德的采购活动改善全球工人的工作条件，最终达到具备公平而体面的工作条件。②SA8000 标准是根据国际劳工组织（ILO）公约、联合国儿童权利公约及世界人权宣言制定的，主要内容包括童工、强迫性劳动、健康与安全、结社自由和集体谈判权、歧视、惩罚性措施、工作时间、工资报酬及管理系统等 9 个方面。③SA8000 标准是一个通用的标准，不仅适用于发达国家，也适用于发展中国家；不仅适合于各类工商企业，也适合于公共机构。④SA8000 有可能代替以前各个公司或行业各自制定的社会责任守则。

2.SA8000 的基本内容[①]

（1）童工。公司不应使用或者支持使用童工，应与其他人员或利益团体采取必要的措施确保儿童和应受当地义务教育的青少年的教育，不得将其置于不安全或不健康的工作环境或条件下。

（2）强迫性劳动。公司不得使用或支持使用强迫性劳动，也不得要求员工在受雇起始时交纳“押金”或寄存身份证件。

（3）健康与安全。公司应具备避免各种工业与特定危害的知识，为员工提供健康、安全的工作环境，采取足够的措施，最大限度地降低工作中的危害隐患，尽量防止意外或伤害的发生；为所有员工提供安全卫生的生活环境，包括干净的浴室、厕所，可饮用的水，洁净安全的宿舍，卫生的食品存储设备等。

（4）结社自由和集体谈判权。公司应尊重所有员工自由组建和参加工会以及集体谈判的权利。

（5）歧视。公司不得因种族、社会等级、国籍、宗教、身体、残疾、性别、性取向、工会会员、政治归属或年龄等而对员工在聘用、报酬、培训机会、升迁、解职或退休等方面有歧视行为；公司不干涉员工行使遵奉信仰和风俗的权利和满足涉及种族、社会阶层、国籍、宗教、残疾、性别、性取向、工会会员和政治从属需要的权利；公司不能允许强迫性、虐待性或剥削性的性侵扰行为，包括姿势、语言和身体的接触。

① 黎友焕．SA8000 对我国当前外经贸的影响及其对策研究［J］．南方经济，2004（4）：63－66.

（6）惩戒性措施。公司不得从事或支持体罚、精神或肉体胁迫以及言语侮辱。

（7）工作时间。公司应遵守适用法律及行业标准中有关工作时间的规定，标准工作周不得经常超过 48 小时，同时，员工每 7 天至少有 1 天休息时间。所有加班工作应支付额外津贴，任何情况下每位员工每周加班时间不得超过 12 小时，且所有加班必须是自愿的。

（8）工资报酬。公司支付给员工的工资不应低于法律或行业规定的最低标准，并且必须足以满足员工的基本需求，以及提供一些可随意支配的收入并以员工方便的形式如现金或支票支付；对工资的扣除不能是惩罚性的，并应保证定期向员工清楚详细地列明工资、待遇构成；应保证不采取纯劳务性质的合约安排或虚假的学徒工制度以规避有关法律所规定的对员工应尽的义务。

（9）管理系统。高层管理阶层应根据本标准制定公开透明、各个层面都能了解并实施的符合社会责任与劳工条件的公司政策，要对此进行定期审核；委派专职的资深管理代表具体负责，同时让非管理阶层自选出代表与其沟通；建立并维持适当的程序，证明所选择的供应商与分包商符合本标准的规定。

（三）SA8000 在世界进程的现状与发展态势

SA8000 颁布后，在西方发达国家很快获得了一定的支持。一些跨国公司如耐克、阿迪达斯、沃尔玛、麦当劳等纷纷加入到这一运动中，从而使以 SA8000 认证为特征的新一轮企业社会责任运动扩展到了生产制造基地——发展中国家。印度、中国、印尼、泰国、越南等东南亚国家先后成为 SA8000 认证的重点地区。在西方一些民间组织和跨国公司的极力推动下，SA8000 发展进程呈现出加速发展趋势，全世界各年度获得 SA8000 认证的企业数目如图 1 所示。

由图 1 可以看出，1998 年底仅有 8 家企业组织获得认证，然而，截至 2002 年 8 月 26 日，全世界共有 27 个国家和地区的 150 家企业组织获得了 SA8000 认证证书。这 150 家企业组织涉及 28 个行业，主要包括服装、纺织、玩具、化妆品、家用器皿、化工、食品等。这些企业组织中既有生产型企业、专业的贸易公司，也有提供咨询服务的机构以及政府部门。从企业的经营范围看，包括设计、研发、生产、加工、销售、安装、服务等各个方面。2003 年表现出更为强劲的发展势头。截至 2003 年 8 月，全世界共有 36 个国家和地区的 259 家企业组织获得了 SA8000 认证证书。这 259 家企业组织涉及 35 个行业，主要包括服装、纺织、玩具、化妆品、家用器皿、化工、食品等。截至

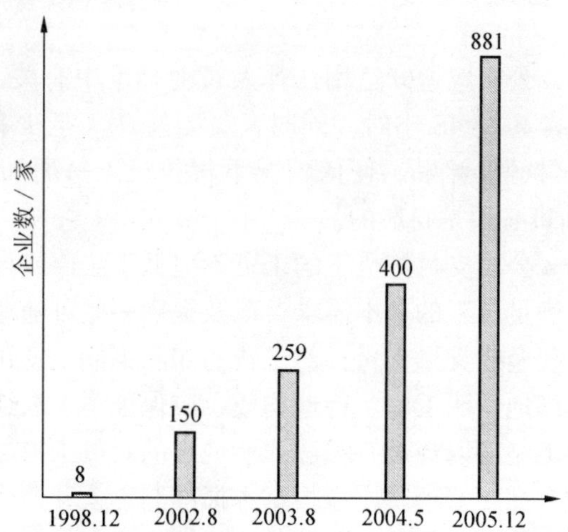

图 1　世界各国和地区至 2005 年 12 月获得 SA8000 认证的企业数目

2004 年 5 月 20 日，全世界共有 40 个国家和地区的 400 家企业组织获得了 SA8000 认证证书。其中，排前三名的分别是：意大利 97 家，占 24.3%；中国 53 家，占 13.3%；巴西 51 家，占 12.8%。到 2005 年 12 月 31 日，全世界共有 50 个国家和地区 57 个行业的 881 家企业组织获得了 SA8000 的有效认证，其中意大利有 324 家，占 36.8%；印度有 125 家，占 14.2%；中国有 119 家，占 13.5%。2005 年世界获得 SA8000 认证的企业国别比例如图 2 所示。

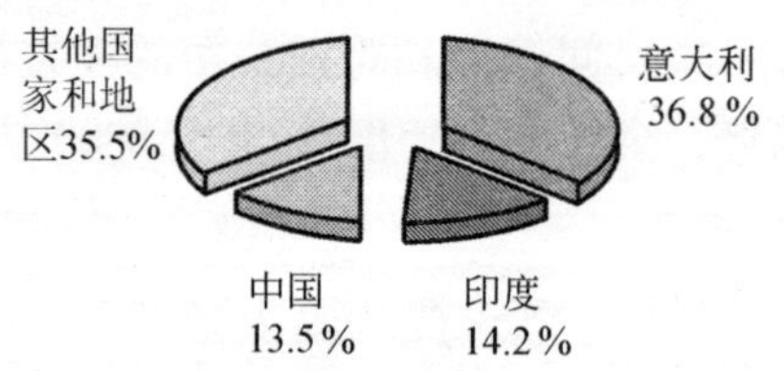

图 2　2005 年世界获得 SA8000 认证的企业国别比例

按照 1999 年世界银行发布的世界经济发展报告，各国收入水平分为以下几个等级：低收入国家，人均 GDP 760 美元以下（含 760 美元）；下中等收入国家，人均 GDP 760 美元以上、3 031 美元以下；上中等收入国家，人均 GDP 3031美元以上、9 360 美元以下；上等收入国家则为 GDP9 361 美元以上。我们将获得认证的国家按照人均国民收入的不同，分成了低收入、中等收入和高收入三组，发展中国家由低收入国家和中等收入国家组成。根据统计，如图3所示，不同收入水平的国家认证数目的差异并不是很大。一般认为，生产守则主要是针对发展中国家的，为什么高收入国家也有这么高的认证数量呢？通过分析发现，出现这种结果主要是因为高收入国家中的意大利的高认证数量导致的。这与意大利政府对社会责任的重视程度和政策有密切的关系。意大利4个省的地方政府鼓励企业开展认证，并对中小企业提供资助。在45个申请国家中，中等收入国家有20个，它们是跨国公司生产守则运动的主要针对对象，所以也是SA8000主要矛头所向，如中国、印度、巴西、巴基斯坦、越南、泰国、土耳其、印尼等占认证总数的56%。

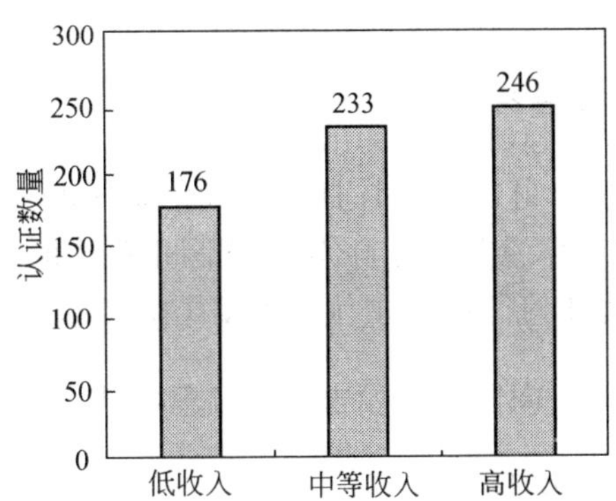

图3　不同收入水平国家SA8000认证分布

可见，自2002年以来，SA8000在实际的推广和运行中呈现出迅猛之势。尽管无论从已经通过认证的企业数量、规模及这些企业的工人人数，还是从申请SA8000认证的国家数来看，与没有参与认证的有关对象相比，其在数量上只是占少数，但是如果从发展态势上来审视，有些问题值得我们特别关注。首先，为什么越来越多的组织和个人对推行SA8000这种非国际社会责任标准如此热衷？其次，SA8000会不会成为大型跨国公司全球采购中通行的潜规则？第三，在经济全球化、传统关税和非关税壁垒手段越来越没有市场的今天，发达国家为了在国际市场上排挤竞争对手尤其是排挤新兴的发展中国家，极有可能借口甚至曲解SA8000的相关条款，对发展中国家进行全方位的打压，达到遏制其经济发展上升势头的目的。第四，为什么到目前为止申请SA8000认证的企业主要集中在非发达国家？目前西方发达国家已经通过SA8000认证的机构少得可怜。根据以上统计，英国有4家，美国有3家，而日本则只有2家通过SA8000认证。更奇怪的是，经常在国际会议上大声呼吁要把劳工标准与贸易挂钩的德国却没有一家，加拿大等发达国家也没有企业认证 SA8000。据笔者调查，已经通过 SA8000 认证的西方发达国家的企业大都是与 SA8000 认证委员会的成员或 SAI 有密切关系的关联机构。如果参照 SA8000 的相关规定，难道它们的企业和相关组织机构就做得尽善尽美、无可挑剔？倘若如此，那么，对西方发达国家频繁发生的旨在要求提高工资待遇、改善工作环境的游行罢工，该作何解释？以上这一系列问题正是 SA8000 企图成为国际标准不得不回答的问题。

三、SA8000 在广东推行的现状和发展态势

（一）SA8000 在广东推行的现状

截至 2005 年 12 月 31 日，我国共有 116 家企业（未包括台湾地区）通过了 SA8000 认证，其中广东最多，有 54 家。我国企业认证 SA8000 的地区及行业分布情况见图 4 和表 1，广东企业认证 SA8000 的地区及行业分布情况见表 2。

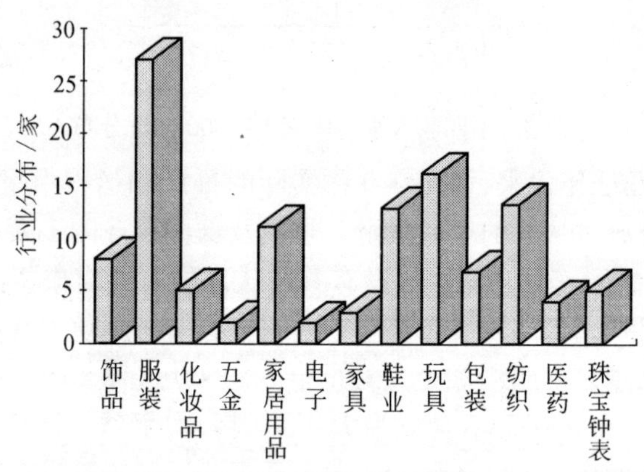

图 4　我国 SA8000 认证行业分布

在广东已经认证 SA8000 的企业中，大部分都是在珠三角地区，占 49 家，最多的是深圳市，有 17 家，其次是东莞，有 16 家。全省 21 个地级市中，还有 11 个没有任何企业认证 SA8000。认证最多的行业是服装，有 12 家，其次是玩具，有 10 家。

表 1　我国企业认证 SA8000 的地区及行业分布情况表

省份	已通过认证企业总数/家	所在行业/家												
		饰品	服装	化妆品	五金	家居用品	电子	家具	鞋业	玩具	包装	纺织	医药	珠宝钟表
广东	54	3	12	4	1	6	2		6	10	6	1		3
山东	8				1			1		1		3		2
上海	7		3	1							1	2		
天津	2					1							1	
湖北	2							1				1		
河北	3					1							2	
香港	5	1	1			1				1		1		
浙江	6	2	1									3		
江苏	8		2						1	2		2	1	
福建	19	1	8			1		1	6	2				
山西	1					1								
未知	1													
合计	116	7	27	5	2	11	2	3	13	16	7	13	4	5

表 2　广东企业认证 SA8000 的地区及行业分布情况表

总数/家	市	各市通过认证企业总数/家	所在行业/家												
			饰品	服装	化妆品	五金	家居用品	电子	家具	鞋业	玩具	包装	纺织	医药	珠宝钟表
54	深圳	17		4	2		1				6	3	1		
	东莞	16	1	2	1		2	1		2	3	2			2
	广州	7	1	1	1		1			3					
	珠海	4		2		1		1							
	佛山	2		1						1					
	中山	2		1											1
	肇庆	3		1			1					1			
	鹤山	1					1								
	惠州	1	1												
	普宁	1									1				

（二）SA8000 在广东推行的发展态势

当前，在广东受到来自采购商压力最大的是劳动密集型消费品制造厂，如纺织服装厂、玩具厂、体育用品厂及鞋厂等。同时，这一趋势正迅速扩展到整个消费品行业乃至整个制造业，如消费类电子产品制造业、家具业和食品业。据笔者带领的广东省社会科学院 SA8000 与企业社会责任课题组的实地调查及厂商提供的资料表明：很多跨国公司公开表示将采用 SA8000 标准，鼓励供应商和合约工厂申请 SA8000 认证，一些公司还要求合约工厂制定实施 SA8000 标准的时间表。也就是说，现在推动 SA8000 在广东实施的主要是这些跨国公司。此外，国内外的相关利益机构也意识到开展 SA8000 认证的咨询和服务工作将迎来巨大的市场，因此纷纷走上咨询服务前台，进一步推动了 SA8000 认证在广东的步伐。

四、SA8000 在广东推行的主体及其行为分析

市场作为各类交换关系的总和，无论以实物市场的形式，还是以无形市场的形式体现出来，总离不开市场上的供给方与需求方之间利益的均衡。SA8000 认证与咨询市场的跳跃式发展的背后，实际是跨国公司、欧美国家政府、SAI 等机构出于自身利益考虑而强力推动的结果。

（一）跨国采购公司积极推动 SA8000 认证的行为分析

积极推动和实施 SA8000 的跨国采购公司认为，通过 SA8000 认证对跨国采购公司有很多战略利益。对于跨国采购公司来说，公司对供应商制定社会责任守则，需要建立内部监督体系，需要大量的人力、物力和财力资源，而直接采用 SA8000 可以大大降低监督成本，同时可以改善供应链管理。这一方面的主体行为可以用动态重复博弈理论进行分析：采购商要求对供货商建立一定的社会责任监管体系，由于存在一定的信息不对称，采购商不能有效地了解供货商社会责任体系的建立情况，于是通过标准化的认证对此进行有效的监管。对于供货商来说，面对 SA8000 的推行一般可以作出两种选择：一是不通过 SA8000 认证，结果是失去订单；二是为了获得采购商的认可，在企业内部推行 SA8000，但是这样会提高企业的生产成本。然而，为了企业的生存，供货

商只能采取减少利润的方式执行 SA8000。这是第一轮的博弈。当企业建立 SA8000 后，随着时间的推移，采购商与企业之间又存在信息不对称，采购商无法知道供货商执行 SA8000 的情况，于是又推出定期检查的形式。供货商在通过认证后如果没有严格执行标准，将失去 SA8000 认证，这样同样会失去订单；如果要继续获得订单，则必须严格执行 SA8000。一次定期检查后是另一次检查……这样重复的博弈，结果使得供货商不得不接受 SA8000 以获得生存。根据规定，SA8000 认证一般需要 1 年的时间，证书有效期为 3 年，每 6 个月复查一次。

根据以上理论，假设采购商确切了解供货商的社会责任执行情况，获得效用为 1，反之为 0；假设供货商获得订单的效用为 1，反之为 0。两者效用表示为（采购商，供货商），则可用博弈树表示，如图 5 所示。

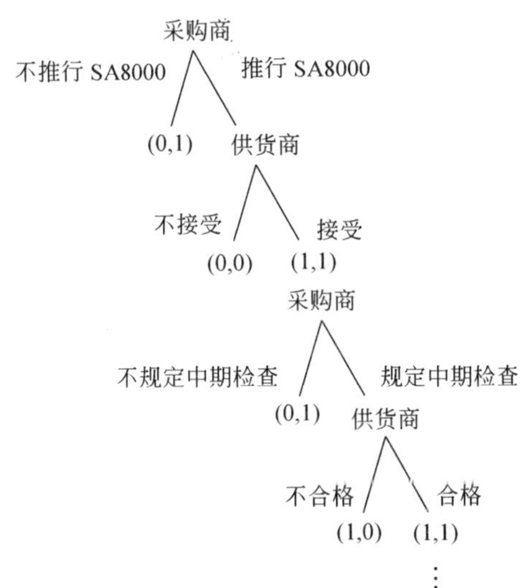

图 5　信息不对称下采购商与供应商的多重博弈

同时，实施 SA8000 可大大提高公众和消费者对产品生产过程中劳工标准的信心。公司越大，知名度越高，人们更加关注它的社会责任表现。对于供应商来说，在当前国际贸易环境中，劳工标准正变得越来越重要。SA8000 认证是跨国公司获得竞争优势、吸引客户和进入新市场的一个机会。实施 SA8000 可以大大降低管理不同劳工标准和社会要求的成本，因为 SA8000 可以代替其他类似标准和守则。SA8000 可以使跨国公司在劳动力市场中处于有利地位，对社会和道德标准的明确承诺对优秀人才更具吸引力。公司对雇员福利的承诺将提高雇员的忠诚度和归属感，这样不仅可以提高生产力，而且有利于改善客户关系，维持忠诚客户。

从根本上讲，跨国公司加强产业链的管理是SA8000在广东快速推行的主要原因。跨国公司一般是通过进行合同管理的方式来促使供应商达到或遵守SA8000的要求。通常的情况是，跨国采购集团（以品牌商为多）亲自或授权具有一定资格的中介机构，在事先不通知的情况下对国内供应商（以贴牌生产企业为典型）进行检查。供应商在合同中承诺要遵守SA8000条款，对员工的福利待遇和劳动环境要符合基本的要求。采购商委派的检查机构的工作就是调查供应商是不是遵守了这个合同，其调查引发的相关费用由被调查工厂来承担。它们凭借买方市场的优势地位，不分担丝毫相关的成本，反而获得了保障劳工合法权益的好名声。

通过以上多层面和宽角度的分析，揭示了跨国公司在内外部环境的压力下，出于维护自身形象和利益的考虑，加强了对产业链的管理，并且为了保持其一贯的利润空间，采用了合同管理的方式将认证的成本完全转嫁给国内的企业。其结果可谓“一箭双雕”，既满足了其对高额利润的攫取，又堂而皇之地免费树立起良好的公众形象。

（二）欧美国家政府默认及支持SA8000的行为分析

随着科学技术的发展，一些发达国家的企业早已远离了传统的竞争领域，但却牢牢占据着价值链前端的诸如技术、研发、品牌等环节，他们不仅改变了竞争的领域，而且改变了竞争的规则。如在企业社会责任、反倾销、环境保护、知识产权等方面，一些欧美西方国家早已通过世贸组织制定了严密的规则。面对这些障碍，发展中国家想在价值链前端提升竞争力往往是可望而不可即。SA8000的出台可以说是欧美西方国家的民间机构做了一件政府很想做的事情，是欧美西方国家随着社会经济的发展又一次改变竞争规则的重要举措。

据2001年1月6日《华尔街新闻》报道，美国克林顿总统拨款390万美元用于改善劳工标准，有5家非政府劳工组织获得这批政府拨款，其中SAI获得最大的一笔拨款为100万美元，指定专门用于SA8000在中国和越南的推广。很显然，100万美元对SAI这样的机构来说是一笔大的经费，美国政府这次对该类非政府组织拨款也是不寻常的。最近几年，不少政府官员频频在SAI

举办的一系列活动上讲话，要求 SAI 能从美国的利益出发，为美国和政府作出更大的贡献。政府的支持无疑将对 SAI 推广 SA8000 带来巨大的影响力，至少可以说明是美国政府在背后推动 SAI 掀起 SA8000 在中国的波澜。

在中美贸易摩擦不可避免甚至愈演愈烈的时期，我国企业的实际情况难以适应 SA8000 有关内容要求。如果 SA8000 在中国广泛实施，根据 SA8000 的机制，SA8000 将有可能成为美国限制中国劳动密集型产品出口的最好工具，操作起来会比反倾销等贸易壁垒更加方便，也显得更仁义、更仁慈，并能获得更广泛的支持，也更不会引起他国的强烈反对。

据了解，SAI 及其下属认证机构已经在世界各地和我国的深圳、上海等地设立了办事处。同时，聘请了一批专职和兼职人员，包括一些他们所称的专家学者，正积极地推动 SA8000 的进程，密切关注 SA8000 在世界各地特别是中国的推动情况，并大量收集我国外贸企业的相关情报和负面素材。

（三）相关认证、咨询中介机构推行 SA8000 的行为分析

制定 SA8000 的 SAI 只在全世界授权 9 家公司作为第三方来认证 SA8000，它们分别是：SGS、挪威 DNV、美国 ITS、法国 BVQII、美国 UL、意大利 CISE、德国 RWTUV、意大利 RINA 和香港 TUV。也就是说，广东企业认证 SA8000，必须且只能向这 9 家企业的其中一家申请，而国内却没有任何公司或认证机构能替代。由于我国法规的限制，这 9 家公司无法在我国开展相关的认证、咨询经营活动，于是这 9 家公司中如法国 BVQII、德国 RWTUV 等便在我国香港地区开设了分公司，通过香港的这些分公司直接或间接地在中国内地开展认证和咨询活动。由于利益的驱动和巨大利润的诱惑，很多不是经营 SA8000 认证的公司也争先恐后地加入这一行列。据不完全统计，到 2006 年 9 月底，共有 60 多家香港公司和 120 多家国内公司或相关机构对外声称其业务范围包括经营 SA8000 认证，其中还有 30 多家香港公司在国内设立代办处，仅广州的中信大厦就有 14 家香港公司对外声称有经营 SA8000 认证业务，有些境外公司还授权国内公司经营 SA8000 认证，甚至还在不断地继续授权。这些声称有权经营 SA8000 认证的公司或相关机构为争夺 SA8000 认证这块蛋糕，相继使出浑身解数开展咨询、培训、认证等活动，进一步推动了 SA8000 在广东的认证步伐。

五、广东企业通过 SA8000 认证后不敢宣传的原因透视

（一）企业通过 SA8000 认证却不宣传的原因分析

截止到 2005 年 12 月 31 日，广东共有 54 家企业通过了 SA8000 认证，但竟然没有一家企业对外宣传，就连政府和媒体也不知道究竟有多少企业和哪一家企业已经获得了 SA8000 认证的证书。笔者在调研时，找到已经通过认证的企业了解情况却屡遭拒绝，后来在各种社会关系的协助下，终于与通过认证的 10 多家企业的相关负责人了解了一些真实情况，发现了企业通过 SA8000 认证却不宣传的原因，主要表现在如下几个方面：

（1）认证经营行为的合法性问题。由于 SA8000 不是国际标准，因此就没有与各国包括我国的政府建立对话的基础和平台，我国政府也完全没有理由去承认 SA8000。这也是至今为止国内没有一家 SA8000 认证机构的原因。国内的企业如果要取得这个认证，必须向境外具有 SA8000 认证资格的 9 个认证机构或其代理机构申请，但这些认证机构及其代理机构（通常是香港公司）在我国内地开展认证经营活动存在合法性问题，他们大都存在无照经营、超范围经营和漏税等非法活动。因此，当这些认证机构进行认证经营活动时一般都低调进行。

（2）认证环节复杂，申请认证的企业虚报材料。SA8000 的 9 个内容虽然不是高不可攀，但根据《SA8000:2001》版本的内容，SA8000 条文对社会责任管理体系只有原则性的规定，没有对各方面作出很具体的规定。由于可申请 SA8000 认证的机构涉及各种行业和领域，每家申请 SA8000 认证的企业的特点、管理结构等相关情况不一样，各个企业建立社会责任管理体系所包含的内容以及建立体系的方法和过程也就不尽相同，因此就不会有不同企业的完全相同的社会责任管理体系存在。同时，SA8000 的具体条文无法对建立社会责任管理体系的每个细节作出硬性的规定，这就为认证机构对认证的具体要求留下了很大的操作空间，为申请认证的企业带来不确定性和麻烦，不同的认证机构的认证要求也有差别。

另外，在我国，很多公司申请认证前先委托认证咨询公司协助制作各种文件，这些咨询公司熟悉 SA8000 的认证操作条件，又与认证机构有千丝万缕的关系，只要企业多给咨询费，即使条件不够也往往可以取得认证。因此，一旦

认证通过后就自然不敢对外宣传，因为万一出了差错就会关系到企业的订单。

（3）认证费用高，瞒骗企业规模。SA8000 的认证费用与企业的规模挂钩，且通过认证的企业在认证证书到期之前，应重新提出认证申请，认证机构受理后，重新对企业进行审核，即换证审核。证书有效期为 3 年，每 6 个月进行一次监督审核，每 3 年需申请复审延长一次。每个环节企业都得付钱。据笔者了解，目前认证公司收取每个通过认证的企业认证费用大约 9000 美元（以 300 人的工厂规模为例），延期另行收费。咨询公司声称每个公司仅收取大约 10 万港元的认证费，但实际上咨询公司收到的钱远不止这个数。因此，对企业来说，上报的规模小，可减少花费，也就不便宣传了。

（4）宣传和不宣传与订单没关系，为少惹麻烦而不宣传。目前，由于我国企业申请认证大都是跨国采购公司要求的，申请认证的过程往往也是该跨国公司协助的过程。通过了认证就意味着采购方满意，企业在国内宣传和不宣传与订单没关系，只是跨国采购公司拿着这些通过认证的标志可对目标市场客户做宣传和交代。

（5）企业的社会责任普及化程度往往达不到要求。SA8000 认证要求公司最高管理者应公开作出愿意提供足够的资源来建立、实施和维持社会责任管理体系，确保持续改进社会责任表现的承诺。这样，企业相关部门的领导才能围绕建立 SA8000 而相互间进行协调。同时，企业最高管理者还应任命企业的高层经理担任管理代表，并授权其组建 SA8000 工作组。工作组成员应来自企业的各个部门，如采购、生产、销售、安全、人事、行政、会计等部门的管理人员。工作组成员在开展工作前应接受有关劳动法规、职业安全卫生法规和标准以及 SA8000 方面的培训，使其充分了解标准、法律和法规的要求，并积极地向全体员工进行有关社会责任的宣传，以获得全体员工的积极参与和广泛支持，并应协助工人推选出工人代表，广泛听取他们的意见和建议。企业的社会责任政策由企业最高管理者签署后，应该向全体员工传达并付诸实施，政策文本应该便于公众获取。SA8000 还鼓励企业与内部员工和外部利益相关者之间的信息沟通，当员工和其他利益相关者对社会责任表现提出质疑时，要求企业应及时调查、处理并作出回复。在我国，大多数企业还达不到这种社会责任民主化程度，尤其是民营企业和外资企业。从某种程度上说，他们怕宣传 SA8000 的规定，怕工人的权利大而影响他们的集权管理，因此就不对内、外宣传了。

（二）广东企业推行 SA8000 的若干启示

（1）从认证行为看，企业申请 SA8000 的认证是被动的。大量的调查资料证明，大多数企业的认证是被迫进行的，即在“不通过 SA8000 认证就断单”的情况下，在跨国采购公司的指引和协助下申请认证。认证费用的高昂、认证手续的烦琐和认证后要大量投入以继续保持 SA8000 政策的连续性等因素，也是企业不愿主动认证的重要原因。

（2）SA8000 在世界范围内推行，对经济发展水平不高的发展中国家来说，既不公平，也难以实现。SA8000 的要求对于经济发展水平很高的发达国家来说推行起来也许并不困难，但对于发展中国家，普遍只是在劳动密集型产品方面稍为处于优势的国际贸易格局下，要求发达国家和发展中国家同时实行同种社会责任标准，就显得不太公平，把这种不是国际标准的体系强行与国际贸易挂钩就更显得不平等。因此，SA8000 推出以来就遭到很多发展中国家和企业的反对。SA8000 既然不是国际标准，即使在跨国公司的大力推动下，要融入一个发展中国家的合法体系也确实不容易，从世界范围来看，还有一段很长的路要走。而广东应依据我国的有关法规和经济发展水平，建设自己的社会责任管理体系，以便推动广东省的对外经济贸易。

（3）必须逐步规范 SA8000 认证和咨询市场。我国目前的法规环境表明，境外机构在我国开展 SA8000 认证和咨询的经营活动不可能合法。鉴于近期连续发生的几宗 SA8000 认证的法律纠纷，我国申请认证的企业得不到合法保护；又鉴于境外认证代理、咨询机构的非法经营行为，进一步规范 SA8000 的认证和咨询市场已经迫在眉睫。对境外机构的这种非法经营行为的认定非常简单，处罚依据也非常明确，对其进行适当的打击既可以规范市场行为，又可以推迟 SA8000 在国内的推行步伐，以便加快我国自己的社会责任管理体系的建设，构筑与国外相关机构进行对话的坚实平台和基础。广东的工商行政管理部门和其他的相关部门，应当责无旁贷地履行维护市场秩序和打击非法经营行为的职责。

六、SA8000 对广东对外经济贸易的影响

随着我国加入世贸组织，特别是大型跨国公司在珠三角地区加大投资和采购力度所提供的机遇，广东企业受 SA8000 的影响越来越大。SA8000 已经成为广东企业进入跨国公司供应链或产业链，以及产品出口西方发达国家的一个

重要门槛，在珠三角地区的一些对外经济贸易交往较多的企业，已频繁地遇到这些问题。

（一）对市场准入的影响

SA8000 规定的标准是将发达国家自己的标准强加于发展中国家，对广东多数出口相关企业来说很难达到，实际上很多发达国家的企业一般也不易完全达到。如果一国要求其进口产品的生产企业达到 SA8000 的要求，否则不准进口，则将对贸易产生很大的影响，甚至产生连锁性影响。因为这种社会贸易壁垒措施一旦影响到贸易，极可能从一个国家扩展到多个国家，乃至全球，从而产生连锁反应。例如，某种产品在欧盟一个国家遭到禁止进口后，很快就会在欧盟其他国家也禁止进口。实际上广东出口到欧美国家的服装、玩具、鞋类、家具、运动器材及日用五金等产品，都已在不同程度上直接受到 SA8000 的影响。早在 2000 年 10 月，中国纺织品进出口商会赴广东等省调研时，曾就我国多家出口企业被迫接受欧美进口商的“人权查厂”的情况曾向国家经贸部反映，并引起了国家有关部门的高度重视。如今，欧盟已将“人权查厂”在内的社会行为准则赋予了更宽泛的内涵。可以想象，一旦美欧等发达国家有了统一的“社会行为准则”认证体系，他们就可以更加堂而皇之地要求他们的进口商以所谓“国际标准”、“国际认证”对我国出口企业的生产与管理，甚至对我国的劳动法、社会保障法等规章、制度“指手画脚”。这些都可能使广东地区乃至整个中国的劳动密集型产业的低成本国际竞争优势在这些社会贸易壁垒面前举步维艰，劳动密集型产业贸易乃至整个经济贸易都可能受到极大的影响。

目前，由于西方国家逐步发现 SA8000 在作为贸易壁垒方面具有独特的迷惑性，他们将会越来越重视 SA8000，并想方设法大力推动 SA8000 的进程。同时，随着国际社会责任运动的不断发展，有 SA8000 认证企业的产品越来越受消费者的喜爱，对同样的产品，消费者会偏向选择有企业社会责任认证的。这就表明取得社会责任标志的产品，它不但符合质量标准，而且在生产、消费和处理过程中也符合社会责任的要求。虽然 SA8000 不是国际标准，但在当前没有世界统一的社会责任国际标准的情况下，SA8000 具有不可忽视的影响效应。

企业的某种产品一旦失去市场准入，该产品必然在国内造成短期的供过于求，使产品价格下降，国内福利遭受损失。由此带来的影响可用图 6 所示模型表示。

图 6 中三个分图从左到右分别表示中国（C）市场、世界市场（W）和另一个国家（A）的市场。假设未推出 SA8000 前 C 以价格 P_0 向 A 出口产品，

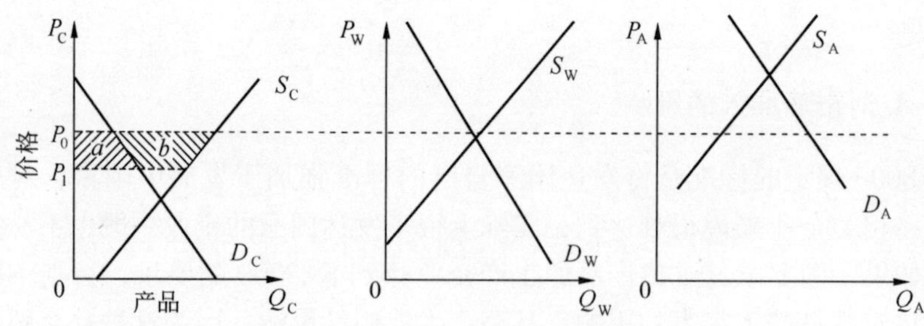

图6　企业失去市场准入福利影响分析

世界市场达到均衡；A推出SA8000以后C的产品出口受到限制，短时期国内市场出现供过于求，价格下降为P_1。从国内福利影响来说，推出SA8000后C的生产者剩余减少了$a+b$，消费者剩余增加了a，总体福利减少了b，C的产品失去市场准入，使得国内净福利下降。

（二）对企业的影响

1.SA8000在一定程度上使企业的技术保密工作失效

生产的秘密技术是企业生存和发展的关键。一个企业有技术垄断，才会有产品与市场垄断，才会有高额收益。如果秘密技术泄露或被窃，将直接威胁企业的经济利益，甚至关系到企业的生存与发展。作为竞争对手的企业在其技术和产品达不到市场需求时，就想通过窃取对方技术秘密或收买对方人才的方法来获取竞争性技术，从而实现其市场利益的目的。SA8000有可能被跨国企业利用来窃取我国企业的技术秘密。由于技术秘密泄露，造成市场被别人占领，进而给企业造成重大经济损失的案例在国内外屡有发生。

笔者在珠三角地区调研时发现，自2005年以来，跨国采购公司多次要求一家化工企业申请SA8000认证，并强烈以产品生产过程中是否会对生产工人的身体造成伤害、该产品是否存在不道德成分为由，要求该厂提交产品的配方供跨国采购企业组织的专家组进行论证，否则可能会面临断单的危险，其意图令人怀疑。但如果提交秘方供专家论证就意味着企业技术失密。

2.增加经营成本，降低竞争力

由于某些发达国家的采购公司要求我国产品取得认证才能进入该国市场，企业为在公众中树立良好的形象，保持在对劳工标准非常关注的消费者中的销路，不得不采取措施来改善劳工条件，争取SA8000认证。企业要达标必然提高生产成本，这在一定程度上削弱了产品在国际市场的竞争力。这对我国大部分企业来说也是一个沉重负担。

SA8000 对企业成本的影响可以用企业生产成本的替代效应来表示。如图 7 所示，企业没有推行 SA8000 认证前以 MN_3 的成本生产 Q_0 产量的产品，企业在资本和劳动力的投入为 $A(L_1, K_1)$。企业推行 SA8000 后劳动力成本增加，同样的生产成本只能获得 $Q_1(Q_1 < Q_0)$ 产量的产品。假设企业要生产原来 Q_0 产量的产品，通过补偿线可知企业要投入 $C(L_2, K_2)$。假设 A 点资本价格为 r_1，劳动力价格为 ω_1，C 点资本价格仍然为 r_1，劳动力价格上升为 ω_2。通过证明可以得出 $r_1K_1+\omega_1L_1<r_1K_2+\omega_2L_2$，企业经营成本上升。

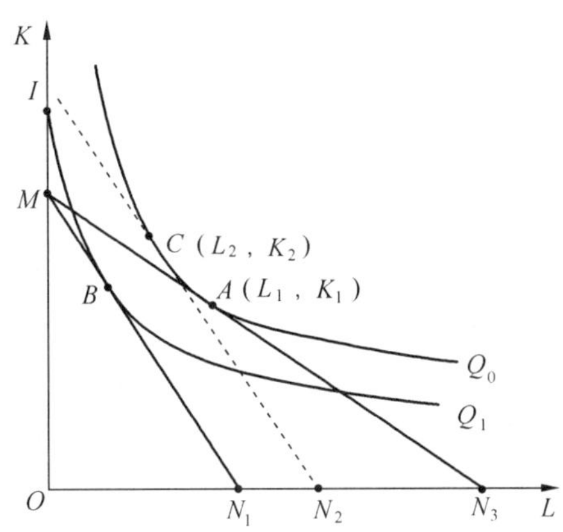

图 7　获取 SA8000 认证对企业成本的影响

（三）对贸易量的影响

劳动密集型产业在广东的外贸出口中占有很大的比例。广东劳动密集型产业之所以在国际市场上具有国际比较竞争优势，主要是因为劳动力成本低廉带来的低成本竞争优势。SA8000 在广东地区外向型企业的强制实施，将会使得相关企业的劳动力成本上升，这必将导致其低成本竞争优势的丧失。为进一步说明 SA8000 给广东地区外贸收益的影响，本报告运用新古典国际贸易理论中的 H-O 理论（Heckscher-Ohlin theorem）的思想和曲线模型进行深入的分析。

H-O 理论又称要素禀赋理论，它强调生产要素在不同国家总资源中所占的比例与它们在不同商品生产的投入中所占比例之间的相互作用，并认为一个某种要素相对丰裕的国家在生产中使用该要素比例较高的产品方面具有比较优势。H-O 理论的主要结论如下：劳动充裕的国家拥有生产劳动密集型产品的比较优势，资本充裕的国家拥有生产资本密集型产品的比较优势；如果两国发生贸易，劳动充裕的国家应该生产并出口劳动密集型产品，进口资本密集型产品，而资本充裕的国家则应该生产并出口资本密集型产品，进口劳动密集型产品。贸易对双方都有利，使得双方都在更高的社会无差异曲线上达到均衡。

H-O理论框架下的广东地区贸易得益分析如图8所示。其中，S_1S_1' 为广东地区的生产可能性曲线；T_1T_1' 为“贸易条件”，即劳动密集型产品和资本密集型产品的国际价格比率；U_1、U_2 为社会无差异曲线。SA8000强制实施前，达到贸易均衡时的国际贸易量（“贸易三角”）为 $C_1M_1Q_1$，社会经济福利水平为 U_1。SA8000强制实施后，广东地区劳动力成本将大幅度上升，使其生产可能性曲线向左下移动，变为 S_2S_2'；达到新的贸易均衡时，国际贸易量（“贸易三角”）下降为 $C_2M_2Q_2$，同时，社会经济福利水平降低为 U_2。可见，SA8000强制实施后，广东地区的国际贸易量和社会经济福利水平在短期内将大大降低。

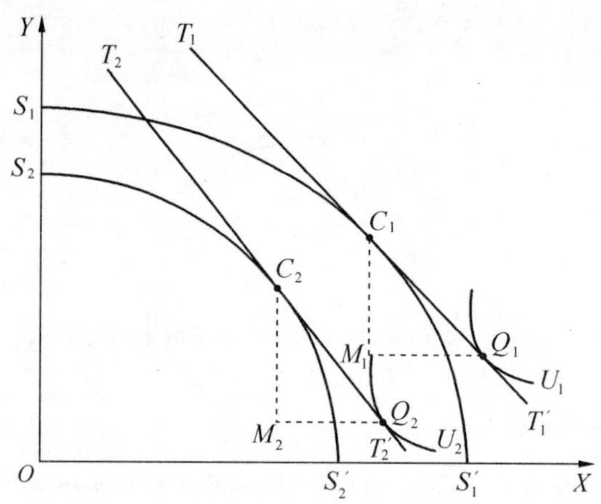

图8 广东地区获取SA8000认证后贸易利益分析图

（四）对国民经济发展的影响

迈克尔·波特（Micheal E. Porter，1991）认为，一个国家的竞争优势由生产要素，需求条件，相关与支持性产业，企业的战略、结构与同业竞争四个关键因素决定。这四个关键因素之间的关系成菱形，似钻石，波特称其为“国家钻石”，即著名的“钻石理论”。这四个关键的基本因素与两个辅助因素（机遇与政府作用）共同决定了一国是否能创造一个有利于产生竞争优势的环境，如图9所示。

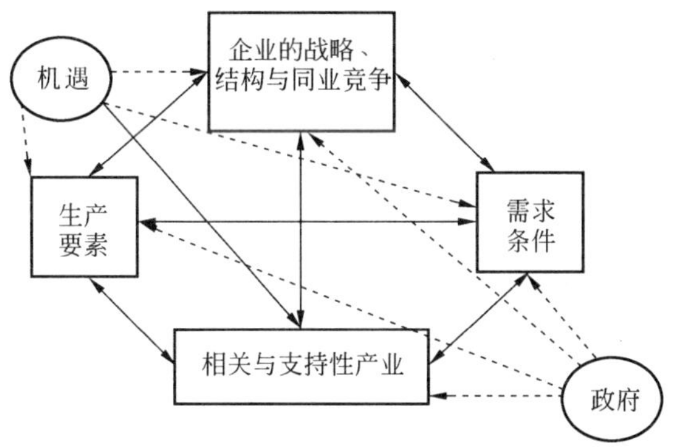

图 9　国家竞争优势钻石图

SA8000 的加速认证将对广东地区乃至全国的上述四个关键因素产生较大的影响。

（1）生产要素。我国是一个劳动力资源禀赋相对丰裕的大国，劳动密集型产业的竞争优势主要在于低劳动力成本的非熟练劳动力。回顾广东的改革开放所取得的现有成绩尤其是外经贸的大跨越发展，很大程度上是靠利用全国各地的廉价劳动力的比较优势取得的。若企业全面达到 SA8000 标准，则劳动力优势可能会荡然无存甚至变成劣势。更多的剩余劳动力得不到安置必将对我国社会的稳定和国民经济的发展造成不良影响。同时，廉价劳动力历来是广东吸引外资的基本条件，如果劳工标准提高到 SA8000 规定的水平，对外资的吸引力将降低，从而对广东经济的发展产生不利影响。

（2）需求条件。波特认为，一国的国内需求对于竞争优势的形成具有很大作用。国内需求大，有利于促进竞争，形成规模经济。而国内需求的“质量”更有利于促进创新，提高产品质量。就我国而言，对劳动密集型产品的内部需求往往需求弹性较大。SA8000 的推广认证将使劳动密集型产业的劳动力成本上升，产品生产成本的上升必将导致产品的价格上升，这将使得国内的需求量下降或者需求的增长速度变缓。由此可见，SA8000 的推广认证在一定程度上可能抵消我国日益高速增长的需求消费能力所带来的优势。

（3）相关与支持性产业。任何一个产业都不能孤立地发展。如果在一个国家的一定区域内能为某个产业聚集起健全且具备国际竞争力的相关与支持性产业，从而形成强大的产业集群，则不仅有利于降低交易成本，而且有助于改善创新条件，提高产品质量，因而更容易形成竞争优势。目前，广东地区部分产业已经形成产业集群的局面，但绝大部分产业集群都是以劳动密集型产业为基础的。SA8000 的推广认证将在一定程度上影响劳动密集型产业的竞争力，这也必将对以劳动密集型产业为支持性产业的相关产业领域产生影响，从而削弱这些产业初步形成的竞争优势。

(4) 企业的战略、结构与同业竞争。SA8000 的推广认证可能导致广东许多劳动密集型企业不能适应外界环境的变化，及时进行战略调整和产业转型，这必将对企业乃至产业的竞争优势造成负面影响。同时，SA8000 的推广认证可能使部分外向型企业尤其是未能达到 SA8000 标准的企业从国际市场的竞争转移到国内市场的竞争，这就导致国内市场竞争的激烈程度大大增加。按照波特的观点，激烈的同业竞争能够给企业提供足够的压力来增加对高级生产要素的投资和研究发展活动的投资，从而有利于推进企业的创新活动。但实际上，过度激烈的市场竞争也会对众多企业乃至整个产业的发展产生较大的负面影响。

（五）国家的经济安全受到挑战

由于 SA8000 的认证必然涉及企业技术的保密问题，SA8000 的加速认证对国家的经济安全将构成严峻的挑战，主要体现在以下两个方面：一是跨国公司施加的压力。跨国公司为了实施其全球性战略及其长期的最大化盈利目标，已经在不断地调整其经营方式，他们利用 SA8000 来对其他国家或地区的大企业和经济进行有效控制的目的愈加明显。二是高新技术企业的技术保密工作。当前，国际政治、经济、军事关系是建立在高科技基础之上的，研究开发获得的高科技，并将它应用于经济各部门尤其是军事部门中，已成为各国竞争与角逐的热点。SA8000 的推行将不利于发展中国家高新技术的保密。

七、广东应对 SA8000 的策略

SA8000 凭借其合法性、隐蔽性、针对性和歧视性等特点，被某些西方国家的民间组织和跨国公司广泛使用，及时、有效地采取合理的措施，防范和减少这一新型的社会贸易壁垒影响已成为我国出口生产企业的当务之急。

应对 SA8000 的挑战，关键在于企业全面提高综合竞争力，提高产品的技术含量和档次，加强环境、劳动和职业安全管理，树立可持续发展与和谐发展的理念，从综合能力上缩短与发达国家企业的差距。针对 SA8000 对广东影响的现状和趋势，对 SA8000 的挑战应采取如下对策。

（一）建立并推行广东劳工保护的社会责任国际认证体系

认证是证明企业所生产的终端产品及生产管理体系符合某种法规和标准的评定程序。产品认证和管理体系认证、质量认证及环境认证都是企业通向国际市场的一盏绿灯，很多企业产品就是因为缺少认证而被国际市场拒之门外。因此，政府必须建立统一规范的产品认证体系，确保认证机构的公正性和权威性。坚决取缔违法的认证机构，鼓励国内认证机构发展壮大并积极与国外知名认证机构建立合作关系，建立与国际权威机构认证的相互认可机制。相互承认彼此的认证是消除贸易认证带来的壁垒的通行做法。

应对 SA8000 的最迫切、最有效的方法是：趁 SA8000 在当前还没有成为国际标准、很多国家对其持有异议和 ISO 在近期还很难出台被各国普遍认可的社会责任国际标准的情况下，尽快在我国现有相关法规的基础上，出台实施我国劳工保护的社会责任国际标准体系；在与我们有贸易关系的国家和地区加快推行自己的标准，对国际社会作出我们的承诺和具体行动；与 SA8000 从技术层面上进行对话，最终抑制 SA8000 的普及和认可程度。

ISO 在 2004 年 6 月召开了关于建立社会责任国际标准体系的会议，会议要求各国积极为 ISO 提出社会责任国际标准的草案和建议。我国有关部门也派员参加了会议，但会后有关人员却误认为我国目前对付包括 SA8000 在内的社会贸易壁垒，主要是制定和提交我国的 ISO 版本就能解决所有问题，这是应对 SA8000 对我国产生冲击的误区之一。主要原因是：首先，目前发展中国家和发达国家就社会责任国际标准问题分歧很大，一时还很难达成一致意见。笔者认为按 ISO 对社会责任国际标准的工作进程评估，最快也要 3—5 年后才能出台可供各国共同遵守和执行的社会责任国际标准。其次，类似 SA8000 这种社会贸易壁垒不会因为 ISO 推出国际标准而停止，即使有了国际标准，SA8000 还会通过跨国公司作为其体系内的标准而继续推行。第三，从目前发展中国家和发达国家对社会责任标准争论的分歧来看，即使 ISO 在未来能推出其社会责任国际标准，由于 ISO 必须考虑到发展中国家和发达国家经济发展水平的差异，推行一个不同国家认可的社会责任的国际标准有可能比 SA8000 更为宽松。SA8000 既是国际市场上竞争关系失衡的产物，也是经济全球化竞争的产物，是经济全球化（尤其是资本全球化）和区域一体化历史进程中的必然现象。因此，笔者认为，国际社会责任运动 100 多年来的历史表明，社会责任运动将会不断发展，其内涵和外延也会不断地扩大和丰富，发展中国家和发达国家间的争论和摩擦也不会停止甚至有可能更加激烈，衡量社会责任的不同形式和方法将同时并存。因而，在建立和推行我国劳工保护的社会责任国际标准方面，广东可以先行一步，及时推出劳工保护的社会责任标准，为我国开展国际企业社会责任运动积累经验。

（二）加快行业协会的国际化接轨工作

广东不少行业协会纷纷反映行业协会在当前社会经济环境下难以发挥作用，导致行业协会发展出现了一系列的困难。实际上，目前的行业协会比以往任何时候都能发挥更大的作用，关键是要加快向国际化接轨的步伐，借鉴国际社会行业协会的成功经验，积极参与社会事务。如在 SA8000 的问题上，行业协会就可以在信息情报上予以支持；组织企业统一行动、协调、谈判甚至应诉；与跨国采购公司协调和谈判；在与 SA8000 认证机构的沟通等方面发挥政府和企业无法替代的作用。行业协会还可以团结全行业坚决反对把贸易与劳工标准挂钩，从广东经济和社会发展状况出发，积极参加国际劳工组织关于贸易与劳工标准、经济全球化的讨论，坚决反对以实施 SA8000 为名的贸易保护主义。在社会条款问题上，企业商会和行业协会也应主动与进口国有关非政府组织进行对话，增进相互了解，尽可能减少有关条款对广东产品出口的影响。更为重要的是，行业协会应联合企业应付进口商的无理压价和防止进口商对生产链的控制。

（三）协调好跨国公司与广东经济的发展

据不完全统计，我国沿海地区已有 3.5 万多家企业接受过跨国公司的社会责任审核，有些企业因为表现良好而获得了更多的订单，部分企业则因为没有改善而被取消了供应商资格。

跨国公司凭其在全球的分支机构实施全球经营目标，对东道国企业的生产和经营产生了较大的影响。随着我国经济在世界经济中所占地位的提高和影响力的加大，跨国公司对我国的影响将越来越大，广东未来的经济发展、产业结构调整、产品市场的开拓都将在一定程度上有赖于跨国公司发挥作用，在广东积极引进跨国公司参与我国经济建设的同时，他们在广东的经营动态应引起我们的高度重视。对于跨国公司的一些不当经营行为，有必要及时予以规范，促使其向有利于双方共赢的局面发展。

（四）规范认证机构的经营行为

通常认证机构及其代理机构（通常是香港公司）在我国内地开展认证活动

时，在对企业初步审核的基础上，会到企业所在地进行现场考核，考核通过后才颁发证书。一般他们除了要求提交文件资料之外，还拍摄很多工厂环境及工人的生活资料，但也有一些别有用心的人把一些不符合事实的影照粘贴在国外的网站，中伤我国的劳动环境。因此，目前在国内从事 SA8000 认证的境外机构的认证活动有待规范。从现状看，境外的认证机构、中介公司在我国内地的直接经营活动和进口商的某些有偿“人权查厂”活动大都存在无照经营、超范围经营和漏税等非法行为，有关部门应予以坚决制止。

（五）规范出口企业行为，适当提高产品价格

多年来，广东出口企业为留住国外进口商而竞相压价出口产品，国内企业之间的恶性竞争导致大量利润外流。本来，我国企业可利用国内丰富的劳动力资源这一优势，使我国出口产品在国际市场上具有一定的竞争优势。但国内企业之间恶性竞争，在产品出口时采取降低产品价格的做法，这实际上是一种不平等的交易，其本质是外国人用较少的资源占有我国较多的资源，用较少的劳动换取我国较多的劳动，最终造成我国劳动力资源遭受外国的掠夺。针对这种情况，首先，我们要充分认识到我国因廉价出口商品而使大量利润流入国外，导致我国经济遭受重大损失。其次，我国企业实行低工资的实质是透支消耗中国的劳动力优势。因此，必须适当提高产品出口价格，防止大量利润外流，规范出口企业的行为。

（六）建立 SA8000 预警机制

建立新的社会贸易壁垒预警机制对于广东对外贸易的健康发展具有重大意义。因为国际标准化机构和各国政府及其标准化机构经常对其技术法规和标准进行修订，如果企业信息不畅，不能按照已经变化了的法规和标准要求生产产品，在出口时就会遭遇贸易壁垒。因此，建议有关政府部门尽快建立 SA8000 预警机制，以负责收集、跟踪国外的新贸易壁垒措施，建立 SA8000 信息中心和数据库。同时，认真研究 SA8000 对广东主要出口产品的影响，采取积极措施应对，以创造良好的出口环境。在获取国外 SA8000 信息方面，我们应充分利用世贸组织各成员国在《贸易技术壁垒协议》和《实施动植物卫生检疫措施协议》下提供的有关技术标准、法规的国家级咨询点。另外，可利用驻外商务机构及时收集 SA8000 信息。国家要建立相关的信息数据库和网站，以方便企业查询，为企业提供相关咨询服务。

（七）加强对 SA8000 知识的研究、培训和普及工作

加大对 SA8000 研究的力度，使企业了解并树立危机意识，自觉提高劳工标准。应特别注意防范国外一些机构利用 SA8000 获取国内企业经济技术情报。由于多数企业对 SA8000 没有足够的认识，所以应加强 SA8000 的研究和有关人才的培养，加强 SA8000 知识的宣传、培训和普及工作，让出口企业越来越重视 SA8000 并及时采取应对措施。依据广东目前已有的相关行业和工业劳动标准，不定期地对企业进行抽查。对于使用童工、违反工资和工时规定、存在严重职业安全的企业应处以重罚。应为工人反映情况创造便利的渠道，劳动管理部门应迅速作出答复，以维护劳动者的权益。

（八）企业应积极推行企业社会责任建设

企业应充分认识企业社会责任的客观存在和重要性，及时改善生产环境和劳动条件。当前，SA8000 已经逐步成为广东劳动密集型产品出口贸易发展的主要障碍之一，对此，我们要有清醒的认识。对外经贸企业应注意把握科技发展动态和质量动态，及时调整质量战略，加快出口商品结构向深加工制成品转变；依靠科技进步，加快科技成果转化和技术引进，提高商品的科技含量和附加值，从根本上改变出口主要依靠数量增长的方式，走质量效益型发展道路；提高技术水平，注重环境保护和改善劳工标准，从整体上提高企业竞争力，从根本上突破 SA8000 贸易壁垒。

八、结　论

（1）SA8000 成为中美新型的贸易摩擦方式。它自身的迷惑性和表面的“亲和力”，很容易避开 WTO 的有关规定，并逐步成为广东劳动密集型产品出口贸易发展的主要障碍之一。SA8000 的迅速推广，直接影响广东劳动密集型企业的生产与出口，增加企业成本并使得企业产品更加难以进入目标市场。

（2）政府应对 SA8000 最迫切、最有效的方法，是趁 SA8000 在当前还没有成为国际标准之前，出台实施我国自己的社会责任国际标准体系，从技术层面上与 SA8000 进行对话，以最终抑制 SA8000 的普及和认可程度。

（3）随着人们环境意识和社会全面协调发展观念的不断增强，企业承担社会责任正逐渐成为世界潮流，为适应这一新情况，广东企业积极推行企业社会责任建设势在必行。

（4）我国 SA8000 认证和咨询市场秩序混乱，进一步规范这一市场已经迫在眉睫；同时，应加强对 SA8000 知识的研究、培训和普及。

参考文献

[1] Abagail McWilliams, Donald Siegel. Corporate social responsibility: a theory of the firm perspective [J]. Academy of Management Review, 2001, 26 (1): 117 - 127.

[2] Carroll A B. Three-dimensional conceptual model of corporate performance [J]. Academy of Management Review, 1979 (4): 497 - 505.

[3] Bowen H R. Social responsibilities of the businessman [M]. New York: Harper, 1953.

[4] David Paton, Donald S Siegel. The economics of corporate social responsibility: an overview of the special issue [J]. Structural Change and Economic Dynamics, 2004 (15): 241 - 243.

[5] Friedman M. The social responsibility of business is to increase its profits [J]. New York: Time Magazine, 13th. Sept. 1970.

[6] George A Steiner, John F. Ste8iner, business, government, and society [M]. New York: The McGraw-Hill Companies, Inc, 2003.

[7] Hutton J G, et al. Reputation management: the new face of corporate public relations [J]. Public Relations Review, 2001 (27): 247 - 261.

[8] Kotha S, Rajgopal S, Rindova V. Reputation building and performance: an empirical analysis of the top 50 pure internet firms [6] [J]. European Management Journal, 2001, 19 (6): 571 - 586.

[9] Robbins P Stephen. Management [M]. Englewood Cliffs: Prentice-Hall. Inc., 1991.

[10] Hans Kung. A global ethic for global politics and economics [M]. New York: Oxford University Press, 1998.

[11] Heckscher E F. Beifil goffhand Ohlin: Heckscher-Ohlin trade theory [M]. Cambridge: MIT Press, 1991.

[12] Micheal E Poter. Competitive advantage of nations [M]. New York: Free Press, 1990.

[13] 黎友焕．SA8000，牵一发而动全身—— SA8000 与中国关系透视［J］．WTO 经济导刊，2004（5）：20 - 24.

[14] 黎友焕．SA8000 认证对广东外经贸发展的影响［J］．新经济，2004（4）：68 - 72.

[15] 黎友焕．跨越 SA8000［N］．南方日报，2004-4-28.

[16] 黎友焕．从 SA8000 看当前国际贸易壁垒的新趋势及我们的对策［J］．现代企业教育，2004（5）：10 - 12.

[17] 黎友焕．SA8000 新贸易壁垒浮出水面—— SA8000 对我国经济发展的影响及对策研究［J］．WTO 经济导刊，2004（5）：14 - 18.

[18] 黎友焕．SA8000 基础知识解读［J］．WTO 经济导刊，2004（5）：29 - 32.

[19] 黎友焕. 国际贸易 [M]. 北京：中国商务出版社，2003.
[20] 黎友焕. 经济发展探索 [M]. 香港：香港社会科学出版社，2004.
[21] 黎友焕. 国内外 SA8000 进程及新趋势分析 [J]. WTO 经济导刊，2004 (7)：76 - 79.
[22] 黎友焕. SA8000 启示录 [N]. 粤港信息日报，2003-12-24.
[23] 黎友焕. 美欲向我抡 SA8000 大棒　珠三角恐成重灾区 [N]. 粤港信息日报，2003-12-12.
[24] 黎友焕. 别让 SA8000 认证绊住脚 [N]. 人民日报，2003-11-10.
[25] 黎友焕. SA8000 认证国内遭遇尴尬 [N]. 羊城晚报，2004-07-13.
[26] 黎友焕. 企业通过 SA8000 认证后不宣传的原因探讨—— SA8000 前沿报告之六 [J]. WTO 经济导刊，2004 (8).
[27] 黎友焕. SA8000 条款可修订　企业趁早提意见 [N]. 粤港信息日报，2003-12-25.
[28] 黎友焕. 论企业进行 SA8000 认证的程序及建立 SA8000 的步骤 [J]. WTO 经济导刊，2004 (9).
[29] 黎友焕. 经济发展之路 [M]. 香港：香港社会科学出版社，2004.
[30] 黎友焕. SA8000 与中国企业社会责任建设 [M]. 北京：中国经济出版社，2004.
[31] 黎友焕. 工商行业协会发展对策探讨 [J]. 商业经济文萃，2004 (4)：66 - 69.
[32] 黎友焕. 世纪之交对社会科学的呐喊与遐想 [M]. 香港：香港社会科学出版社，2004.
[33] Li Youhuan. The analysis of corporate social responsibility. WWW.Nottingham.ac.uk/cele/project/sept2004/month/56.
[34] 黎友焕. SA8000 在中国述评 [J]. WTO 经济导刊，2005.
[35] 黎友焕. 论 SA8000 相对与国际标准的十大缺陷 [J]. 亚太经济，2005 (2)：17 - 19.
[36] 黎友焕. SA8000：广东外经贸必须逾越的墙 [J]. WTO 经济导刊，2005 (4)：92 - 93.
[37] 黎友焕等 .2004 广东企业社会责任建设蓝皮书 [M]. 广州：广东经济出版社，2004.
[38] 黎友焕. 对社会科学的研究与回顾 [M]. 香港：社会科学出版有限公司，2006.
[39] 陶涛. 国际经济学 [M]. 北京：北京大学出版社，2005.
[40] 张帆，胡曙光，门淑莲. 国际经济学 [M]. 大连：东北财经大学出版社，2003.
[41] 李晓钟. 从比较优势到竞争优势：理论与实证研究 [M]. 杭州：浙江大学出版社，2004.
[42] 张文兵，葛永波. 社会责任认证（SA8000）对产业国际竞争力的影响 [J]. 管理科学，2003 (6)：41 - 44.
[43] 黎友焕. 论企业社会责任与构建和谐社会 [J]. 西北大学学报（社会科学版），2006 (5)：44 - 47.
[44] （美）布莱克韦. 商业伦理学百科辞典 [M]. 北京：对外经济贸易大学出版社，2002.

[45]（美）斯蒂纳．企业、政府与社会（中译本）［M］．北京：华夏出版社，2002．
[46]（美）约瑟夫·L·鲍尔，克里斯托佛·A·巴特利特，雨果·E·R·犹特侯温，理查德·E·沃尔顿．企业政策［M］．大连：东北财经大学出版社，2001．
[47]（美）哈罗德·孔茨，海因茨·韦里克．管理学［M］．北京：经济科学出版社，1993．
[48]（德）马克斯·韦伯．经济与社会（上、下卷）［M］．北京：商务印书馆，1997．

广东企业社会责任建设述评

一、引　言

广东省作为经济大省，为全国经济协调发展作出了显著的贡献。根据2005年全国首次经济普查的结果显示：广东的国内生产总值（GDP）占全国的1/9；财税总收入占全国的1/7；外贸进出口总额占全国的1/3；累计实际利用外资额占全国的1/4；居民储蓄存款余额占全国的1/7；还有社会消费品零售总额等，也占全国第一。

回顾改革开放以来广东的发展历程，大体经历了三次大发展。第一次是1978年至1991年，自中央赋予广东“特殊政策和灵活措施”实行改革开放以来，广东取得了令世人瞩目的成就，已成为全国第一经济大省。这是广东在全国改革开放中先行一步的时期。第二次是1992年至1996年，是广东以小平同志在南方的讲话为动力，掀起改革发展新高潮，推动国民经济迅猛发展时期。第三次是1997年至今，是广东克服亚洲金融危机影响，整个经济规模和质量再上一个大台阶的时期。以上三次大发展历时27年，增速之高，世界罕见。

目前，广东已处于工业化中期的后阶段，总体实现了小康，正逐步向全面小康和加快率先基本实现现代化的新阶段迈进。实际上，广东从2003年开始就进入了新一轮经济快速增长周期，当前经济仍继续保持持续、快速、健康发展态势。主要表现在如下几个方面：

（1）经济总量继续扩大。

据广东省统计局统计资料显示，2005年广东完成生产总值达21 701.28亿元，比上年增长12.5%。其中，第一产业增加值1 374.59亿元，增长3.2%；第二产业增加值10 747.25亿元，增长15.0%；第三产业增加值9 579.44亿元，增长10.8%。

从总量上看，广东依然继续领先，居各省市前列。自2000年广东GDP超过1万亿元后，短短的五年间，生产总值进一步突破2万亿元大关。按2005年汇率折算为2 648.44亿美元，已超过新加坡、香港等国家和地区。从比重上看，广东的经济地位日益重要。1978年广东GDP只占全国的5.1%，1992年这一比重提高到9.1%，2000年占10.8%，到2005年上升到11.9 %，呈逐步上升态势。从速度上看，广东经济发展增幅高于全国平均水平。2005 年广东 GDP 增长 12.5%，增幅高于全国总增速 2.6 个百分点，“十五”期间年均增长 13.0%，增幅高于“九五”时期 2.0 个百分点，也高于全国“十五”时期的平均增长水平。

(2) 经济结构不断调整优化，九大支柱产业发展速度加快。

工业化国家的发展经验证明，随着产业结构的调整优化，第一产业比重将不断下降，第三产业比重则不断上升，最终达到“三二一”结构。“十五”期间，广东第一、第二、第三产业结构由 2000 年的 9.2∶46.5∶44.3 调整到 2005 年的 6.3∶49.5∶44.2。其中，第一产业在调整中比重下降，第二产业比重上升。

从三大产业结构演变看，三大产业按“二三一”排序，说明广东仍处于工业化中期，工业仍是拉动全省经济增长的主要引擎。针对这一状况，为全面提升第二产业整体素质，广东省委、省政府确立了发展壮大以电子通信、电气机械、石油化工为代表的三大新兴支柱产业，改造提高纺织服装、食品饮料和建筑材料三大传统支柱产业，培育发展汽车、医药、造纸等潜力产业的战略部署，已经取得积极成效。到 2005 年，全部工业对 GDP 增长的贡献率达到 59.8%，拉动经济增长 7.5 个百分点。与此同时，企业产品竞争力日益增强，产业聚集化、专业化水平明显提高。2005 年，广东全省获得“中国名牌产品”称号的产品达 165 个，占全国的 17.8%，居全国首位，并拥有 17 个国家级特色产业基地、159 个产业镇。产业结构变动的另一个显著特征，即是第三产业内部结构进一步优化。在批发零售、交通、仓储、邮电等行业保持快速增长的同时，以房地产、文化、餐饮、旅游等为代表的新兴服务业发展加快。到 2005 年，第三产业对 GDP 增长的贡献率达 36.9%，拉动经济增长 4.6 个百分点。其他服务业完成增加值 3 407.42 亿元，占第三产业增加值的比重达到 35.6 %，比 2000 年上升 6.7 个百分点；房地产业完成增加值 1 228.55 亿元，占第三产业增加值的比重提高到 12.8%。

(3) 经济增长由消费、投资、出口三驾马车合力驱动。

2005 年，消费、投资、出口三大需求共同推动经济增长，尤其是消费需求的持续扩张，成为拉动经济增长的一大亮点。

2005 年广东省消费旺盛，物价平稳，全省实现社会消费品零售总额 7882.64亿元，比上年增长 15.0%，增幅同比提高 1.4 个百分点，高于全国平均水平 2.1 个百分点。近年来，国家和广东省扶持农业发展的政策相继出台，农民收入保持较快增长，极大地促进了消费，使城乡市场零售额增幅差距由上年的 4.1 个百分点缩小至 0.6 个百分点。投资增长平稳。2005 年广东完成全社会固定资产投资 6957.38 亿元，比上年增长 16.3%。工业投资的拉动作用逐渐增强。全年完成工业投资 2722.82 亿元，比上年增长 32.1%，拉动全社会投资增长 11.1 个百分点，所占比重同比提高 4.4 个百分点。其中，制造业投资大幅增长，为 33.1%。民营投资增长加快，全年完成投资 2428.88 亿元，增长 23.6%，高于广东全省增幅 7.3 个百分点。房地产投资保持稳定增长，商品房销售情况良好，平均销售价格持续上升。全年完成商品房销售面积 3693.85 万平方米，商品房销售额 1383.87 亿元，平均销售价格为 3746 元/平方米。外贸出口再创辉煌，利用外资持续增加。跨入新世纪，广东省对外贸易不断迈上新台阶，外贸出口实现了“月超百亿、年超千亿”的历史性跨越，“十五”期间以 21% 的平均增幅快速增长。进入 2005 年，广东对外贸易再奏凯歌，全年出口总额突破 2300 亿美元，占全国的比重达 31.3%，连续 20 年稳居全国首位。

（4）经济实力显著增强，居民生活继续改善。

经过 20 多年的发展，广东的经济总量日益扩大，人均 GDP 水平逐步提升，地方财政实力得到明显增强。2005 年，广东地方财政一般预算收入为 1806.01亿元，占全国的比重达到 12.1%，蝉联全国第一。全年人均生产总值 23616 元，比 2000 年增长 84.7%，按现行汇率折算为 2882 美元。2006 年全省人均 GDP 28077 元，按 2006 年平均汇率折算达 3509 美元，突破3000美元大关，一举跨过学者们所言的矛盾多发阶段。这大大有助于全面构建和谐广东的顺利实现。

在全省财富日渐增加的同时，城乡居民收入保持持续增长的良好态势。2005 年，全省城镇居民人均可支配收入为 14769.9 元，比 2000 年增长 51.3%；农村居民人均纯收入 4690.5 元，比 2000 年增长 28.3%。随着居民收入的不断增加，全省城乡居民储蓄存款突破 2 万亿元大关，达到 20267.76 亿元，比 2000 年增长 1.34 倍[①]。

目前全省经济发展态势良好，但存在的问题也不少。特别是广东多年经济持续高速增长积累了不少长期性、深层次的矛盾和问题，极大地影响和制约了全省经济社会的进一步发展。一是高投入、高消耗、高污染、低效益的问题没有得到根本解决，资源约束矛盾突出，环境压力加大，转变经济增长方式的任务仍然

① 以上关于广东经济 2005 年情况介绍来自广东省统计信息网．http：//www.gdstats.gov.cn/ydzt/jjxsxwfbh/t20060126_34616.htm

艰巨；二是经济结构不合理，农业基础不够牢固，产业技术水平不高，现代服务业发展相对滞后；三是经济社会发展仍面临诸多体制性障碍，深化各项改革的任务仍然很重；四是城乡和区域发展不平衡，山区、东西两翼与珠三角发展差距拉大；五是经济社会发展不协调，科教文等社会事业发展相对滞后。

在此背景下，广东省企业社会责任建设应在巩固前期成果的基础上，在各方积极努力下，朝着健康、协调、稳定的方向发展。

二、广东企业社会责任建设状况回顾及述评

企业社会责任这一概念是伴随着资本不断扩张，进而引起诸如环境污染、两极分化、社会贫困，特别是劳工问题和劳资冲突等一系列社会矛盾的背景下提出的，是跨国公司在追逐高额利润的过程中，为了改善自身形象而形成的要求。埃德温·M·爱泼斯坦（1987）认为："企业社会责任就是要努力使企业决策结果对利益相关者有利的而不是有害的影响。企业行为的结果是否正当是企业社会责任关注的焦点。"[①] 如今，企业社会责任已成为全世界关注的焦点，并出现了一种崭新的管理理念，即企业已不再被看做只是为拥有者创造利润和财富的工具，它还必须对整个社会的政治、经济发展负责。社会责任的观念和范围逐步扩大的根本原因是，加速的工业活动不断地改变社会。在这种情形下，社会责任来源于企业活动对社会产生的影响。企业的社会责任还产生于另外一个来源——企业环境中的一些难处理的社会问题。企业的发展与社会的发展密切相关，正如彼德·德鲁克（Peter F. Drucker，1973）所指出的："一个健康的企业和一个病态的社会是很难共存的。"[②] 种族主义、战争、暴力犯罪、像艾滋病一样的传染病，以及失败的教育和其他不完善的社会制度，这些都不是由企业引起的社会病症，但减轻这些社会病症企业也会从中受益。

改革开放以来，中国数以亿计的工人虽然因为经济增长而受益，但同时，中国劳工状况的改进速度远远落后于经济增长的速度。不少企业习惯于追求短期利益，漠视社会责任，缺乏以人为本理念，导致企业社会责任缺失的现象时有发生。例如，由于中国企业缺少技术优势与科学的管理方法，雇佣廉价劳动

---

① Edwin M Epstein. The corporate social policy process: beyond business ethics, corporate social responsibility and corporate social responsiveness [J]. California Management Review, 1987 (3): 104.

② Peter F Drucker. Management: tasks, responsibilities, practices [M], New York: Harper & Row, 1973: 341.

力便成为企业降低成本、提高竞争力的有效手段之一，于是出现了物价涨几倍而工人的工资仍维持不变的情况，拖欠工资的现象也随处可见。据统计，2003年全国拖欠工人工资高达1000亿元人民币，以至于温家宝总理亲自出面为民工追讨工资。到2004年底，全国进城务工的农民工被拖欠的工资仍然有1000多亿元。而在劳工安全方面，我国仍然存在不少问题：与国际上公认的安全生产指标百万吨死亡率（即每开采100万吨煤的矿工死亡数）相比较，我国是美国的100倍、南非的30倍、印度的10倍。2004年，全国仅各类生产安全事故就达到80.37万起，平均每天2202起。其中，平均每天发生7起一次死亡3人以上的重大事故，每3天发生一起一次死亡10人以上的特大事故，每个月发生一起一次死亡30人以上的特别重大事故。2004年全国矿难死亡人数达6009人，占世界矿难死亡总数的80%，而当年产煤量仅占世界的1/3。2005年全国发生各类事故717938起，死亡127089人，分别比上年下降10.7%和7.1%。但煤矿等重特大事故多发，死亡的煤矿工人数达到5491人，安全生产形势依然严峻。全国发生一次死亡10人以上的特大事故134起，同比增加3起，死亡人数增加17%，其中煤矿58起，增加34.9%，死亡人数上升66.6%①。除此之外，诸如环境污染、假账、假冒伪劣商品、征地拆迁寻租、“豆腐渣”工程等现象频频出现。可以说，我们正在为缺少社会责任的企业付出沉重的代价。

消费者的权益要求是企业实施社会责任的直接动力之一。随着经济、社会和科技的高速发展，以及人们的生活质量、受教育水平与文明程度的不断提高，人们已经不再仅关心自己需求的满足，还进一步关心整个人类社会的进步、发展和长远利益。他们要求企业在追逐利润的同时，不仅考虑眼前的效益，还应承担一定的社会责任。如果企业无视消费者的呼声，就必然会受到来自全社会舆论的谴责和行动上的“惩罚”。在国内，由于人们收入水平、生活质量和思维观念所限，消费者群体对企业社会责任还知之甚少，他们关注的还多是商品的价格和最终形态，对生产过程的关注也仅限于环境保护，劳工权益保护的问题还没有进入大多数消费者的视野。由此可见，中国目前的企业社会责任状况不容乐观。对于诸多企业而言，如果不改变依靠牺牲劳动者利益而换取经济高速增长的行为模式，将会影响我国正常的经济秩序和社会稳定，造成新的两极分化，最终受到伤害的将是包括企业本身在内的整个社会的利益。

① 周汉华．突发事件与媒体规制［N］．经济观察报，2006－07－11．
http：//www.eeo.com.cn/zlzjtj/2006/07/08/21356.html

（一）当前广东推行企业社会责任的自然环境条件与外向型经济形势

1. 自然环境条件[①]

环境保护是企业社会责任运动的核心内容之一，了解目前广东推行企业社会责任面临的环境条件，有利于广东企业更好地认清自身所要承担的环境保护方面的社会责任。

2005年全省耕地面积减少94139.3公顷，新增加10018.3公顷，当年净减少耕地84121.0公顷。其中，建设占用耕地6890.0公顷，灾毁耕地392.8公顷，生态退耕19.4公顷，农业结构调整实际占用耕地74066.1公顷，土地整理复垦开发补充耕地5502.3公顷。

总体水质状况稳定。2005年全省监测评价河长6459公里，其中达标河长4639公里，超标河长1820公里。主要饮用水源地水质达标率为79.3%。监测的41个水库大部分水质优良，其中有11个水库水质超标。年末全省大型水库蓄水总量139.82亿立方米，同比增加27亿立方米。全年总用水量470亿立方米，比上年增长5.3%。其中生活用水92亿立方米，增长9.1%；工业用水138亿立方米，增长1.1%；农业用水240亿立方米，下降5.4%。

矿产资源勘探取得新进展。截至2005年底，全省已找到的矿产种类共129种（含亚矿种），已查明资源储量的共计92种。其中能源矿产6种，金属矿产31种，非金属矿产51种，水汽矿产4种。

城市环保工作有所加强。全省111个省控断面中，64个断面为Ⅰ至Ⅲ类水质。21个地级以上的市，空气质量达到国家空气质量二级标准，酸雨频率为55.0%。57.1%的城市区域声环境较好，78.7%的监测路长噪声达标。全省已建成烟尘控制区161个，面积3429.2平方公里。建成环境噪声达标区244个，面积1909.6平方公里。至2005年12月，全省建成污水处理厂79座，日处理污水能力634万吨；建成19座符合标准的生活垃圾无害化处理场；医疗废物集中处理能力为5万吨/年。

生态建设和保护力度加大。广东省全年完成宜林荒山造林、迹地更新、低产低效林改造面积153.49千公顷，义务植树8455.49万株；年末实有封山育林面积170.22千公顷，森林覆盖率达57.5%。截止到2005年底，全省建立森林、湿地和野生动植物类型自然保护区237个，总面积107.2万公顷，占全省陆地面积的6.0%；建成生态示范区189个，比上年增加24个，总面积

① 相关数据来自广东省统计局地方统计公报.

335.6万公顷。

2. 外向型经济发展现状①

2005年广东进出口总额4279.8亿美元，比上年增长19.8%。其中，出口额2381.6亿美元，增长24.3%；进口额1898.2亿美元，增长14.7%。实现贸易顺差483.4亿美元，比上年增加223.5亿美元。现对2005年广东省外向型经济发展状况具体分析如下：

从贸易方式看，一般贸易出口额533.2亿美元，增长40.5%；加工贸易出口额1750.7亿美元，增长20.2%。从经营主体看，国有企业出口额445.7亿美元，增长2.1%；外商投资企业出口额1546.8亿美元，增长27.1%；私营企业出口额299.5亿美元，增长59.5%。从出口商品看，机电产品出口额1644.2亿美元，增长26.7%；高新技术产品出口额835.8亿美元，增长25.7%；服装、纺织品出口额220.1亿美元，增长23.4%；鞋类、家具、塑料制品等轻纺产品出口额分别增长18.8%、24.5%和15.5%。

从进出口市场看，与主要贸易伙伴的双边贸易保持较快增长。其中与香港地区的贸易额达899.1亿美元，美国为660.3亿美元，欧盟为489.1亿美元，日本为441.0亿美元，东盟为369.0亿美元，分别增长20.6%、20.7%、23.8%、7.7%和14.3%。全年广东对香港地区、美国、欧盟、日本、东盟的出口额达2013.3亿美元，占全省出口总额的84.5%。对非洲、拉丁美洲、俄罗斯等新兴市场出口增势强劲，增速均超过40%。

2005年机电产品进口额1146.5亿美元，增长19.2%；高新技术产品进口额704.7亿美元，增长19.5%；初级产品进口额202.4亿美元，增长9.4%；钢材、原油、成品油、塑料原料等资源性产品进口量大幅度减少。

2005年新签外商直接投资项目8 384个，增长0.7%；合同外资金额237.44亿美元，增长22.6%；实际吸收外商直接投资123.64亿美元，增长23.5%。全年新批总投资和净增资超1000万美元以上项目992个，比上年增加148个；合同外资金额134.47亿美元，增长22.1%。截至2005年底，登记注册的外商投资企业5.88万家，世界500强企业有176家在广东设立了581家企业。全年第三产业吸引合同外资额62.14亿美元，比上年增长56.6%，占全省合同外资额的比重达26%，同比提高5.5个百分点。其中，交通运输、仓储和邮政业、批发和零售业、金融业、水利、环境和公共设施管

① 相关数据资料来自广东省统计局地方年度统计公报.
http: //www.stats.gov.cn/tjgb/ndtjgb/dfndtjgb/t20060224_402307652.htm

理业同比增长超1倍。全年香港地区、英属维尔京群岛、日本、萨摩亚、台湾地区等投资广东的合同金额达188.56亿美元，占全省的79.4%；实际利用外资99.76亿美元，占全省的78.7%。全年新签对外承包工程、劳务合作合同16069宗，比上年增长30.7%，合同金额35.99亿美元，增长83.6%；完成营业额27.84亿美元，增长46.5%。全年核准新设立境外企业123家，投资额4.42亿美元，其中中方投资3.28亿美元，投资区域遍及45个国家和地区，主要集中在港澳地区、东南亚、非洲和南美等市场。

（二）广东面临国际企业社会责任运动的压力

广东经济发展的最大特点是外向型经济占主导。由于企业社会责任主要是由跨国公司在其生产供应链上推行，所以，企业社会责任问题影响最大的是对外加工贸易企业和出口企业，特别是港澳台投资企业和做贴牌生产的私营企业，主要涉及电子、纺织、服装、制鞋、玩具、工艺品六大行业。这些企业主要是以劳动密集型为主，在生产条件、生产安全、员工的职业健康和权益保障方面问题比较突出，许多生产安全事故、职业中毒、员工权益受侵害的事件都发生在这些企业。有些加工贸易企业因达不到跨国公司的社会责任要求而被停单，而有些在履行社会责任方面改善较好的企业则获得了更多的订单。

从广东的情况来看，企业社会责任建设的压力比较大。因为广东以外向型经济为主，加工贸易占很大的比例。多年来广东进出口额占全国的1/3，出口额略超过全国的1/3。据海关统计，2005年广东省加工贸易进出口总值达到2921.2亿美元，增长19.1%，占广东省进出口总值的68.3%，占全国加工贸易进出口总值的42.3%。2005年广东加工贸易出口贸易额前3位的地区和国家为香港、美国和欧盟，分别为657.9亿美元、466亿美元和258.9亿美元，分别增长23.8%、20.1%和21.5%，合计占广东加工贸易出口总值的79%。广东从事加工贸易的主要有外商投资企业、港澳台投资企业、私营企业和国有企业。民营企业经过这几年的快速成长，已成为广东省对外贸易中新的亮点。2005年，非国有企业出口所占比例达81.3%，比2000年提高23.7个百分点，其中私营企业、外资企业出口所占比例分别达12.6%和64.9%。至2005年底，全省有进出口经营权的私营企业已达38000多家，其进出口额由2000年的11.7亿美元增加到2005年的508.8亿美元，5年增长了42倍，年平均增长112.7%。在商务部公布的2004年全国民营企业出口百强中，广东省共有

37 家企业入选，数量居全国第一，其中 18 家民营企业年出口额超过 1 亿美元[①]。

从广东外贸出口市场来看，近几年出口欧美市场已经超过 40%，仅次于亚洲市场，而欧美市场正是积极推行企业社会责任的主要地区，处于欧美市场的一些大客户和著名的跨国公司正是推行企业社会责任的主体，他们要求加工企业和供货商不仅要达到技术标准，而且要达到环保要求，履行企业社会责任。是否推行企业社会责任已经成为欧美大客户寻求合作伙伴和降低投资风险的前提。因此，广东就成为欧美发达国家关注企业社会责任的焦点。广东的加工贸易企业以劳动密集型为主，所以，这些企业就成为跨国公司推行企业社会责任的直接目标。

跨国公司推行企业社会责任的主要目的有三个：一是大多数著名跨国公司都把对环境、社会的责任作为企业发展的宗旨，作为企业文化的核心价值。供应商不仅仅是他们的生产链，也是他们的价值链，供应商的生产过程和经济行为也会直接影响跨国公司的利益和形象，因此，他们要在供应商中推行企业社会责任的理念。二是跨国公司为了避免遭受社会各界的道德指责和损失，不得不向供应商推行社会责任守则，以此来约束供应商在生产经营过程中的道德行为。三是跨国公司为了寻求守法的合作伙伴，降低投资风险，使他们在获得低成本优势的同时不损害他们的整体利益，推行社会责任成了途径之一。阿奇·B·卡罗尔和安·K·巴克霍尔茨（Arahie B.Carroll，Ann K.Buchholtz，2004）认为："在东道国眼中，被认为是合法的跨国公司必须承担它的社会责任，这些责任包括经济、法律、伦理及慈善方面的责任。特别是大公司被看做外来户，人们对大公司的期待比那些名不见经传的小公司要大。更进一步，两个国家文化之间的异同影响着对合法性的理解。对这两个国家的企业管理者来说，不同的价值观和生活方式可能会造成严重的合法性问题。为此，跨国公司更加关注并推行企业社会责任。"[②]

目前，广东几乎所有的出口加工型企业都在接受各种形式的社会责任的检查。在笔者所带领的广东省社会科学院 SA8000 与企业社会责任建设课题组所调查的近 300 家出口加工型企业中，无一例外地，每年都要接受多次各种社会责任监督稽查。现实表明，企业社会责任问题向广东外向型经济提出了严峻的

① 相关数据资料来自广东省统计局年度统计报告.
http：//www.stats.gov.cn/tjgb/ndtjgb/dfndtjgb/t20060224_402307652.htm

② （美）阿奇·B·卡罗尔，安·K·巴克霍尔茨. 企业与社会伦理与利益相关者管理［M］. 北京：机械工业出版社，2004：167-168，178.

挑战，这是无法回避的趋势。可以说，跨国公司将企业社会责任与订单挂钩，这就必然形成新的贸易壁垒，使广东对外贸易又多了一层障碍，使加工生产企业压力增加。不履行这些条款，或者审核不通过，就会被取消订单，这就直接决定着这些企业的生死存亡。

从长远来看，企业社会责任所倡导的理念实际上是反映了经济社会协调可持续发展的理念，是符合人类文明发展方向的。但是，从近期来看，广东劳动密集型的企业大多数都处在经营理念不成熟、管理不规范、员工素质低的现状，要求他们严格履行企业社会责任，还需要一个过程。

（三）广东企业社会责任建设存在的主要问题

据广东全省第二次基本单位普查统计，在全省非公有制企业从业人员中，私营企业 339.4 万人，占 35.5 %；港澳台资企业 510.2 万人，占 53.3%；外资企业 107.5 万人，占 11.2%。这 957.1 万人员主要从事电子、纺织、服装、制鞋、玩具、珠宝等行业，而这六大行业正是跨国公司推行企业社会责任的重点行业。这些职工的生产安全、职业健康和权益保障正是企业社会责任审核的主要内容。2005 年 1—9 月，广东省总信访室共接待职工来访 324 批次 1 860 人次，处理热线电话和信件 1 500 多件，主要涉及劳动合同、劳资纠纷、生产安全和职业健康、工时和加班、社会保险、妇女权益保障等六大问题。

（1）劳动合同问题。根据广东省有关部门统计，反映签订、履行劳动合同问题的来访、来电件数占 12%。据广东省有关部门反映，目前，外资企业、私营企业中有很多企业没有与员工签订劳动用工合同，员工在遇到如职业病、欠薪、辞退等问题需要投诉时，找不到任何凭据。有些企业老板为了逃避员工染职业病带来的法律责任，采取 3 个月换一批员工的黑心方法。这样一来，当员工职业病或职业中毒发作的时候，已经离开了原来的企业，又没有任何合同，这给职业病和中毒事件的认定造成了很大的困难。

（2）劳资纠纷问题。据了解，不仅是外资企业、私营企业，一些大型国有企业也有劳资纠纷问题。因下岗补偿问题上访的事件时有发生。广东的劳资纠纷案自 2000 年起以每年 14%的速度递增。以深圳特区为例，劳资纠纷发生量大幅增长，重大劳资纠纷明显增加。2001 年，劳动仲裁部门受理劳动争议案件数为 6 436 宗，到 2004 年已上升为 11 395 宗，增长 77%。[①]

（3）生产安全和职业健康问题。2003 年 1～11 月，广东全省共发生各类

① 仲大军. 企业怎能不讲社会责任［J］. 新青年·权衡，2006－05－22. http：//www.wyzxsx.com/Article/Class17/200605/6764.html

生产安全伤亡事故79185起，死亡11545人，受伤68883人，直接经济损失4.42亿元。2004年全省安全生产形势有所好转，全省共发生各类事故86117起，死亡12156人，分别比上年同期下降0.57%和3.71%。在全国道路交通事故普遍增长的情况下，全省此类事故在2003年大幅下降的基础上继续下降，事故数和死亡人数分别比上年同期下降1.00%和4%。工矿商贸事故在事故数、重伤人数和直接经济损失同比上升的情况下，死亡人数下降4.24%。全年发生一次死亡10人以上的特大事故3起，死亡43人，比上年同期减少5起，死亡人数减少108人。2005年上半年，全省共发生各类事故44948起，死亡5635人，受伤41003人，直接经济损失2.13亿元，事故数、受伤人数比2004年同期上升了17.74%和21.86%，死亡人数和直接经济损失分别比2004年同期下降了4.86%和0.97%；全省发生工矿商贸企业职工伤亡事故504起，死亡人数322人，重伤人数245人，直接经济损失2198.82万元，分别比2004年同期下降了9.84%、20.69%、1.61%和13.88%[①]。广东省是非公有制企业较集中的地区，非公有制企业创造的国内生产总值高达60%以上，但其安全生产形势日趋严峻，已成为广东省安全生产工作的薄弱环节。

（4）工时和加班问题。这是加工生产企业普遍存在的问题，也是最难以解决的问题。中国加工生产企业的工时问题从国际劳工组织的网站上可以看到很详细的资料，在赶制订单的季节，有些企业的工作时间超过12小时；更有甚者，一些企业工人的加班工资只有0.5元/小时，甚至加班根本不付工资，严重违反《劳动法》。有些企业实行计件制工资，他们采取把计件的单位价格压得很低的做法，使工人不加班就完不成当天的任务，因而逃避了加班工资的问题。中华全国总工会对广东省外资企业的一项调查显示：有25%以上的工人不能按时领取工资，近一半的工人被迫每天工作8小时以上，约62%的工人一周工作7天，20%的工人曾受到身体或精神上的骚扰，半数以上工人的收入低于最低工资标准。

（5）社会保险问题。广东省统计局2003年11月对全省600家非公有制企业2002年企业养老保险的情况调查显示，226家私营企业中参保的企业有192家，占85%，其中职工参保的比例仅为39.1%；209家港澳台资企业中，参保的企业有191家，占91.3%，职工参保占48.6%；165家外资企业中，参保的企业155家，占93.9%，职工参保的比例为57.3%。某港资企业有职工

---

① 田霜月，司马达竹．广东上半年事故致死5635人 6市交通事故超标［N］．南方都市报，2005－08－02.

1124人，但是，实际参保的人数只有512人，占45.6%。另有一家港资企业，实际职工人数为400多人，但是，参保者只有100多人。[①] 可见，私营企业、港澳台资企业和外资企业职工参保的比例普遍较低。有些地方政府甚至对企业的职工实际人数都没有掌握，企业也不愿意向政府透露，这就回避了购买保险的义务。

(6) 妇女权益保障问题。据相关调查发现，部分企业在保护妇女权益方面做得很差，妇女一旦怀孕，个别企业甚至就逼迫其离开，这样，企业就逃避了妇女“三期”保护的问题，而企业则堂而皇之地对外界表明他们没有这方面的顾虑。某些企业的部分工种明明有中毒的危险，却让年轻的女孩子去做，结果使她们染上职业病，导致婚后生育问题。

2004年省总工会女职工部课题调研组对全省制造行业第一线女职工所做的调查显示，广东制造行业女职工整体工资水平有明显提高，月平均收入已经达到了876.95元。但据相关专家分析，其中有部分女工的高收入是靠严重的超时劳动获得的；如果限制女工加班加点的话，她们的工资将会跌到当地最低工资水平之下。据介绍，该课题组的调研样本主要分布在制造业第一线女职工群体上，覆盖面较广，涉及广州、深圳、珠海、东莞等10个市，电器、玩具、制衣、制鞋等9大类共49家企业。调查显示，2004年上述地区所涉行业广东女职工月平均收入为876.95元。其中，300元以下的占2.1%；501～700元的人数最多，占24.14%；1500元以上的占11.3%。另外，80.9%的女职工反映工资能够按时发放；10.68%的女职工反映工资有时能按时发放；只有3.8%的女职工反映工资不能按时发放。

据专家分析，39.35%的女职工月总收入在700元以下。这个收入水平与一线工人的辛苦劳动并不相称。更重要的是，本来就偏低的工资水平，还是靠严重的超时劳动获得的。调查显示，女职工加班加点、超时工作的情况仍较为严重。有15.5%的女职工每天加班加点1小时以上，有22.3%的女职工每天加班加点在2小时以上，有13.15%的女职工每天加班加点在3小时以上，还有7.8%的女职工甚至每天加班加点在4小时以上，有近一半女职工每天工作时间为10～12小时。报告认为，如果限制加班加点的话，会有相当多的女职工的工资跌入当地最低工资水平之下。

除了上述企业内部自身存在的问题外，在其他方面也存在不少问题。这些

① 广东省统计局统计分析：非公有制企业社会养老保险扩面任重道远——广东非公有制企业参加社会养老保险情况调查报告．广东省统计信息网，2004-04-06．

问题涉及地方政府的各个管理部门，包括生产安全、劳动、社会保障、消防、工会、妇联、环保等。因此，企业社会责任问题涉及地方政府管理的方方面面，直接影响外贸出口的订单和外商投资环境，也直接影响外向型经济的发展。

（四）广东企业社会责任建设存在问题的原因

从广东企业社会责任建设的情况来看，造成企业社会责任问题产生的原因是多方面的，既有宏观方面的，也有微观方面的，主要表现在以下几个方面：

1. 经济体制转型期所带来的道德评价标准的混乱

在企业的管理理论和实践中，人们自觉或不自觉地将利润最大化作为企业惟一追求的目标，使得经济主义价值理念对中国当代管理理论造成巨大影响。对经济主义价值理念的过分强调也给我国社会带来了许多负面影响。对物质利益的疯狂追逐，使一些人忽视甚至鄙视精神、信念的价值，导致伦理道德的退化甚至错位。虽然经济主义价值理念增强了社会活力和创造力，但其过分膨胀又造成了社会责任感的淡化甚至消失，导致了本位主义、个人主义和极端利己主义的滋生，给我国社会经济、政治、文化、教育等方面造成了严重的危害。

2. 地方政府对企业社会责任监督滞后

根据笔者带领的广东省社会科学院 SA8000 与企业社会责任课题组调查，很多地方政府官员对企业社会责任问题了解甚少，或者根本没有概念，对它的利害关系也没有清醒的认识，对企业里存在的很多情况也并不了解。政府管理部门普遍只注重企业的利润和税收，而对企业守法行为的监督力度不够。地方政府之所以这样，是与地方政府的 GDP 目标和目前所倡导的服务型政府的定位有关。企业是发展地方经济的主体，也是地方政府服务的主要对象。地方政府仅仅看到了与企业目前经济利益的关系，而没有以发展的眼光来看待，所以对企业放任自流。有些所谓的“综合大检查”也只是走马观花。一些企业向地方政府要求更为宽松的条件，甚至以搬走工厂相威胁。为了地方经济利益，地方政府只好睁一只眼，闭一只眼。更有甚者，个别地方政府以不用为工人买保险作为吸引外资的优惠条件，这是很危险的。实际上，尊重企业自主权不等于对企业放任不管，对企业是否守法的监管一刻也不能放松。

假设一家工厂已经存在于某个行政地区，该地区现在实行的是宽松的政策标准（例如环境标准、工人社会保障标准等），工厂当时投产该地区就有这方面的考虑，因为这为他们带来了成本方面的优势。如果现在政府决定改为实行更加严格的标准，实行严格标准虽然会给社会带来一定好处，但是有可能引发工厂搬出该地区，从而导致经济上的损失。图 1 是博弈树分析示意图。从图 1a 可以看

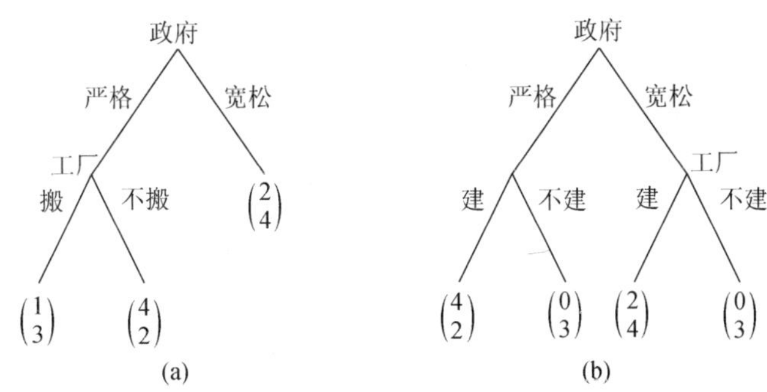

图 1　政府标准制订与企业搬迁和建厂博弈树

出，当政府继续实行宽松标准时，工厂不进行搬迁，政府的支付为 2，工厂的支付为 4。政府决定实行严格标准后，工厂再作出决策是否搬出该地区。如果工厂继续留在该地区经营的话，工厂得到的支付减少到 2，而政府因使社会受益而经济规模不变，所以支付上升到 4。如果工厂决定搬出该地区，迁移到其他地区进行生产（假设所迁移到的新地区是实行宽松标准，否则工厂不会搬迁，因为搬迁会引发迁移成本），工厂得到支付为 3，而政府尽管实施了严格标准，但由于工厂迁移损失了重要的经济效益，支付仅为 1。当政府意识到实施严格标准后企业一定会进行搬迁，政府就会放弃实施严格标准，继续实施宽松的标准，以保住原有的企业。工厂之所以能够轻松地迁移到其他地方继续享受宽松的标准，是因为不同的行政区域之间存在着激烈的引资竞争。

图 1b 的博弈树分析是企业在引资之前决定是否实行严格标准的情形。在政府决定是否实行严格标准后，工厂再决定是否在该地区进行投资。如果工厂不在该地区进行投资，工厂就会到其他地方进行投资，得到支付为 3，而政府因为没有吸引到资本，支付为 0。在宽松的标准下建厂，工厂得益为 4，政府得益为 2。所以，工厂面对宽松的标准，必定会选择建厂。在严格标准下，如果企业建厂，企业得益为 2，政府得益为 4。面对严格标准，工厂的最优选择是放弃在该地区建厂而到其他地方建厂。意识到这一点后，政府就不得不放弃实行严格标准，而继续实行宽松标准。

3. 企业没有树立“以人为本”的经营理念

多数企业经营者和管理人员缺乏社会责任意识，不把改善员工的工作条件和安全保障当作企业的社会责任，而一味地压低劳动力价格，延长劳动时间，降低劳动力成本。这导致了本来只属于经济领域和社会层面的企业社会责任问题被政治化为所谓的人权问题。在一些加工生产企业老板的眼里，产品和利润远远高于工人的价值。"以人为本"是企业核心文化的内涵之一。目前许多企业都在强调"以人为本"的经营理念，都追寻客户满意、客户至上的目标。企业首先要尊重员工的各种权益，才会有满意的员工服务好客户，这样才能有满意的客户。满意的客户会给企业带来长久而丰厚的收益，这样企业才能有长久的发展。

4. 企业经营者社会意识淡薄

企业社会责任运动已经成为社会发展潮流，忽视或藐视社会责任的企业将会被社会谴责甚至淘汰。企业要合理承担社会责任，首先要看企业主或企业经营者是否有对社会责任重要性的认识。因为企业主或经营者是企业行为的决策者。企业主或经营者的社会责任意识或者行为理念直接反映出企业能否承担合理的社会责任。目前，国内企业的社会责任意识参差不齐，许多企业尤其是中小私营企业经营不规范，同企业主或管理者的社会责任意识淡薄有很大的关系。

5. 员工的维权意识差

员工的维权意识是影响企业社会责任建设的一个重要因素。没有员工维权意识的增强，要使企业实现并强化社会责任是很难的。但是目前我国经济发展的具体情况也在一定程度上限制了员工的维权。例如，我国目前严峻的就业情况使得很多的员工宁可遭受一些不公平待遇，也不愿失去工作。再如，我国二元经济结构使得大量农民工的存在，而农民工很明显缺乏自我维权的意识。由于农民工是弱势群体，即使注意到了自我权益保护，往往也没有能力通过合法、合理的手段去维护自身权益。另外，在寻求保护的途径上农民工往往也很难借助工会或其他组织来保护和维护自身权益。这样便为企业或企业管理者侵犯其权益的违法经营创造了条件。

6. 企业社会责任的法制建设滞后

我国在建设社会主义市场经济体制的过程中，相应的经济法规的建立和推行都比较滞后，相关法律、法规不健全。企业没有严格依据法律、法规来规范自己的经营行为。有关企业社会责任的法规只是散见于《劳动法》、《消费者权益保护法》、《产品质量法》、《自然资源法》、《环境保护法》、《社会保障法》、《公益事业捐赠法》以及其他一些规范公司的法律、法规中，并没有明确提出这些法律规定的就是企业社会责任，使得企业社会责任没有系统化的法规约束。法制约束机制的弱化使得企业处于不同程度的无法可依、有法不依、执法不严、违法不纠的状态。即使被法规查处，但也由于惩戒力度不够，导致一些企业不惜以身试法。与此同时，相关激励机制的缺乏，也使企业在承担社会责任的过程中的损失得不到相应的补偿，企业缺乏继续保持履行社会责任的动力，在经济利益的驱使和侥幸心理的作用下，企业往往规避承担必要的社会责任。因此，法规建设的滞后，已经严重地制约了广东企业社会责任的建设。

三、广东企业社会责任建设面临的挑战

当前国内外环境为广东省加快发展、率先发展、全面协调可持续发展提供了良好的机遇和条件。从国际上看，世界经济已进入加速复苏阶段。美国、欧盟、日本三大经济增长主体增势尚好，将维持一个较长的增长周期。广东作为外向依存度较高的省份，国际经济形势好对广东省发展是个“利好”。世界新一轮产业转移也在加快，而全球都十分看好中国经济的发展，愿意来中国投资。这对广东省承接国际产业转移、调整优化产业结构十分有利。从国内情况看，我国已进入新一轮经济增长周期，发展势头非常迅猛，为我们扩大对外开放、开展全方位的合作开辟了广阔的前景。2006 年中央继续加强和改善宏观调控，其积极效应逐步显现，全国经济将继续保持平稳较快的发展。

从广东省情况看，既有 20 多年改革开放业已形成的雄厚的思想和物质基础，又有进入新一轮经济快速增长周期的有利条件。当前信息化、工业化、城镇化进程加快，产业发展、基础设施建设和区域合作取得新突破，自主增长活力增强，发展空间进一步拓展。加上全省政治和社会环境稳定，人心思发展，民意向发展，完全可以使广东企业社会责任发展得更快更好。可以说，广东省企业的社会责任建设面临的机遇大于挑战。

（一）政府部门逐步加强推进企业社会责任工作

1. 广东省劳动保障厅出台了《广东省工资支付条例》（以下简称《条例》）

该《条例》于 2005 年 5 月 1 日起正式实施，是目前广东省首部、国内第三部专门针对工资发放而制定的条例。它从行政、纪律、法律三个方面强化了对用人单位按时支付工人工资的保障，对企业拖欠工人工资，《条例》进行了明确的规定。对于用人单位拖欠工资的行为，《条例》第四十七条规定，对于连续拖欠劳动工资 2 个月以上或者情节特别严重的，在劳动保障部门规定的期限内拒不支付工资的，可以申请法院强制执行。第四十九条规定，未在规定期限内支付工资的，可以责令用人单位按照拖欠工资的 50%～100%向劳动者加付赔偿金。此外，《条例》对员工病假工资支付标准也有明确规定。规定员工患病或者非因工负伤停工治疗，在国家规定的医疗期内的，用人单位应当依照

劳动合同、集体合同的约定或者国家有关规定支付病伤假期工资。用人单位支付的病伤假期工资标准不得低于当地最低工资的80%。

对于目前广东省建筑行业较常见的发包、分包、转包并导致欠薪的行为，该《条例》也作出了明确规定。《条例》确定的工资支付基本原则是按时足额、优先支付原则。针对建设施工单位经常发生拖欠工资的问题，《条例》在第三十三条明确了工资垫付制度。规定建设单位（业主）未按照合同约定拨付或者结清工程款，致使施工单位拖欠劳动者工资的，劳动保障部门可以责令建设单位在未结清的工程款内先行垫付劳动者工资。而对合法分包工程的承包人拖欠工资的，由发包人在未结清的工程款内垫付劳动者工资；对违法分包、转包或违法由他人挂名承揽工程拖欠工资的，由发包人全部垫付工资。

《条例》还对用人单位的11种违规行为专门设定了行政处罚。其中，用人单位未按照该《条例》规定制作或者保存工资支付表的；未按照规定向员工提供工资清单的；以现金方式支付工资，未将工资支付表提供给员工签收的，均可由劳动保障部门给予警告，责令限期改正。逾期未改正的，可以处以5000元以上1万元以下的罚款，并可以对其法定代表人处以1000元以上5000元以下的罚款。

此外，用人单位如未依法制定工资支付制度并告知本单位全体劳动者；未以货币形式支付劳动者工资；解雇劳动者当天未结清劳动者工资；拖欠或克扣劳动者工资的；支付劳动者的工资低于最低工资标准的；拒绝、阻碍劳动保障行政执法人员执行公务的；出具伪证或者隐匿、毁灭证据的；拒不整改或拒不履行行政处理决定的；欠薪引发重大群体事件，用人单位法定代表人或者主要经营者未在24小时内到现场协助处理的，都将受到劳动保障行政部门给予的行政处罚。

《条例》对于在法定节假日被安排工作的工人工资也进行了新的规定。用人单位安排员工在法定休假日加班，需支付原工资的4倍。另外，在工作日安排劳动者延长工作时间或在法定休假日安排劳动者加班的，都不能以安排补休来代替支付加班工资；只有在休息日安排劳动者工作时，事后可以安排同等时间补休而不支付加班工资。

广东省有关部门对违法企业严加查处。继2005年9月广东省劳动保障部门首度对20家“血汗工厂”予以曝光后，2006年6月劳动保障部门再度对严重违反劳动法规的30家“血汗工厂”予以曝光。2005年公布的20家“血汗工厂”主要是各种各样的违反劳动法规行为，而2006年公布的30家“血汗工厂”的违法主要是拖欠工资和拖欠社保两个方面。在受到公开谴责的30家

“血汗工厂”中，广州、深圳、珠海、东莞各有5家黑心企业上榜，而同为珠三角经济发达地区的佛山市也有4家之多，产业主要集中在建筑建材、餐饮服务、服装加工等行业。“血汗工厂”的恶劣程度也令人触目惊心：仅广州市白云区某鞋厂一家企业，就拖欠586名员工工资共203.4万元。而位于东莞厚街三屯的某手袋厂，则在其经营过程中累计拖欠2800名员工工资共600万元，成为此次公布的“血汗工厂”中欠薪数额最大的企业。根据测算，仅拖欠员工工资、经济补偿金一项，30家企业所拖欠的总额就达到了2181.17万元。广东省将继续采用“公示”的方法，加大对违反《劳动法》企业的打击力度。[①]

另外，根据相关法律的要求，为提高劳动者的待遇和保障劳动者的合法权益，2006年7月12日，酝酿已久的广东省新的最低工资标准调整方案正式出台，广东省调整后的企业职工最低工资标准分为5个档次，最高一档为780元/月，较此前最高一档增加96元；最低一档为450元/月，较此前最低一档增加98元。各市采用哪类标准，由省政府直接指定。按照广东省政府和深圳市政府颁布的标准，目前深圳、广州最低工资标准居全国前两位：深圳特区内810元/月，特区外700元/月，广州为780元/月。珠海、中山、东莞、佛山被指定采用二类最低工资标准，月最低690元；惠州市区标准将由494元/月调整为600元/月，县区一级有可能调整到500元/月。最低工资标准的出台将进一步提高员工的福利，体现政府对劳工权益的关注和企业的社会责任。[②]

2.广东省质监系统净化市场环境，为企业社会责任建设创造了良好的平台

在质量监管和打假工作方面坚决退出流通领域，集中精力加强生产源头的打假治劣工作，取得了一定成效。据统计，2001—2004年底，共查办案件63630宗，查处违法单位59252个，捣毁窝点3123个，涉案货值8.51亿元，向公安机关移送案件150宗，判刑66人。其中，2004年1—11月查办案件10799宗，查处违法单位8363个，捣毁窝点628个，涉案货值2.31亿元，向公安机关移送案件43宗，判刑8人。按照广东省政府加强对重点区域、重点市场、重点产品打假整治的要求，广东省质监局先后对食品、建材、农资、黑心棉、汽车配件、强制性认证产品等近百个专项组织实施了查处行动。特别是2005年以来，在食品质量安全监管方面，制定了《广东省质量技术监督局食品生产加工环节质量安全监督管理办法》、《举报生产假冒伪劣食品违法行为奖

① 广东再次曝光30家“血汗工厂”共拖欠两千多万工资［N］．南方都市报，2006-06-23．
② 数据来自南方网最低工资标准综合报道．
http：//www.southcn.com/job/features/livingwage/default.htm

励办法》以及《广东省质量技术监督产品质量突发事件快速反应预案》等规范性文件，并在全省确定了10类食品、79个区域作为整治重点，认真落实措施，责任到人，挂牌督办。2006年上半年共捣毁食品制假售假窝点97个，查处食品违法案件578宗，查扣假冒伪劣食品234吨①。

广东省质监系统围绕全省经济工作大局，以质量培训为重点，主动为民营经济发展服务，举办广东省质量诚信论坛，开展泛珠三角区域质监业务合作，推进质量兴市、名牌评价工作，加强技术标准建设，特别是名牌培育、推荐和评价工作等方面都取得了较大成绩。截至2005年，广东省有165个产品获得"中国名牌产品"称号，连续5年位居全国各省市首位。2006年上半年广东省新增国家驰名商标11件。到2006年6月底，共获得名牌称号2165个；获得中国名牌产品称号165个，连续5年位居全国各省市首位；被认定为中国驰名商标67个，居全国前列；29个品牌被列为2005—2006年度"商务部重点培育和发展的出口名牌"；获省名牌产品称号881个；获省著名商标称号1022个。②

另外，广东省安全生产监督管理局会同广东保监会出台《广东省高危行业企业投保责任保险的指导意见》（以下简称《意见》）。该《意见》针对广东省严峻的安全生产形势，要求广东省内的矿山、烟花爆竹生产企业和危险化学品生产、经营企业（以下简称高危行业企业）投保雇主责任险和公众责任险。该《意见》规定，高危行业企业雇主为其从业人员投保雇主责任险时，建议每人责任限额不低于10万元，其伤残损害赔偿标准参照社保工伤给付标准。从业人员除可依法获取工伤保险赔偿外，还可获得本企业雇主责任险限额内依法应得的赔偿金。

3. 广东省卫生厅贯彻《职业病防治法》，开展专项整治工作

从2004年底开始，广东省对乡镇企业、农村个体工商户进行了职业病危害专项整治，将省卫生厅对作业场所职业卫生监督检查的职能，交给省安全生产监督管理局行使。以后作业场所的职业卫生监督管理工作将由省安全生产监督管理局负责，这将会进一步加大政府对企业安全生产管理和职业卫生管理的力度。

---

① 全省工商局长会议暨省市县局长学习班在广州召开. 广东红盾信息网，2006-07-14. http://www.gdgs.gov.cn/news/gsglxx/show_content.asp?id=3755

② 广东165个产品获中国名牌产品5年居全国首位. 新华网，2006-07-19. http://finance.sina.com.cn/g/20060719/22462746211.shtml

据介绍，广东省当前主要职业危害因素包括：一是粉尘，如矽尘、水泥尘等；二是化学因素，如苯和苯系物、三氯乙烯、二氯乙烷等，金属毒物（铅、锰、汞、铬、镍等），农药和高分子化合物等；三是物理因素，包括噪声、高温、射线等；四是劳动过程与卫生条件不良有关的因素，主要是超时劳动、劳动强度过大、精神紧张、卫生防护设施缺乏或不完善、通风不足、车间布局不合理等。

相关职能部门督促企业应用新技术、新工艺防治职业病，促进了新技术新工艺的应用。从督查情况看，广东省部分企业已逐步引入国外的新技术，如深圳、中山等市的部分企业，引入密闭喷漆的国外新设备，设计专用的鲜风管道、吸气罩；东莞部分鞋厂及广州部分家具厂采用低毒性（无三苯）的胶水等。这些新技术的引入，降低了职业病危害的程度，有利于做好劳动者安全保护工作，同时淘汰了落后工艺。

4. 广东省建设厅加大对建筑行业安全生产的监督与管理

广东是建筑业大省，同时也是建筑安全事故的高发省份，特别是2005年，发生了4起三级以上重特大施工安全事故，事故总量、死亡人数等主要指标居全国前列。2006年初，广东省建设厅制定了“2006年全省建筑施工安全事故死亡人数比2005年下降10%”的施工安全管理控制目标。2006年全省建筑施工安全生产形势总体稳定，趋于好转。截至2006年5月30日，全省共发生23起四级施工事故，死亡24人，事故数和死亡人数分别比2005年同期下降17.9%和36.8%，是近5年同期的最好水平，全省建设系统未发生三级以上重大施工安全事故。截至2006年5月30日，全省已有4006家建筑施工企业领取了安全生产许可证；省建设厅对16家发生施工安全事故的本省建筑施工企业，作出暂扣其安全生产许可证30～90天的行政处罚；对广州市1家未取得安全生产许可证擅自施工的建筑施工企业，依法作出罚款10万元的行政处罚。

实施安全生产许可证制度，不仅建立起了一种新的长效机制，而且进行了一次直接针对企业安全生产管理人员的大规模的安全生产知识及相关法律知识的教育与培训。不但提高了广东建筑行业管理者的整体水平，而且对减少建筑行业的安全生产事故将起到极大的推动作用。广东省在安全生产工作上注重长远规划，着力在建立长效机制上下工夫，在非公有制经济安全生产监管、全省范围推广注册安全主任制度、强化基层建设监管重心下移、特种设备动态监管等方面为全国提供了宝贵经验。

5. 社会保障厅为促进企业建设和谐劳动关系开展了卓有成效的工作

就业是民生之本，社会保障是和谐社会的制度性安排，劳动关系和谐是社会和谐的“晴雨表”、“风向标”。公平正义、充满活力、安定有序等和谐社会的基本特征与劳动保障工作密切相关。

2004年广东省劳动保障工作取得了显著成绩，主要体现在以下四个“新突破”：

第一，就业、再就业工作取得新的突破。两年来，广东省帮助62.7万名下岗失业人员实现了再就业、115.3万名农村富余劳动力转移就业，全省新增就业岗位202万个，失业率保持在3%以内，保持了就业局势的稳定。

第二，高技能人才培养取得新的突破。广东省通过实施“三年30万”技能人才培养和“三年5万”新技师培养工程，加快培养高技能人才，仅去年就培养了技能人才10.1万人。

第三，社会保险制度改革取得新的突破。近两年来，广东省人大出台了《广东省失业保险条例》和《广东省社会保险基金监督条例》，修订了《广东省工伤保险条例》，健全了社会保险地方性法规体系。广东省政府制定企业年金办法，广东省社会保险制度不断完善，多层次的社会保障体系初步建立。

第四，劳动者权益保护和劳动关系调整工作取得新的突破。广东省人大出台了《广东省工资支付条例》，为规范企业工资支付行为，解决拖欠工资这个社会难题提供了有力的法律保障。两年来，广东省共为213万名劳动者追回被拖欠的工资14.4亿元。

另外，在2004年，为推动广东省企业建设和谐稳定的劳动关系，保障用人单位和员工双方的合法权益，经由广东省劳动和社会保障厅、省总工会、省企业联合会、企业家协会组成的省劳动关系三方会议审核，评出了广东省首届100家和谐劳动关系先进企业。这些和谐劳动关系的先进企业普遍具备了严格执行工资支付规定，没有拖欠工资现象，严格执行国家工时制度，3年内没有发生工伤死亡、集体中毒或其他群伤事故，3年内没有发生因劳动关系纠纷导致的集体上访、罢工、游行、停产等事件。

2005年广东省的劳动保障工作进一步取得喜人的成绩：参保覆盖面、职业培训和技工教育规模、全省城镇登记失业率等指标都有所改善，促进了企业和社会稳定，具体数据如表1所示。

表1　2004—2005年广东劳动保障部分数据

社会保障工作	2004年	2005年
新增就业岗位	105.4万个	101.4万个
再就业	国有企业下岗失业人员再就业25.3万人	国有企业下岗失业人员再就业11.3万人
培养高级工以上高技能人才	5.85万人	8.6万人
全省城镇登记失业率	2.7%	2.58%
追回拖欠工资	清理建筑领域2003年以前拖欠的农民工工资11.13亿元	各地劳动保障部门共为劳动者追回工资11.85亿元
养老保险	1226万人	1423.6万人
失业保险	1006万人	1130.7万人
医疗保险	1034万人	1265.3万人
工伤保险	1215万人	1605.1万人
生育保险	377万人	419.4万人
技校招生就业	技校招生11.4万人，在校生28万人，再创历史新高；毕业生就业率达97.8%	技工学校新招生达12.9万人，毕业生总体就业率达98.1%，均居全国首位

数据来源：南方网新闻.粤将启动养老保险个人账户　今年增80万“饭碗”.
http://www.southcn.com/news/gdnews/gdzw/zwlb/ldbz/200502240726.htm,2005-02-24.
金羊网新闻专题：辉煌“十五”　和谐广东——就业和社会保障工作成绩突出.
http://www.ycwb.com/gb/content/2006-03/05/content_1080851.htm.

综上所述，广东各职能部门已为推动企业社会责任建设采取了很多强有力的措施，但事实也表明，这些政府部门的基础性工作还远远不能适应企业社会责任运动发展的需要，有时候还表现出很多的缺陷。可以说，随着国际企业社会责任在我国的快速推动与发展，政府、企业和社会受到企业社会责任运动的压力影响将越来越大，政府各职能部门的相关工作必须加大力度。

（二）经济与社会的良性发展迫切要求企业履行社会责任

在现代市场经济社会中，“社会是企业的依托，企业是社会的细胞”，企业只有在自身发展过程中，更多地贯彻“以人为本”的发展理念，关注社会整体利益，推出有利于社会进步与发展的实际举措，才能有足够的发展空间。在“以人为本”的社会主义建设新时期，发生涉及人民群众生命与财产安全的重大事件时，企业社会责任应当成为判定事件性质的准绳。在全面建设小康社会的历史时期，企业的社会责任成为制约经济发展与社会进步的重要因素，同时也成为衡量企业可持续发展的重要标志。

1. 企业实现其根本目标的要求

企业作为市场微观经济活动的主体，既是生产力的组织者，又是生产关系的体现者，企业的根本目标最终是由企业所有制的性质所决定的。以公有制为主体、多种所有制经济共同发展，是我国社会主义初级阶段的一项基本经济制度。对于广东省日益发展壮大的非公有制企业来说，生产资料归私人所有，企业的根本目标是通过进行各种生产经营活动使企业获取最大收益（即利润最大化），以实现个人资产的保值增值。资本主义国家几十年来的实践证明，企业在力所能及的范围内进行一些社会责任活动相当于投资，虽然短期内这种投资或许牺牲了企业的经营业绩，但从长期看，这种投资由于为企业提供了和谐的外部环境，树立了良好的社会形象，从而能吸引优秀的人才，并能通过社会的合作和监督来规范企业行为，改善内部管理，提高经济效益。从这种意义上讲，企业在利他的同时也在利己，企业承担一定的社会责任是一种长期的自利行为，这与企业的根本目标是相一致的。

下面我们通过简单的经济学模型予以分析。假设一个企业当期进行社会责任建设是一项对未来有益的投资，尽管在当期增加了额外成本，但会由于提高企业和产品形象等原因带来当期以及未来的新增收益。我们的结论是在当期以及未来的新增收益的折现值大于当期额外支出时，企业有动力进行社会责任投资。假设企业按照现有经营策略进行经营，每期可以得到利润 π_1，并且企业预期自己可以存活 T_1 期（这个假设源于现实中没有企业存活无限期），设 δ 为小于 1 的折现因子，因此企业所能得到的总利润为

$$\Pi_1 = \pi_1 + \delta\pi_1 + \delta^2\pi_1 + \cdots + \delta^{T_1}\pi_1 = (1 - \delta^{T_1+1})\frac{\pi_1}{1-\delta} \tag{1}$$

假设企业当期进行社会责任投资，企业从当期开始所得利润从 π_1 增加到 π_2，$\pi_2 \geqslant \pi_1$。由于企业处于不确定性很高的市场环境中，每个企业都有可能在下一期不再存在，企业时刻需要关注自身的存活可能性或者预期存活寿命。显然，良好的社会责任投资能够提高企业的预期存活寿命，因此我们假设企业进行社会责任活动需要付出成本 c，同时企业的预期寿命从 T_1 上升到 T_2，$T_2 \geqslant T_1$。所以，企业进行社会责任活动后，利润折现值为

$$\Pi_2 = \pi_2 - c + \delta\pi_2 + \delta^2\pi_2 + \cdots + \delta^{T_2}\pi_2 = (1 - \delta^{T_2+1})\frac{\pi_2}{1-\delta} - c \quad (2)$$

只有当 $\Pi_2 \geqslant \Pi_1$ 时，企业才有动力进行社会责任活动。显然，在其他条件不变的情况下，T_2 与 T_1 相比越大时，企业越有动力进行社会责任活动。为简化起见，假设 $T_2 = T_1$，化简得到不等式

$$\frac{\pi_2 - \pi_1}{c} \geqslant \frac{1-\delta}{1-\delta^{T+1}} \quad (3)$$

由此约束式可知，只有当期利润增加幅度与社会责任活动成本相比足够大时，企业才有动力进行社会责任活动；同时，折现因子越接近1时企业进行社会责任活动的动力越强。同样，我们可以将企业存活的假设改为无限期，而每期以一个严格小于1的概率存活至下一期，而适当的社会责任活动可以使这个概率增大，此时基本结论同上。

上面讨论的是资本主义条件下企业承担社会责任的激励机制情况，社会主义条件下的非公有制企业同样也是这样。对于公有制企业来说，生产资料归劳动者共同拥有，企业的根本目标是满足人民日益增长的物质文化的需要。同非公有制企业一样，公有制企业通过自己的生产经营活动，向市场提供商品和服务，以获取利润，实现公有资产的保值增值，这样更有利于提高自身的实力去为实现企业的最终目的服务。这只是实现公有制企业根本目标的最基本的方式之一，但不是惟一的。除此之外，还要承担更多的社会责任，还要为实现政府的某些政策目标服务，以使政府能够对宏观经济运行进行有效的调控。公有制企业所承担的这些社会责任，在社会主义市场经济中是不可缺少的，也是不可替代的。只有正确地发挥它，才能最终实现其满足人民日益增长的物质文化需要的根本目标。

2. 依法规范企业行为，建立社会主义市场经济秩序的要求

企业作为先进的社会组织形式，拥有强大的经济实力，这是其他的任何社会组织都无法比拟的。顾功耘、王丹（2005）认为，企业的经营行为影响着市场经济的秩序，甚至决定着社会的进程。如果企业忽视社会责任，不依法经营，违背社会道德规范，其必将影响市场经济秩序，从而给社会整体利益带来消极影响。企业社会责任理论正是来源于企业强大的经济力量以及由此产生的巨大的社会影响力。然而，现实经济生活中，企业忽视社会责任而出现种种问题：有的企业不坚持以人为本的理念，为了一时的眼前利益不顾职工的健康和安全；有的企业缺乏可持续发展意识，在单纯经济利益的驱使下，掠夺式开发资源，结果严重污染环境，破坏生态平衡。这些现象都与企业没有树立科学的

发展观有着直接的关系，不仅破坏了市场经济秩序，危害了国家和社会的利益，而且公司本身也得不到长远的发展。因此，企业不仅要追求“利润最大化”，而且要为创造实现“利润最大化”的市场、社会和资源环境而努力，这也是企业实现长远利益最大化的根本要求。显然，如果每个企业都为创造实现“利润最大化”的市场和环境进行了努力，那么企业的生存与发展环境和空间将得到改善，就可以建立一个运转良好、高效的市场环境，从而提升企业的发展潜能。这种情况类似于外部性作用，每个企业的努力在市场上、社会上形成合力，形成了对企业有利的外部性。我们可以通过图 2 进行分析。

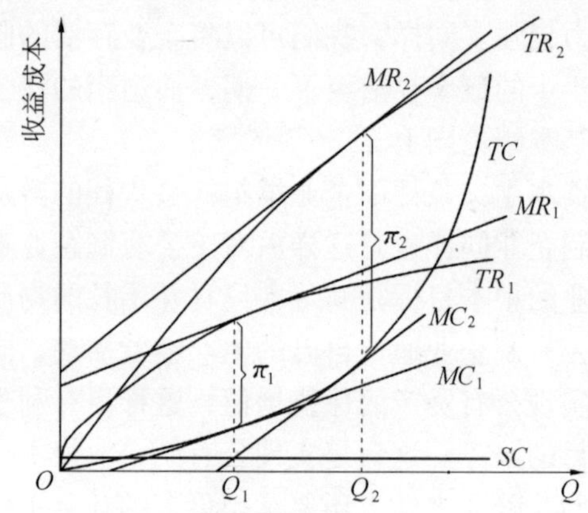

图 2　市场环境优化与企业盈利环境改善关系图

假设企业在市场上具有一定的垄断力量（不是完全垄断，来源可以是产品差异化、特有品牌、地域运输成本等），所以能取得正的利润。企业的产量记为 Q，企业原来随 Q 变化的总收益曲线为 TR_1，总成本曲线为 TC_1，根据边际收益等于边际成本的最优条件，有 $MR_1 = MC_1$，企业此时的最优产量为 Q_1，企业的净利润为 π_1。假设企业为创造良好的市场环境作出了额外的努力（投入），成本记为 SC，此时，企业的总收益曲线因为经营能力的增强而发生了上移，变为 TR_2，根据边际收益等于边际成本的最优条件，有 $MR_2 = MC_2$，企业此时获得的净收益为 $\pi_2 - SC$。不难看出，企业付出很小的成本，但能使整个市场环境优化，从而使企业赢利环境改善。从图中可以看出，此时有 $\pi_2 - SC > \pi_1$，企业获得了更大的净利润。

市场环境的改善、人民利益的保护和社会的和谐以及资源的可持续有效利用是一个企业立于不败之地的基础。为使企业经济力量有效发挥其正态效应，必须通过立法强化企业的社会责任，依法规范企业的经营行为，使企业的经济行为符合社会整体利益，并促使社会向着健康有序的方向发展。

3. 推行现代企业制度，提高公司治理水平的要求

顾功耘、王丹（2005）认为，传统公司经营中所指的“管理”往往注重的是企业内部结构的调整，其结构遵循“董事会中心主义”，即公司除重大事项的决策由股东大会作出之外，主要的经营决策来自董事会。董事会由股东大会选举成立，作为全体股东的代表，其行使经营决策权必然要为股东谋取利益。而现代公司经营理念告诉我们：由于公司的经营行为影响到众多的利害关系人乃至整个社会的利益，其经营决策绝非单纯是少数几个董事乃至股东的事情，因为少数人的决策较难作出符合利害关系人整体利益的科学决策。决策主体的单一化与行为后果的社会化极不相称的矛盾要求现代企业更多地强调“治理”，即更加注重从内部和外部共同对公司结构进行调整，健全公司的经营决策机制，让投资者、债权人、职工、消费者、社区等更多地参与到公司的治理中来，以充分体现他们的意愿。只有民主的参与，才有科学的决策；也只有良好的公司治理结构，才能作出准确理性的决策，才能响应市场的需求。

公司治理结构决定了公司的运营方式。公司漠视社会责任的根本原因就是不规范的公司治理结构导致的公司和管理层追求短期经济效益，而不愿意为公司长期发展和提高竞争力支付社会成本。规范公司治理结构，是保证公司积极履行社会责任、换取长远生存空间的重要手段。有了良好的公司治理结构，公司就能够很好地克服短期行为和违法行为，投资人的权益就能够得到保障，市场环境就能够得到保障和优化，职工、消费者的利益就能够得到保护。从整个社会来看，只有具备有效法人治理结构的企业才能形成实现社会责任分担的微观基础。在此基础上，政府才可能运用宏观调控手段，制定相应的规则和制度，以企业的利益为纽带引导企业承担相应的社会责任。

4. 实现广东可持续发展战略的需要

随着科技信息化和经济全球化的不断推进，人类将进入可持续发展综合国力激烈竞争的时代。谁在可持续发展综合国力上占据优势，谁就能为自身的生存与发展奠定更为牢靠的基础与保障，创造更大的时空与机遇。可持续发展综合国力将成为争取未来国际地位的重要基础和为人类发展作出重要贡献的主要标志之一。我国已经把可持续发展作为一条重要的指导方针和战略目标，并明确作出了中国今后在经济和社会发展中实施可持续发展战略的重大决策。要实现这一重大的战略决策，作为经济活动主体的企业更是责无旁贷。随着经济全球化趋势的明显加强，环境问题的国际影响日益显著，环境问题越来越多地与

全球政治、经济、贸易、外交等问题交织在一起，成为影响一个国家长期发展的重要因素。企业的发展既受环境的影响，同时又影响着环境。从自身的生存和发展的角度看，企业有保护环境的责任。广东省的企业只有关心环境保护，强化员工的环境意识，致力于追求企业、效益和环境的共同良性发展与进步，才能真正实现我国的可持续发展战略。

5. 贯彻科学发展观、构建和谐社会的要求

在计划经济时代，中国企业为国家所有，企业行使了许多本应该属于政府的职能，每一个企业都对内部员工负有全部的社会责任，也就是通常所说的“企业办社会”。改革开放后，中国出现了许多私营企业，国有企业也进行了改革，企业与员工之间的关系被淡化。与此同时，另一极端出现了，企业为了谋取利润，忽视了它自身的社会责任，使职工的权益受到侵害，商品的质量下降，债权人的利益受损，生态环境恶化，市场经济秩序也遭到破坏。中央政府已经意识到这个问题，从“十六大”将“人与自然和谐发展”作为全面建设小康社会的重要指标，到十六届三中全会提出“坚持以人为本，树立全面、协调可持续的科学发展观”，具体到广东省所提出的“绿色广东”发展战略，其重点就是强调发展经济的目的是为了改善人民的生活，即要坚持以人为本。发展是全方位的、可持续的。既要发展经济，又要发展社会事业，还要保护和改善我们赖以生存和发展的环境，实现经济、社会和环境的协调发展。从这个层面上说，企业承担社会责任，维护相关利益者的利益，保护环境，正是贯彻科学发展观、构建和谐社会的要求。我们所倡导的企业社会责任的最终目标就是要建立一个平衡、和谐、可持续发展的社会。

6. 建立新型政企关系的需要

企业承担社会责任，一个非常重要的方面就是取得政府的强有力支持。公众对政府在承担社会责任方面的角色期待，有时会使政府陷入一种角色冲突之中，这时企业的社会参与将帮助政府摆脱困境，减轻政府来自社会公众的压力，如减少失业、缓解通胀压力、治理污染和投资于公用事业等。企业承担一部分有利于政府实施宏观政策的社会责任，相应地就会获得政府对其社会参与行为的积极认同，从而在制定和实施政策上向其倾斜，对其发展给予支持。

不难看出，如果政府根据企业承担社会责任的表现来作出政策上的倾斜的话，竞争的企业必将在力所能及的范围内承担社会责任。下面我们选择最容易分析的市场结构——寡头垄断，分析两家企业在是否承担某项社会责任方面作出决策，例如是否投资于某项公益事业，其博弈的支付结构如表 2 所示。

表 2　企业捐赠博弈图

企业得益		企业 B	
		捐赠	不捐赠
企业 A	捐赠	2，2	4，1
	不捐赠	1，4	3，3

因为捐赠属于公益行为，投资了公益事业，所得到的收益不足以弥补投入，因此一般情况下企业不会进行公益事业投资。如果两家企业都不进行公益捐赠，政府也就无法进行政策倾斜，两家企业得到的支付都为 3。但是，一旦竞争对手进行了捐赠而自己没有捐赠的话，企业就会失去政府有利政策的支持，而竞争对手因为得到了政府的政策倾斜，获利和发展势头都会比自身要好，企业得益 1，而竞争对手得益 4。如果两家企业都进行了捐赠，政府也无法作出政策倾斜，两家企业的得益都为 2。不难看出，两家企业的占优策略都是进行捐赠，而均衡是（捐赠，捐赠）。尽管对于企业来说不是最优的均衡，但从社会角度来说未必不是最优。表 3 表示在相应情形下社会（除企业外）的得益大小。当两个企业都进行捐赠时，由于协同效应，捐赠所产生的社会效果最好。因此，从社会角度来看，两家企业都进行捐赠的社会总收益为 3，大于两家企业都不进行捐赠（为 0）。所以，当政府有意识地根据企业履行社会责任情况进行政策上的倾斜时，企业会更加主动地承担社会责任。

表 3　企业捐赠与社会得益

社会得益	企业 B 捐赠	企业 B 不捐赠
企业 A 捐赠	3	1
企业 A 不捐赠	1	0

（三）企业社会责任运动对广东外向型经济的挑战与影响

西方国家在与中国的经济往来中，如果强制性地实施企业社会责任标准认证，广东省很多以低劳动力成本维持的制造业的发展就会遇到前所未有的困难。实际上，从广东目前推行企业社会责任建设来讲，并不是什么“超前阵痛”，强调企业承担社会责任完全必要。除了目前企业的社会责任感普遍缺乏外，下列因素的影响也相当地重要。

（1）经济全球化加剧的趋势下企业伦理的作用加强。

李建民、王丽霞（2005）认为，发达国家在强调发展中国家企业的社会责任问题时确实有推行“劳工贸易壁垒”的主观意图，但另一方面，我们也应该看到，发达国家政府和跨国公司并非推动这一运动的惟一力量，反对资本全球化的劳工运动也构成了企业社会责任运动的另一推动力。过去，因为中国的劳动力资源太丰富了，使得劳动者在与资本的谈判中根本没有选择的余地，很多人一直认为劳工运动离中国还很远。其实，既然是全球化，就不能仅仅从资本的角度去论证其合理性。随着现代社会的日益开放，中国劳动者的维权意识正在觉醒。中国要融入国际社会，就必须接受西方文明所创造的代表人类进步趋向的一切有价值的成果，作为国际游戏规则之一的企业社会责任所体现出的对社会公众权益的维护也是我们必须接轨的。强调企业社会责任的目的在于实现效率和公平的协调，满足大多数社会成员的基本需要。它代表了市场经济的基本伦理指向，是人类社会发展进程中的一个进步，客观上为我们思考中国经济发展的社会伦理意义提供了一个契机。市场经济并非单一的惟利是图的经济形态，当它处于法律、道义、工会、商会等多种力量的制约之下时，就具备了一定的人道色彩。企业社会责任正是这种人道色彩的集中体现。企业社会责任标准考核与监督实质是将概念化的诚信固化为公式化的诚信。可以说，只有不仅在观念上，而且在行动上也认同企业的社会责任问题，才真正确立与世界接轨所应具备的开放的心态。

（2）劳动与资本的协调问题成为重要的发展问题。

企业本身有不同的层次，具体的组织目标设计也千差万别，很难说什么时候企业真正成长起来。因此，把企业的社会责任问题寄希望于经济发展之后再去解决的思路是一种非常不负责任的态度。在已经严重失衡的资本-劳动关系中继续向资本倾斜，其实质是掩盖那些真正应该受到制裁的残酷剥削中国工人的“血汗工厂”。协调劳动与资本的问题已经成为广东经济社会发展的重大问题。

劳动与资本的协调可以用图 3 表示。假设给定数量的资本 K 和劳动 L 创造了可分配的财富 OQ。如何分配 OQ 关系到社会福利最大化。假设最优的分配是 K 得到财富 Oq_1，而劳动得到 $Oq_2 = Qq_1$。因为此时 QQ 曲线与社会效用曲线 U_1 相切，在既定财富下社会无法通过财富再分配增加福利。但是，当前的现实是由于资本处于强势地位，得到了 Oq_3，劳动仅仅得到了 Oq_4，此时社会的效用福利水平 U_2 低于 U_1，而当前的社会责任运动就能够使得分配向 A 点回归，达到最大社会福利。

（3）民工荒的出现，使农民工的劳动力价值和权益得以凸现，对企业社会责任提出了严峻的挑战。

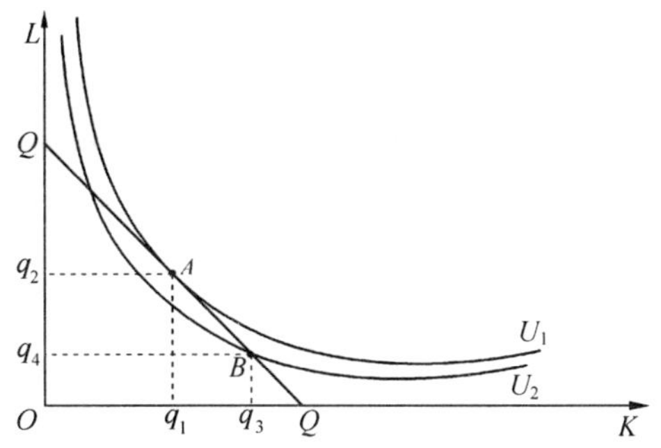

图 3　劳动与资本的协调效用

2004 年以来，在珠三角、闽东南、浙东南等加工制造业聚集地区，出现了改革开放后从没有遇到的民工荒。为了解 2005 年珠三角企业用工情况，广东省企调队于 2005 年 3 月底对广州、深圳、珠海、佛山、江门、肇庆、惠州、东莞等 8 个珠三角地市进行了春季招工情况抽样调查。调查结果表明，2005 年春季珠三角地区招工总体情况有所改善，但缺工及招工难情况仍然存在。存在的主要问题体现在：

①劳动力需求增多与可供使用的劳动力资源相对减少之间存在矛盾。从劳动力需求层面看，近两年广东经济快速发展，企业经营环境不断改善，社会需求增加，相当部分企业扩大生产，对用工的需求不断增加；同时，世界经济复苏对珠三角多数“三来一补”企业订单增多，客观上要求企业扩大生产规模，对用工的需求增加。被调查企业中有 35.5% 的企业反映 2004 年企业用工不足的主要原因是企业扩大生产[①]。

②从劳动力资源供给层面看，首先，务工大军供给相对减少。目前劳动密集型企业招收务工大军年龄多在 18—25 岁，属于 20 世纪 80 年代出生的新一代，是我国实行计划生育后成长起来的一代，数量本来就相对减少。其次，劳动力流动性大。近年来用工短缺即劳动力卖方市场形成，加上企业用工机制的不健全，使企业员工的流动性普遍加大，在对企业从业人员不能满足生产经营需要原因的回答中，因企业员工流动性太大缺工的占 41.1% 。第三，劳动力流向面广。据有关报道，2005 年春节期间初一到初七入粤的外来工约 230 万人，比去年同期下降了 8% 左右；2004 年东莞市普通工人的流失率从 10% 增

① 邓红辉，刘克，郑树霞．省企业调查队对珠三角 8 市抽样调查表明今春招工企业过半招不足［N］．南方日报，2005 - 05 - 15．

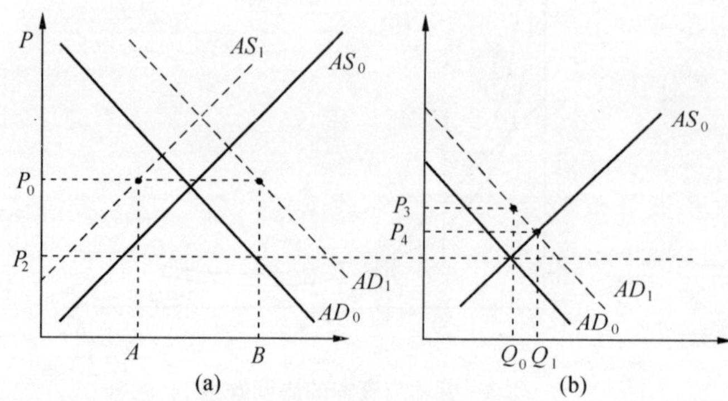

图 4　民工劳动力市场供求图

至 15%，其中 9% 到了长三角地区[①]。广东民工荒现象的分析如图 4 所示。

图 4a 是广东的民工劳动力市场供求图，图 4b 是广东之外我国的民工劳动力市场供求图。在初始状态，广东民工劳动力市场处于均衡状态，价格是 P_0，全国的民工劳动力市场也处于均衡状态，价格为 P_2，低于广东的价格。之所以两个市场都处于均衡，是因为外来工到广东务工，尽管得到相对高的工资，但也承受着离家较远、语言障碍、文化差异等给民工带来的负效应，所以很多劳动力选择了在广东以外的地区务工，尽管工资相对较低。假设现在全国市场的需求方主动提高对现有劳动力的工资待遇，工资从 P_2 上升到 P_3，因此需求曲线从 AD_0 变动到 AD_1，因为此时不是均衡，所以工资调整到 P_4，P_4 仍然低于 P_0，全国市场恢复均衡。由于民工在我国具有相当大的流动性，所以部分在广东的劳动力撤出了广东市场，这造成了广东市场的供给曲线从 AS_0 左移到 AS_1，市场出现供给不足现象。如果此时广东的民工需求增加，将加剧供给缺口。要得到需要的民工数量，广东市场惟有提高工资，否则只能通过调整生产方式等措施来改善局面。

从供求双方看，一方面，劳动力卖方市场的形成使劳动力挑选工种成为可能。上述调查结果显示，在企业对招工困难主要原因的回答中，求职人员挑选工种的占 31.4%。另一方面，有限的劳动力素质达不到企业要求，务工大军中多数对就业期望过高而又缺乏良好的敬业精神，适应环境的能力也较差。对招工困难的原因给予回答的 236 家企业中，企业要求过高及企业招工有附加条

① 入粤外来工下降 8% 企业打好“薪”“情”牌招工不会难[N].南方都市报，2005-02-22.

件的占16.1%。

③工人要求提高工资福利待遇与企业利润日益降低之间存在矛盾。一方面，劳动力就业选择面的扩大意味着企业要招到合适的人员就需要提供更有吸引力的条件，其中工资福利是最主要的方面。调查资料显示，236家对招工困难的原因给予回答的企业中，认为工资福利过低的占14.4%。另一方面，作为制造业中心的珠三角地区企业，近两年由于原材料、能源的价格调高使成本普遍上涨，下游产品由于竞争激烈而价格上涨有限，企业利润下降，因此企业所能提供的工资福利与工人的要求还有距离。调查资料显示，进行春季招工的企业中仅有30.0%的企业表示"可提高职工工资待遇"，回答"看情况"的占52.3%，"绝对不提高"的占17.8%[②]。另外，有企业反映，目前企业的用工成本已经较高，特别对建筑企业来说负担很重。目前，建筑业竞争激烈，施工垫资现象普遍，资金运作极其紧张，利润空间减少，在招工困难的情况下，提高工资才能招到足够的工人，企业的资金压力相对更大。

④企业所需技术工人与目前教育体制衔接不够。众所周知，目前珠三角地区最为短缺的是技术工人，比如焊工、模具技工和设计人员本来就少，人才市场上供不应求，而大部分人员因为选择面广而流动性较大，企业自行培训的技术人员也因流动性大而造成人力与财力的成本提高，导致多数企业很难招到足够的合适技术人员。而目前的教育体制中能够培养与企业所需人员相符合的技术工人的各类技校少，培养出来的人员远不能满足企业需求。2005年春季企业所招到的技术工人只占计划招收人数的58.6%，不仅低于普通工人14.6个百分点，而且低于企业管理人员9.2个百分点，低于专业技术人员12.5个百分点。

⑤吸引人才的相关配套措施不完善。一是部分人才市场和职业中介没有发挥应有的作用。不少企业反映劳动中介部门、人才市场等对企业的收费虽然偏高，但人才市场的资料不完整，使企业不能及时准确地了解学校学生的就业信息，学校学生不能及时准确地了解企业的用工信息。职业中介多属于无序、无规则状态，没有高素质人才进行就业指导，企业对职介所不信任。人才市场和职业中介未能起到在企业与应聘者之间搭桥和牵线的作用。调查显示，236家企业对招工困难主要原因回答中，"企业对招工宣传的力度不够的"占16.1%，"企业与职介部门缺乏沟通"的占7.2%[③]。二是企业所在地的文化氛围淡、治安状况差。不少民工出来务工除了赚钱以外，还有一个重要的目的就

①、②、③ 珠三角企业招工难在何处［N］.中国信息报，2005-05-13.

是开开眼界、长长见识。一些高校毕业生更是看重企业周边能否提供一个继续发展的文化环境。像东莞、佛山等市部分镇上企业留不住人才的一个主要原因就在于此。外来务工人员是弱势群体，得不到当地人的认同，缺乏安全感，因此对当地的治安状况特别关注。调查中有部分企业反映，因为企业所在地周边较差的治安状况对企业招工带来的负面影响不容忽视。三是部分地方执法不力。虽然珠三角地区目前针对保护工人的权益，特别是外来务工人员的权益，已有可遵循的规章及法律、法规，但是一些地方往往出于招商引资或是财政增收的需要而执法不力，查处不严，导致有最低工资标准等规定但执行无法得到保障，恶劣的工作环境也得不到多大的改善，工伤事故常有发生等。

信息不对称和信息不完全往往导致劳动力的市场交易一定程度的无效性，并且导致交易双方中至少一方的收益损失。假设一家企业需要招收一批技术工人，但是并不确切知道市场上技术工人的素质如何。如图5所示，假设企业招收技术工人的边际成本曲线是 MC，随招收工人人数上升而上升。在没有信息不对称和不完全问题（信息完全）的情况下，企业的边际收益曲线为 MR_0，此时企业招收的最优技术工人数为 q_0。但是，实际上市场存在信息不对称，并且中介组织并没有较好地解决这些问题，导致企业对每个招收回来的技术工人的预期值降低，因为企业认为除了合乎要求的工人被聘用之外，实际能力低于要求的工人也可能被聘用，以求混得一个高工资待遇。因此，企业的实际边际收益曲线下降到 MR_1，此时企业只能招收数量为 q_1 的技术工人。由于企业招收的技术工人减少，而企业又未能配置最优的生产方式，这样就会损失部分工作岗位。

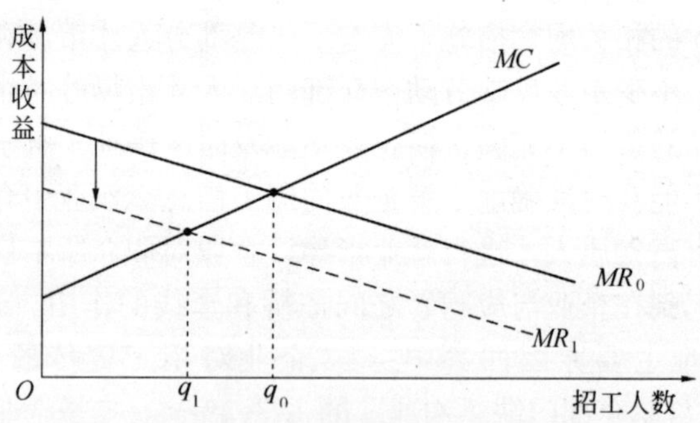

图5 劳动市场的完全信息与信息不对称

人类社会自有其进化过程。有些变化我们可能暂时无法理解其中的意义，但社会的自发调节机制将使某种有历史意义的变化扩展为新的秩序，只不过这需要时间。现在，农民工有了与老板讲条件的权利，对那种不能维持农民工和家庭简单再生产的工资，农民工开始发出了“不”的回应。应该说，这是历史的进步。作为公众和政府部门，应理性地看待劳动力与资本的“博弈”，新的市场秩序将在这种博弈中逐步形成。作为企业家也要明白：善待员工，本身就是企业竞争力之一。谁拥有充足和高素质的人才，谁将是市场的“大鳄”。现代企业家应该“以人为本”。当然，我们不会指望这个新理念让所有的人同时认知，但民工荒将给他们显示最朴素的真理。

这一点，与中国经济面临的国际环境变化也是相吻合的。随着国外消费者和非政府组织对跨国大企业社会责任的要求越来越苛刻，跨国公司将这一压力“转嫁”给全球供货商的利益动机也越来越强。可以预计，在作为全球制造业中心之一的中国，“劳工标准”、“企业社会责任”也将成为企业核心竞争力的一部分，因为这关系到公司的订单。从这个意义上讲，民工荒迫使企业改善条件以增加吸引力，这正好给我们如何应对外来压力以启示。

四、广东强化企业社会责任建设的措施

现阶段广东省的企业社会责任建设无论从企业方还是从相关的职能部门，都已经走在了全国的前列，这与广东省的外向型经济发展特点是分不开的，但同时也对今后广东省的企业社会责任建设问题提出了更高的要求。企业社会责任问题并不仅仅局限于跨国公司的供应商中，也不仅仅局限于劳动密集型加工企业中，企业社会责任是一个普遍的问题，它不仅仅是某个地区、某个行业的问题，而是所有企业都面临的问题。因此，今后几年强化企业社会责任一定要从根本上治理，标本兼治。

企业社会责任既然是一个整体的概念，那么，推进企业社会责任的战略也应该从对企业社会责任理念的培训到建立制度化评价体系，形成一个全方位的推进战略，建立有效的监督机制，全面推进企业社会责任的实践。

（一）企业方面应采取的具体措施

1.加强企业的社会责任，健全公司治理结构

经济合作发展组织（OECD）2004 年的公司治理规则大大扩展了所谓“利益相关者”的定义范围，从仅仅局限于调整股东、董事会与经营层之间有关授权、监控和制约的权力游戏，到关注组成经济、企业发展的各方利益相关者的平衡协调，都体现了对它的重视。我国于 2002 年 7 月 1 日开始实施的

《上市公司治理准则》，也第一次以专章的形式作出规定，表现了对利益相关者的关注，并明确提出上市公司在保持公司持续发展、实现股东利益最大化的同时，应关注所在社区的福利、环境保护、公益事业等问题，重视公司的社会责任。顾功耕、王丹（2005）认为这种规定仅仅是指导性的，并没有具体的操作规定和保障机制，因而难免会使规定流于形式。因此，有必要通过健全的法律法规，完善企业的内外部治理结构，使更多的利益相关方参与公司的治理，使公司的经营能够真正体现社会整体的利益，维护市场经济的良性运行和健康发展。由于公司利害关系人的广泛性，公司一旦发生社会责任事故，其受到损害的对象往往是一个社会群体。例如，企业污染环境，社区周围的居民健康都会受到影响；商品质量不合格，广大的消费者权益会受到侵害；生产条件不达标，职工的生命安全和财产利益得不到保护等。因此，在保护利害关系人利益的机制设计上，应引入公益诉讼机制，由利害关系人代表整个受害群体对损害其利益的公司提出诉讼，诉讼的结果适用于整个受害群体。这种机制设计有助于减少诉讼成本，提高效率，从而更有力地保护社会整体的利益，更有效地维护社会主义市场经济秩序。

2. 提高广东企业社会责任管理的水平

强化社会责任是企业管理达到一定水平后企业进一步发展的方向，树立社会责任理念并将之制度化，也是广东省企业健康发展的必然要求。在社会责任管理方面，广东的企业组织应广泛地与世界上大公司进行必要的沟通，学习其处理社会关系和担负社会责任的经验，从遵循国际规则的高度理解和认识企业履行社会责任的必要性，从提高企业经营管理水平的高度领会企业履行社会责任的必然性。在企业管理组织结构层次中，要把社会责任管理贯彻到从上到下的各个层次，要在管理组织机构的底层加强社会责任管理目标的组织落实，避免重大的管理事故出现和控制小的管理事故发生，降低企业管理的机会成本。无论是对一个国家，还是对一个企业，都应在获取利润的同时承担起相应的社会责任。具体而言，主要有以下几个方面：

第一，纳入战略目标管理系统。企业要以积极的心态承担社会责任，把承担社会责任主动纳入企业发展的中长期目标。在制定企业发展战略时，除了利润目标以外，要明确企业的社会责任目标，及时根据企业社会责任战略调整企业内部组织结构，并作为工作计划落实到具体经营和管理活动当中去。

第二，纳入企业文化建设系统。企业应把强化社会责任作为一种新的管理理念，并使之在企业的管理哲学、价值观念、道德观念中充分体现出来。同时，应通过制度的形式使之成为企业的道德规范和行为准则，通过开展各种文化活动来推行，以提高企业在社会公众中的形象。

第三，加强企业经营管理人才队伍建设。企业经营管理者尤其是高层管理者是企业的灵魂和核心，其道德水准直接影响着企业。只有那些具有较高职业道德水准的管理者才会为企业的长远利益着想，才能为广大社会公众谋福利。也只有高素质的管理人员，才能接受企业社会责任这种新的企业管理理念，并把企业社会责任的实质内涵融入日常的企业管理工作之中。

3. 把劳工权益保护放在日常管理的重要位置

人性化管理是企业发展的必由之路。保护劳工权益也是中国许多现行法规的要求，它引导企业认识到自身的社会责任，体现了对社会发展的主体“人”的关怀。加强企业社会责任建设，可以加快企业国际化的进程，可以使中国企业避免重复发达国家走过的弯路，如发展经济与环境保护问题、避免贫富两极分化、重视劳动者权利问题、保证市场竞争的平等性问题和经济活动中的诚信问题等。

从广东企业社会责任建设的整体情况看，劳动权益保护问题相当突出。因此，在广东全方位推动企业社会责任建设的工作中，劳工权益保护是核心内容。重视劳工权益保护，从短期来看会增加企业的成本支出，但从长远来看有利于企业可持续发展。国内外的实践都表明，企业进行良好的社会责任管理，不仅可以获得良好的社会效益，而且可以获得长远的商业利益。从劳工权益保护层面加强企业社会责任建设的具体措施有：

（1）借鉴国际经验，加强劳工保护。劳工问题不仅涉及员工利益，而且事关企业发展。在欧美发达国家，社会公众对企业的评价重点，一是看社会责任心，二是看名牌产品，三是看财务绩效和管理。中国企业可以借鉴西方国家企业的做法，采用财务、环境、社会责任三者结合的业绩汇报模式，以透明的方式向社会发布企业运作的综合效果，使企业赢得公众的信任和支持。要实现可持续发展，企业必须兼顾经济、环境、社会发展三者的利益，寻求平衡发展。企业首先应该执行国家劳动法规，保护职工利益，必须采取措施改善劳工条件，必须加强对生产环境、职工工作生活条件、环保措施的投资和管理力度，保证企业的健康运营。同时，应重视本行业劳工标准等信息的收集和分析工作，要善于充分发挥国外代理商和当地营销人员便利收集信息的作用，及早发现问题并及时采取对策。

（2）不断提高企业人力资源管理水平。企业的人力资源管理质量与企业的核心价值和文化密切相关，是和谐的劳动关系的基础，也是企业得以长期发展的根本。企业应有一种长远的发展观点，自觉地把劳工权益保护纳入自己的管理议程，从制度上保证管理目标的顺利实现；在企业管理组织架构层次中，把劳工保护管理贯彻到从上到下的各个层次；树立以人为本的观念，建立真正意义上的“人力资源管理”。通过激励、调动和发挥职工的积极性和创造性，引导职工实现预定的目标；运用行为科学，重塑人际关系；改善劳动管理，充分利用劳动力资源；建设企业文化，培育企业精神；积极营造良好的文化氛围，增强企业的凝聚力，激励职工的工作热情；促使薪酬结构合理、激励手段多样化，最大地激发人力资源的创造性。

我们可用模型来说明人力资本积极性得到最大限度发挥的问题。假设在市场上，大量的厂商按近乎完全一样的方式生产一种产品。设单一厂商理想状态的生产函数为

$$Y = AK^{\alpha}L^{\beta} \tag{4}$$

其中：A 是厂商的技术水平；K 是厂商的资本存量；L 是厂商所能支配的潜在的人力资本水平；α，β 是相关参数。实际上，由于人力资本激励有限，厂商实际的生产函数为

$$Y = AK^{\alpha}(aL)^{\beta} \tag{5}$$

式中，a 为严格小于1的正数。从而，厂商的净利润为

$$AK^{\alpha}(aL)^{\beta} - \omega_1 L - rK \tag{6}$$

式中：ω_1 是工资率；r 是资本回报率。实际上 a 的大小很大程度上依赖于工资率的高低。同时，我们假定短期内厂商不会调整资本水平和人力资本水平。假设某一厂商认为进行人力资本激励的改进是有利可图的，因此该企业对人力资本进行了更好的激励，其中一项重要措施就是更加合理地对 L 予以更高回报，平均水平从 ω_1 上升到 ω_2，高于行业一般水平。此时，该厂商的参数 a 上升到 b。因此，该厂商的净利润为

$$AK^{\alpha}(bL)^{\beta} - \omega_2 L - rK \tag{7}$$

只有新条件下的预期利润大于原利润水平，厂商才会进行人力资本激励的投资，即

$$AK^{\alpha}(bL)^{\beta} - \omega_2 L - rK \geqslant AK^{\alpha}(aL)^{\beta} - \omega_1 L - rK \tag{8}$$

变形得到

$$AK^{\alpha}L^{\beta-1} \geqslant \frac{\omega_2 - \omega_1}{b^{\beta} - a^{\beta}} \tag{9}$$

可见，$\frac{\omega_2}{\omega_1}$越小。$\frac{b}{a}$越大则该不等式越容易成立，事实上是反映了厂商人力资

本改进的效率，而对于不同企业来说效率是不一样的，即$\frac{b}{a}$是关于$\frac{\omega_2}{\omega_1}$的凹性的增函数，且各企业函数存在差异。实际上，很多厂商即使存在改进的可能性，但由于决策者的视野局限，常常没能进行人力资本激励改进，从而失去了竞争的优势。

由上面模型可以看出，对人力资本进行激励于企业的发展有着重要的意义。劳动者权益保护是人类社会发展的一大进步，它在企业发展的同时更多地考虑到了人的发展，这符合经济发展的目的——让更多的人享受到社会发展与进步，也是广东建设和谐社会的要求。

4. 提升广东企业的绿色竞争力，积极应对加入世贸组织的挑战

广东是个经济大省，但环保产业发展相对滞后。据2000年调查，全省环保相关产业当年产值仅177亿元，占同期国内生产总值的1.86%，排在全国各省市（区）的第四位，虽然这几年有较快发展，但与广东经济大省的位置是不相匹配的。“十五”期间，广东每年的环保投入占全省GDP的2.5%，投入总额近1 500亿元。在此期间，全省环保产值达到300亿元的规模，年增长率为15%①。因此，大力发展环保产业和绿色产品，应作为培育广东新的经济增长点、提高产业竞争力的重要工作来抓。一是要发挥政府宏观调控职能，建立健全环保产业发展机制。开辟多层次、多元化的社会融资渠道，制定财政、信贷、税收等方面的优惠政策，支撑和鼓励环保产业的发展，促进环保产业的社会化、市场化和专业化。二是积极推进ISO14001环境管理体系，培育环保企业。通过ISO14001环境管理体系的认证，引导企业按照绿色要求改进产品种类，进行生态设计和生产，推动企业管理走向标准化和国际化。要通过联合、兼并和资产重组，组建环保企业集团，实现资源优化配置和规模效益，以增强环保企业的市场竞争力。三是开发生态环保产品，优化出口商品的结构。国际生态环保产品的基本要求是符合进口国和消费者的环保需求。我们要在产品开发、工艺技术、产品质量和包装等方面，切实贯穿环境竞争力的理念，按照国际环保的新标准，大力开发绿色产品，为广东省的外贸出口开拓广阔的绿色市场。

（二）政府方面应采取的具体措施

目前，广东省企业社会责任建设很大程度上是通过跨国公司的审核和评估

① 广东大投入促环保产业快发展.人民网华南新闻，2003-11-20.

供应商来推进，政府介入的工作和力度明显滞后，如果仅仅靠企业自身的觉醒是非常缓慢的。在中国目前还缺乏推进企业社会责任的社会力量的情况下，政府的作用就显得尤为重要。政府可以从以下几个层面强化企业的社会责任：

1. 切实转变政府职能，为企业发展提供良好的外部环境

企业承担社会责任，为社会的发展尽自己的义务，政府也要主动为企业发展提供服务，营造良好的政策环境、市场环境、法制环境、政务环境和舆论环境。只有建立起政府与企业之间的良性互动机制，才能建立良好的政企关系，促进企业发展，更好地履行社会责任，推动社会的可持续发展。

政府在建立社会责任评价体系中的作用，可以用一个简单框架予以分析。假设建立起来的社会责任评价体系必须具有通用性，即必须被社会中大部分的企业所接受，否则就没有公信力和执行力。如果由企业自行协调来建立社会责任评价体系的话，最糟糕的情况是每家企业之间都需要互相进行协商谈判，如果社会上有 n 家企业，那么谈判的次数就是 $n(n-1)/2$。如果由政府主动进行谈判，政府只需和各家企业进行谈判，最多的谈判次数为 n。只有 $n\leqslant 2$，企业直接谈判才具有成本优势。n 越大，政府主动牵头建立社会责任评价体系明显具有成本、时间等方面的优势。

2. 推进企业社会责任建设的法制化，弥补企业社会责任的法律缺失

要突出强调企业必须承担的基本社会责任，把企业承担社会责任纳入法制化、规范化的管理体系中。强化企业的社会责任实际上是强化企业的守法行为，使企业在生产经营的过程中严格遵守劳动保护法、生产安全法和环境保护法，在遵守国家各项法律的前提下创造利润，为社会多作贡献。

第一，相关立法机构必须加快相关法律体系建设。把企业社会责任作为一个法律概念，结合广东外向型经济的特点，将其原则性和一般性的规定纳入《企业法》、《乡镇企业法》、《合伙企业法》、《个人独资企业法》和《公司法》之中，如企业经营的目标，企业社会责任的定义、原则以及企业社会责任的制度安排等，并形成以《劳动法》为核心，以《劳动监察法》、《雇员工资法》、《安全生产保护法》、《工会法》等相关部门法为补充的法律体系。

第二，政府要与企业实现法律上的“双向互动”，积极推动中国的企业社会责任运动。尊重公司商法的自治原则和诚实信用原则，保护公司公平竞争与公正交易的应有秩序，积极为企业履行社会责任创造良好的环境并提供服务。同时，要在法定责任范围内严厉打击各种违法行为，促使企业承担社会责任；在法定责任范围之外，通过税收、宣传等方式鼓励企业承担社会责任，创造良好的社会氛围。企业则应自觉守法，以加强劳工权益保护为突破口，坚持把企

业短期目标和长期利益统筹兼顾，实现社会经济协调和可持续发展。同时，要加速社会责任专业人才的培养。

第三，司法机关要加大与企业社会责任相关的各项法律法规的执法力度。司法机关必须努力解决好执法态度、执法方式和执法程序三个方面的突出问题。端正执法态度就是要求政府坚持“以人为本”的科学发展观，充分尊重《劳动法》、《公司法》等相关法律法规的权威性，严格落实政企分开。政府要从既作“裁判员”又作“运动员”的双重角色中抽身出来，一心一意地支持司法机关依法办事。改进执法方式就是要坚定执法为民的信念，把“普法”教育、守法检查与违法惩处有机结合起来，通过执法手段推动企业增强落实《劳动法》及其他相关的各项法律法规的自觉性。保证执法程序本身合法，就是要努力做到不偏不倚，坚持司法公正、“阳光执法”，执法宽严程度不因人、企业、经济效益大小而异，坚持“法律面前，人人平等”的基本原则，执法程序严格符合规范。

3. 加强对企业承担社会责任情况的监督与惩罚

要充分了解企业守法的情况，并作出定期评估。表彰认真履行企业社会责任的企业，对那些严重违反劳动法、生产安全法和环境保护法的企业给予批评或惩罚，从而引导企业转变观念，朝着积极履行社会责任的方向发展。在具体执行的过程中，应加大行政处罚力度，并重在处罚个人。

目前，我国处于经济社会经济发展阶段，如果一个企业怠于履行社会责任所带来的成本支出远远低于其所收到的利润，该企业在很大程度上就不会自觉地履行社会责任。因此，加大对损害社会利益行为的处罚力度，将成为维持和贯彻企业社会责任的最后一道屏障和最有效的防线。有权必有责，有责必要究。如果企业没有履行其相应的法律义务，则必须追究其法律责任。因此，应该加强对怠于履行企业社会责任行为的法律制约，使真正损害企业和社会利益的蛀虫受到应有的惩罚。

假设企业做出一件有违社会责任的事情，得到的好处是 $B(x)$，其中 x 是事件的规模或者数量大小(这里设成污染规模或数量)，但是企业做出这种事情可能会受到政府惩罚，即使成本相应提高。具体来说，政府有关部门规定对每单位违规事件处以 F 单位的经济处罚；但是企业做了违反社会责任的事情，并不一定会被发现或者受到处罚，原因是事件并不具有明显特征或者突发性，或者政府相关部门运转的效率和规范性不够，导致企业逃脱责任和处罚，因此我们赋予企业被处罚一个正的概率 P。于是，有违反社会责任倾向的企业的目标为

$$\max_{x}[B(x) - PFx] \tag{10}$$

解一阶最优条件得

$$MB(x^{*}) = PF \tag{11}$$

其中，MB 是边际收益。按照最一般的情形，假设 $B(x)$ 是严格递增的凹函数，所以，当 P 和 F 越高时，企业违反社会责任的规模和倾向就越低。从直觉可知，设定 F 的大小几乎是无成本的，因为这只涉及法规上的设置，并不引发其他成本。但是，调整 P 的大小往往是有成本的，政府越努力执行法规，P 就越大。因此，可以将上述目标改为

$$\max_{x}[B(x) - P(e)Fx] \tag{12}$$

其中，e 是政府执行法律的程度和强度。因此，最优条件改为

$$MB(x^{*}) = P(e)F \tag{13}$$

由此可见，此时提高 F 显得更有吸引力，因为它不引发成本，而提高 P 必须伴随着 e 的提高。该结论给出的含义是：一方面要加大处罚力度，如果处罚太轻，会有更多的企业做出违法的事情来。但另一方面，实际上 F 不能无限加大，政府仍然需要付出努力来提高 P，必须采取两方面结合的方法来遏制企业违反社会责任的事件发生。但是，往往是企业受到了惩罚，而决策者得到了好处却没有受到惩罚。这种情况同样可以引用上述框架分析，只有好处没有成本的事情对个人太具吸引力，因此必须对实际决策者予以法规上的有效约束。

4. 建立披露信息机制，切实树立企业形象

社会公开机制在某种程度上具有最大的监督和制约功能。目前对于我国大多数公司来说，信息披露的主要内容是公司的财务状况。但是，随着人们对可持续发展的重视，财务指标已经不是衡量企业发展状况和未来的惟一指标。顾功耕、王丹（2005）认为，为了加强企业履行社会责任的自觉性与主动性，应该将社会信息公开机制引入企业社会责任制度中。公司履行社会责任的状况通过信息披露机制，向社会传达相关信息，如公司的债务情况、企业内员工权益的保护状况、商品质量及消费者投诉状况、环境污染状况、社区关系状况等。社会公开机制之所以能够强化企业社会责任，就在于它能止恶扬善，驱邪扶正，唤醒全社会的企业社会责任意识。通过信息披露机制，使那些自觉履行社会责任的企业得到赞扬和传颂，打响企业及其商品的知名度，从而树立企业良好的社会形象，有利于企业进一步地发展壮大；相反，使那些利欲熏心、怠于履行社会责任的企业曝光，其社会道德受谴责，法律上受到制裁，使其降低乃

至丧失市场竞争力，从而维护良好的市场经济秩序，实现经济的健康、可持续发展。良好的信息披露机制来自良好的企业治理结构，信息披露机制的健全对推动企业社会责任建设和社会责任投资有着举足轻重的作用，因为这样可以更好地引入公众舆论压力和政府监督因素。

在企业社会责任建设过程中，政府要推进社会公众的参与。企业履行社会责任需要一个社会基础，这就是社会公众的责任意识。企业履行社会责任，从根本上说受益者是广大的社会公众。公众的积极参与，是包括企业在内的全社会责任意识提升的最重要的标志；公众的广泛监督，是企业履行社会责任的最有力的保证。目前，中国的消费者在自身权益屡受侵害的情况下，维权意识正在逐步形成，这是在市场经济条件下人们观念发生变化的重要体现。政府可以通过教育、宣传等方式，培育社会公众对自己、对他人和对社会的责任意识，使之学会利用消费者的权利，来为自己和广大劳动者争取合法的权益，学会借助于法律并利用社会舆论来有效约束和正确引导企业行为。

发挥广东省传媒业在全国较为发达的优势，积极发挥各种传媒的作用，推进广东省企业社会责任建设。关于公众参与以及媒体宣传的作用，可以用以下模型进行分析。现假定企业可以存活无限期，但每一期只有概率 P 可生存至下一期。某企业原始的净利润为

$$\Pi_0 = \pi_0 + P^{\delta}\pi_0 + P^2\delta^2\pi_0 + \cdots = \frac{\pi_0}{1 - P^{\delta}} \tag{14}$$

如图 6 所示，假设企业可以进行有利于社会利益的社会责任活动，其选择的规模大小是 x，而带来的成本是 $c(x)$。同时，企业也得到了额外的收益，企业从当期起每期的利润都由于企业形象改善等原因提高了 $\Delta\pi(x)$ 的幅度，可以看出 $\Delta\pi$ 也是关于 x 的函数。然而，企业增加的利润会随着时间的推移不断减少，原因是正面效应会随着事件消失而在公众心目中淡化，因此我们假设当期的 $\Delta\pi(x)$ 到下一期变为 $q\Delta\pi(x)$，每期都遵循同样的规律（$q \leqslant 1$）。

$$\begin{aligned}\Pi_1 &= \{\pi_0 + P^{\delta}\pi_0 + P^2\delta^2\pi_0 + \cdots\} + \{\Delta\pi(x) + P\delta q\Delta\pi(x) + (P\delta q)^2\Delta\pi(x) + \cdots\} - c(x) \\ &= \frac{\pi_0}{1 - P\delta} + \frac{\Delta\pi(x)}{1 - P\delta q} - c(x)\end{aligned} \tag{15}$$

企业进行社会责任活动的参与约束为

$$\frac{\Delta\pi(x)}{1 - P\delta q} - c(x) \geqslant 0, \quad 即 \frac{\Delta\pi(x)}{c(x)} \geqslant 1 - P\delta q \tag{16}$$

可见，P，δ，q 越大，越有利于条件成立。而企业参与社会责任活动的最优

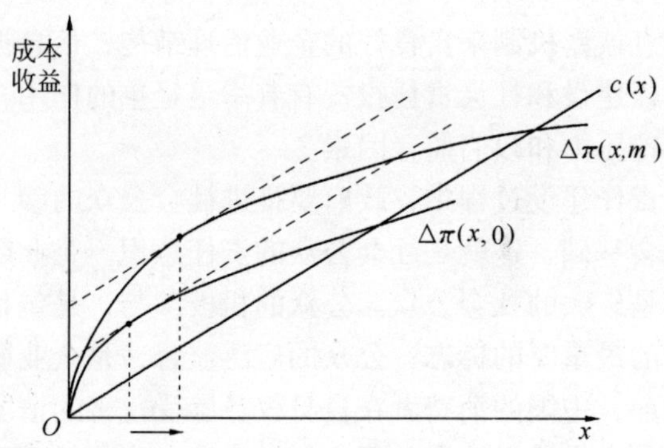

图6 企业进行社会责任活动规模与成本收益关系示意图

水平由下式决定：

$$\max\left[\frac{\Delta\pi(x)}{1-P\delta q}-c(x)\right] \tag{17}$$

解一阶最优条件得

$$\frac{\Delta'\pi(x)}{1-P\delta q}=c'(x) \tag{18}$$

设定最一般的情形，$\Delta\pi(x)$ 是关于 x 的严格凹的增函数，$c(x)$ 是关于 x 的线性函数或者严格凸的增函数，则最有条件有正的最优解。假设现在公众参与和社会媒体发挥了作用，从而对企业的社会责任活动的结果产生了影响。具体来说，$\Delta\pi(x)$ 变为 $\Delta\pi(x, m)$，P 变为 $P(m)$，q 变为 $q(m)$，其中 m 为公众和媒体作用的大小，可知三个函数都随 m 的增大而增大，原来这些参数都是 $m=0$ 时的取值。企业的利润变为

$$\begin{aligned}\Pi_2 &= \{\pi_0+P(m)\delta\pi_0+P(m)^2\delta^2\pi_0+\cdots\}+\\ &\quad\Big\{\Delta\pi(x,m)+P(m)\delta q(m)\Delta\pi(x,m)-\\ &\quad[P(m)\delta q(m)]^2\Delta\pi(x,m)+\cdots\Big\}-c(x)\\ &=\frac{\pi_0}{1-P(m)\delta}+\frac{\Delta\pi(x,m)}{1-\delta P(m)q(m)}-c(x)\end{aligned} \tag{19}$$

企业最大化利润，决策变量为 x，最优一阶条件为

$$\frac{1}{1-\delta P(m)q(m)}\frac{\partial\Delta\pi(x,m)}{\partial x}=\frac{\partial c(x)}{\partial x} \tag{20}$$

企业此时将 m 看做是外生的，$p(m)>P$，$q(m)>q$。给定 x，且 $m>0$，则有

$$\Delta\pi(x, m) > \Delta\pi(x) \tag{21}$$

因此，在新的最优条件下，企业将选择更大的 x，即进行更多的对社会有益的社会责任活动。由此可见，公众与媒体的参与增强了企业“行善”的动力。

参考文献

[1] 黎友焕，黎友隆.2006广东经济发展预测及其建议［J］.商业经济文萃，2006（1）.

[2] Joseph W McGuire. Business and society［M］. New York：McGraw-Hill，1963.

[3] 周祖城.企业伦理学［M］.北京：清华大学出版社，2005.

[4] Louis D Brandeis. Other people's money & how the bankers use it. National Home Library Foundation，1933.

[5] 顾功耕，王丹．略论现代企业的社会责任［J］．上海商业，2005（3）：27-29.

[6] 李建民，王丽霞．企业的社会责任问题与中国经济的伦理化［J］．当代经济研究，2005（1）：60-65.

[7] 赵琼．企业该怎样承担社会责任［J］．轻工标准与质量，2004（4）：41-42.

专题报告

广东企业社会责任理论研究评述

企业社会责任是近年来企业界与学术界讨论的热点问题。广东学术界在过去的两年中，结合广东外向型经济发展迅速的特点，充分利用采集一手资料相对较易的优势进行了实地调研，写出了一批相关的研究报告，为政府相关职能部门制定政策提供了有力的依据。广东省各级政府职能部门在推进企业社会责任运动中发挥了应有的作用，出台了一系列法律、法规，为企业社会责任的运行提供了良好的平台。

在广东学术界对企业社会责任的理论研究方面，特别应该指出的是广东省社会科学院近年来一直关注着企业社会责任问题的发展。2003年底，广东省社会科学院在原有研究SA8000和企业社会责任的基础上，设立了SA8000与企业社会责任重点研究课题；成立由院内外30多位专家组成的重点课题组，开展了企业社会责任领域的课题研究；同时，联合政府、企业和社会各界力量，共同推动中国的企业社会责任实践，帮助企业树立“以人为本”的经营理念，把企业对员工、消费者以及社区和环境的责任贯彻到企业生产经营的全过程。为了支撑这个重点研究课题，在广东发展研究数据库中专门建立了“企业社会责任研究资料库”，并于2004年初开通了国内第一个以SA8000社会责任标准为内容的研究网站——广东SA8000研究网站（WWW.GDSA8000.ORG）。2004年3月28日，课题组将《SA8000认证对广东经济发展的影响及其对策研究》报告呈送给中央政治局委员、广东省委书记张德江和其他省委、省政府领导，使SA8000和企业社会责任的有关问题在广东省高层领导中引起重视和反响。据了解，随后的深圳市政府有关部门对SA8000和企业社会责任问题专门召开了多次研究会议。2004年初，广东省社会科学院SA8000与企业社会责任课题组申报“广东省哲学社会科学‘十五’规划项目”获得批准。到2007年5月止，课题组共为政府和企业作决策报告30多个，发表文章近100篇，接受国内外新闻媒体采访100多人次。此外，还有一批课题正在进行研究，已公开出版了《2004广东企业社会责任建设蓝皮书》、《SA8000与中国企业社会责任建设》、《世纪之交对社会科学的遐想与呐喊》、《对社会科学的研究与展望》等书；《中国企业社会责任研究》、《企业社会责任理论》、《企业社会责任概论》、《社会责任生产守则》等也即将面世；另还有一批专业或理论书在紧张整理撰写中。可以说，广东省社会科学院SA8000与企业社会责任课题组已经在国内先走一步，为各级政府和企业了解与认识SA8000和企业社会责任作出了一定的贡献。更值得一提的是，由广东省社会科学院SA8000与企业社会责任课题组成员提议，由广东省社会科学院、广东商学院、广东康然医药有限公司等单位发起，由全省近100所院校和近100个企业的400多位研究人员和实践人员组成理事会的"广东省社会责任研究会"已经广东省民间组织管理局批准成立。该会是广东省一级学会，是国内经过政府部门批准的第一个企业社会责任研究会。该会吸纳了全广东研究企业社会责任的各界人士，集合了全省企业社会责任的研究资源。据初步统计，在该会的220多位理事中，有高级职称人员近180人，具有博士学位的80多人，共发表与企业社会责任领域有关的文章近400篇，公开出版与企业社会责任有关的书籍近30种。可以预见，企业社会责任的研究定将迈上一个新的台阶。

广东社会科学院SA8000与企业社会责任课题组对企业社会责任的研究主要立足于广东，面向全国，把广东推进企业社会责任的经验作为参考，力争为推进中国企业社会责任的进程，建立中国自己的企业社会责任评价体系作出贡献。同时，广东省社会科学院SA8000与企业社会责任课题组正在加强国际间的合作和交流，如已与北美、欧洲、澳大利亚等的著名企业的社会责任国际组织建立联系，使理论研究与实践应用有机结合，使中国的企业社会责任与国际接轨，帮助广大企业尽快融入经济全球化的进程中。

理论研究的宗旨是为实践活动提供理论依据，社会科学领域的研究尤其应该如此。据笔者掌握的国内相关企业社会责任方面的文献，2002年以前，理论界侧重于研究企业社会责任运动推行的实践效果，研究领域也仅局限于经济学、管理学等学科。近两三年来，随着企业社会责任运动在全国范围的推进，实践中出现的问题愈来愈超出经济学和管理学的研究领域，由此涌现出一批从各个学科、不同领域去研究企业社会责任的文章，研究内容涉及法学、法理学、社会学、伦理学、社会哲学等诸多领域。可以说，近两年对企业社会责任的研究已经走向多元化，趋于综合性，学者们结合自身研究的专长，开始着力于进行综合性、系统性的研究。同时，研究也从定性研究逐步向定量研究转变，使研究成果对实践愈来愈具有可操作性。

鉴于此，笔者将对学术界在近两年内的理论研究进行综述，在介绍国内外最新研究成果的同时，侧重于评述广东省学者的理论成果。

一、对利益相关者理论研究的新进展

利益相关者理论认为，企业在其经营活动中，除了股东以外，还存着与其他利益相关者的关系，包括员工、消费者、顾客、供应商、社区等等，他们无论是以个体身份出现，还是以组织身份出现，都有着各自的利益需求，且这种利益相关者与企业及其活动有着直接或间接的联系。由于这些利益相关者的利益与企业的经营行为息息相关，因此，企业必须体现并维护他们的合法权益。

安瑟芳（Ansoff，1965）认为，要制定理想的企业目标，就必须综合平衡考虑企业的诸多利益相关者之间相互冲突的索取权，他们可能包括管理人员、工人、股东、供应商以及顾客。大部分学者认同企业社会责任的理论基础主要是利益相关者理论（或称公司利害关系人理论）。弗里曼（Freeman R.E.，1984）将“利益相关者”定义为：“能影响组织行为、决策、政策、活动或目标的人或团体，或是受组织行为、决策、政策、活动或目标影响的人或团体。”这个定义不仅将影响企业目标的个人和群体视为利益相关者，同时还将受企业目标实现过程中所采取的行动影响的个人和群体看做利益相关者，这样就将当地社区、政府部门、环境保护主义者等实体都纳入利益相关者管理的研究范畴，大大扩展了利益相关者的内涵。弗里曼（1994）还提出了三条具体原则：利益相关者授权原则（the stakeholder enabling principle）、董事责任原则（the principle of director responsilility）、利益相关者追索权原则（the principle of stakeholder recourse）。日瓦里（Rivoli，1995）进一步推进了关于利益相关者的辩论，他集中讨论了一个关于利益相关的假设：利益相关者自己的行为方式也是自私自利。日瓦里引用美国股东们从关心个人利益财富最大化转变为关心社会事务的趋势，为超越相关利益者理论的自私设想的伦理作出了辩解。英国学者克拉克森（Clarkson，1995）则认为，那些对企业及其过去、现在或未来的活动享有或者主张所有权、权利或利益的自然人或社会团体属于利益相关者。他又根据相关者群体与企业联系的紧密性将利益相关者分为：一级利益相关者（primary stakeholders）和二级利益相关者（secondary stakeholders）。前者是指没有其参与企业就不可能持续生存的人，包括股东、投资者、雇员、顾客、供应商及为企业提供基础设施与市场、对企业制定法律与规则、对企业享有征税权和其他权利的政府与社区；后者是指那些影响企业或受企业影响，但与企业之间没有商事关系且不是企业生存的必要条件的社会团体，比如媒体和众多的特定利益集团。

广东理论界对利益相关者理论的研究比较有代表性的是广东省企业社会责任研究会副秘书长、中山大学岭南学院副教授陈宏辉博士。他已经公开发表了多篇较有影响的学术论文，并且出版了《企业利益相关者的利益要求：理论与实证研究》。陈宏辉博士（2004）把利益相关者的思想归结为：企业是其利益相关者相互关系的联结，它通过各种显性契约和隐性契约来规范其利益相关者的责任和义务，并且将剩余索取权和剩余控制权在企业物质资本所有者和人力资本所有者之间进行非均衡地分散对称分布，进而为其利益相关者和社会有效地创造财富。

陈宏辉、贾生华（2004）认为，长期以来，当代主流企业理论和公司治理理论对利益相关者理论的研究存在着两大批评意见：一是利益相关者难以确定，从而使得利益相关者理论难以应用于企业实践；二是与主流企业理论层出不穷、细致入微的实证研究结果相比，利益相关者理论的实证研究结果太少。应该说，这些批评意见正中利益相关者理论的“软肋”。致力于利益相关者理论研究的西方学者也在一直不断地加以改进。对于第一种批评意见来说，应该承认早期泛化界定利益相关者的方法的确曾经使利益相关者理论的发展陷入困境，但是20世纪80年代以后，尤其是90年代中期以来，西方学者对企业利益相关者分类的研究取得了重大进展，在经历了一个“窄定义—宽认识—多维细分—属性评分”的探索过程后，定量化的评分法大大促进了利益相关者的分类工作，也使利益相关者理论具有了很强的可操作性。针对第二种批评意见，西方学者在90年代以后开始进行了大量的实证研究，在国际知名刊物上发表了100多篇有分量的论文，并概括总结出利益相关者理论研究的方法体系。但是由于多方面的原因，使得我国许多学者对像“利益相关者”这样的西方企业理论的最新进展持一种漠视和怀疑的态度，利益相关者理论在我国经济转型背景下的深刻含义有待进一步发掘。

关于企业利益相关者的利益协调与公司治理的平衡原理方面，陈宏辉、贾生华（2005）认为，企业中不同的利益相关者所追求的利益要求之间不仅会有差异，而且很可能会有冲突，同时提出了公司治理安排的动态调整平衡原则。这一原则的实质是“权变思想”，即任何一个企业都有其特殊性，每一个企业所面对的利益相关者都是不一样的，每一种利益相关者的利益要求又有差异。既然公司治理是企业“利益相关者利益冲突的协调机制”，那么就必须根据企业中多种利益相关者的实际状态和具体冲突情况来安排治理架构，从而实现最佳的治理效率。而企业实施平衡治理的具体措施主要有：①将“平衡考虑利益相关者的利益要求”作为企业的立身之本，甚至将它上升到企业经营理念的高度。②在企业的日常经营管理中，建立起“利益相关者纳入机制”。这实际上是让各种利益相关者通过合适的、正式的渠道来参与企业的经营管理，进而分享企业的剩余权。③在正式的公司治理架构安排中，要强化“弱势”利益相关者的保护机制。④为了应对可能的“不平衡”的实然状态，企业需要设立专门机构来负责评估企业利益相关者利益要求的实现情况，并恰当处理失衡危机。

在对利益相关者三维分类的实证分析上，陈宏辉、贾生华（2004）的研究的结果表明，“多维细分法”和“米切尔评分法”是对企业利益相关者进行分类的基本方法，但其基础应该是实际调研的数据资料。现实企业中利益相关者的类型是复杂多变的。我国企业的 10 种利益相关者在其主动性、重要性和紧急性三个维度上是存在一定差异的。从实证结果来看，股东、管理人员和员工是我国企业的核心利益相关者。供应商、消费者、债权人、分销商和政府是企业中的蛰伏利益相关者，而特殊利益团体和社区则是企业的边缘利益相关者。不同的个体因素和企业因素会对企业利益相关者的认识产生差异。

此外，广东省企业社会责任研究会副会长林军博士（2004）认为，利益相关者与股东一样，应享有他们应有的权利。第一，利益相关者的公司所有权的权利。公司利益相关者都是公司所有权的所有者，都应享有公司所有权的权利。第二，利益相关者的企业契约权利。利益相关者企业契约权利表现在两个方面：一是在企业契约中，各利益相关者各自从自身的地位出发，相互之间签订契约，组成一组企业的契约；二是利益相关者作为公司所有权的所有者，在委托-代理的契约关系中，应享有他们的权利。第三，利益相关者的公司治理权利。各个利益相关者在公司治理中所拥有的权利不同，所起的作用也不同：股东是公司的发起人，是公司治理的原始动力；企业管理者拥有公司经营控制权，是公司治理的关键；雇员是公司的劳动力资源；债权人是公司发展的资金提供者；供应商是公司产业链中的供应链；顾客是公司生存和发展的外部依赖者；政府是公司税收政策的制订者；他们共同参与公司的治理。

二、对社会契约理论研究的新进展

基于社会契约理论，具体分析企业社会责任问题是当前理论界的研究前沿，契约主义（contractarianism）认为，企业有义务在企业与社会这一广泛的社会契约中进行详细的解释。“契约论正义观念的本质特征是，社会的基本结构乃正义之第一主题。这种契约论观点一开始便力图为这一特殊又明显极为重要的情况制定出一种正义理论，而作为其结果的正义观念，则对适合其他的原则和论题具有某种规导性的首要意义。"[①] 在不同的文化社会中，这种合同契约可能会有一些文字上的差异，它被定义为企业与其他集团之间自愿并相互受益的一系列安排。这些集团，比如雇员和股东也参与到一些与企业之间特殊的合同中。按照这个理论，履行与各种利益集团的合同义务是企业的责任。

在对社会契约理论研究方面，广东学者显然走在前列，比较有代表性的是林军博士。他（2004）在其《公司控制权与社会学分析》一书及《企业社会责任的社会契约理论解释》等论文中阐述了典型的企业综合社会契约理论，并用社会契约理论解析企业社会责任的市场行为、责任行为、自愿行为三个基本要素，企业社会责任的经济责任观、慈善责任观、道德责任观和社会责任观四个流派，经济全球化条件下的企业社会责任。他认为，企业社会责任的出现与发展是企业与社会之间不断变化的社会契约关系。企业社会责任从整个社会出发，考虑整个企业行为对社会的影响及社会对企业行为的期望与要求；社会契约理论从合约的角度出发，阐明了社会行为要符合社会道德要求。企业社会责任的实证检验和社会契约理论的分析方法相互融合，社会经济发展变化了，企业社会责任的社会契约关系也会发生相应的变化。社会经济发展的不同阶段决定了企业社会责任的社会契约具有不同的特征。当前我国社会主义市场经济体制处于不同的发展阶段，因此在企业社会责任问题上不能全盘照搬，应结合我国企业的具体情况，借鉴国外企业的经验，探索适应我国企业的社会责任建设的途径。

广东省企业社会责任研究会常务理事、广东商学院教授张建涛认为，一个负责任的政府，公众对其的基本要求是公平与正义。在面对企业时，公众常常是处于弱势的。因而企业与公众之间发生某种契约关系时，处于强势地位的企业对公众发生的不公正，非正义行为的可能性较大。当不公正行为发生之后，人们面对强大的企业只能求助于政府，期待政府采取相应的方式来维护社会公平与正义，使企业承担起它应承担的社会责任。

笔者通过比较分析国内外文献，认为不少学者在研究企业社会契约的时候，把"企业社会契约"直接称为"社会契约"是错误的。笔者认为，应把社会契约和企业社会契约的定义加以明确区别，并将"社会契约"定义为：一套约束不同社会成员的行为模式的规则和假设。社会契约不是一种正式的书面合约，而是一种关于行为准则的非正式协议，或者说责任是契约各方所能接受的

① （美）约翰·罗尔斯．政治自由主义［M］．南京：译林出版社，2000．

共同义务，即契约各方既要对各自的行为负责，也要有能力关照自身的利益。企业与社会之间的社会契约就叫企业社会契约，即约束企业及其利益相关者的行为模式的规则和假设。很多社会契约者体现在社会风俗习惯之中，其行动目标就是要让所有的社会成员的单个行为符合发展和大部分成员的需要。企业是一系列契约关系的总和，企业的利益相关者存在着一种复杂的契约关系，履行利益相关者的契约义务是企业的社会责任。企业与社会之间也存在着一种契约关系，企业有义务在企业与社会这一广泛的社会契约中进行遵守契约的实践。社会契约要求企业的行为必须符合社会的期望，要求企业有责任为社会和经济的改善尽自己的义务。社会契约理论着眼于整个社会的利益和发展，社会公平是社会契约所维护的重要内容之一。

随着人们环境意识和社会全面协调发展观念的不断增强，企业在未来市场中竞争的成败，不仅仅取决于单纯的经济指标，而是由多种因素共同决定的。因此，未来市场领先的企业将是那些在社会责任、环境保护和商业等三个基本方面处于领先地位的企业。只要恶劣的劳工问题在全球范围内仍然存在，公众自然就不会终止对劳工问题的关注。只要新闻媒体将劳工问题予以曝光，公司必然面临越来越大的公众压力。企业被迫调整经营方式，在监督自身的同时，也不得不监督其全球供应商的行为，直到所有企业都将劳工标准当作真正的商业底线。

因此，在经济全球化快速发展的背景下，竞争优势的资源正在持续地发生变化，某一特定的表现标准一直在发生剧烈的变化，能否适应市场和消费者新的要求便成为公司能否发展甚至生存的关键。传统的成本、质量、供货期、灵活性等营销指标已成为最基本的标准。随着市场的深化和消费者目光的日渐挑剔，一些新的选择性标准便应运而生，如速度、一致性、敏锐度、灵活性、创造性、多样性、生产变化速度、独特性、环保性、安全性和商业道德等。

下面我们构建一个模型来说明企业的竞争优势与企业社会责任的关系。考虑一个两期模型，贴现率为1，企业本期获得利润为 π，企业考虑是否执行社会责任，如果执行的话必须在本期支出利润中占比例 t。尽管这会减少企业本期利润，但是企业在下期有望得到回报，而回报的情形有高低两种，其中高回报为 h，发生的概率为 P，低回报为 l。之所以分为高低两种回报，是因为企业在某些情况下会因为执行了社会责任而更有可能战胜竞争对手，得到稀缺资源，赢得更强的竞争力，但是这种情况并不一定发生，往往是企业只能得到一般的社会印象回报。企业可以将没有用于执行社会责任的本期利润用于投资，投资在下期得到回报，回报率为 r。如果企业执行了社会责任，那么两期得到

的总利润为

$$\pi - t\pi + Ph + (1 - P)l + (1 - t)(1 + r)\pi \tag{9}$$

如果企业没有执行社会责任，那么两期得到的总利润为

$$\pi + (1 + r)\pi \tag{10}$$

若

$$\pi - t\pi + Ph + (1 - P)l + (1 - t)(1 + r)\pi > \pi + (1 + r)\pi \tag{11}$$

则企业将会主动承担社会责任，即必须满足条件

$$Ph + (1 - P)l - t\pi(2 + r) \geqslant 0 \tag{12}$$

在 h，l，π，t 已经给定的情况下，P 越大，r 越小，越容易满足条件，即企业预期能够通过承担社会责任增大在未来得到稀缺资源的概率，以及正规投资渠道回报率不太高的话，企业将有更强的动力进行社会责任活动。在竞争越来越激烈的今天，企业很多优势需要通过更加迂回的渠道建立，而积极履行社会责任是一个越来越有力的方式。

陈宏辉博士（2003）认为，利益相关者理论与主流企业理论在企业社会责任问题上存在着根本的分歧，但从历史的视角来审视企业社会责任观的演进可以发现，企业社会责任与利益相关者的利益要求是紧密结合在一起的。企业在履行其囊括显性契约与隐性契约的综合性社会契约时，必须考虑其利益相关者合理的利益要求，进而主动承担起应有的社会责任。

三、基于制度经济学视角下的企业社会责任理论研究

由于不同国家所处的发展阶段不同和拥有的要素资源禀赋的差异性，在如何平衡、协调经济增长与劳工标准的问题上，必然有不同的倾向性。同时，由于各国在劳动市场条件、劳工技能水平和税收水平等领域存在很大差异，所以，不同国家的劳工标准不可能，也不应该完全相同。可以这么讲，如果不承认发展中国家在资源密集型产业和劳动力成本方面的比较优势，就等于有意忽视发达国家在技术密集型和资金密集型产业方面的比较优势，这对发展中国家来说是明显不公平的。发达国家要求发展中国家承担“劳动力倾销”责任，是发达国家在降低纺织、服装和农产品壁垒后的一种新的、更加隐蔽的贸易保护壁垒，是传统贸易保护主义在当代国际经济中的延伸和变种。

从历次发达国家与发展中国家就企业社会责任有关问题的争论情况和近期发达国家所采取的新举措来判断，预计发达国家对这些“社会责任条款”的重视程度非但不会减弱，还可能以与以前不同的隐秘方式来深入推动该项工作的

实质性进展。与此同时，发展中国家也将在全球企业社会责任运动的新形势下，开始注意企业社会责任建设，根据发达国家的具体行动寻找相应的应对措施，以维护自己的利益，把相关的损失降低到最低限度。

广东省企业社会责任研究会常务副会长、广东商学院民营经济研究所所长、博士生导师叶祥松教授（2004）认为，从某种意义上说企业社会责任是以一种贸易保护的制度形式而出现的，随着贸易保护主义的重新抬头和贸易壁垒形式的不断翻新，作为旨在关注劳工身心健康和劳工权益的 SA8000，它不仅迎合了发达国家借口保护人权和环境，从而达到保护本国产业、抑制发展中国家竞争优势的目的，而且也满足了公众和消费者关注可持续发展的好奇心，因此，SA8000 这种新的贸易壁垒形式的隐蔽性和欺骗性使其在推行的过程中出奇的顺利。如果不早作防范，及时采取必要的应对措施，其后果可能是灾难性的。

暨南大学管理学院王虹（2005）撰文将 SA8000 标准纳入制度研究的范畴，认为它的产生是经济全球化背景下国家主权向下让渡的具体反映。SA8000 的制度供给方式属于“权利体数量”多、“权利结构”非均衡状态。在这种情况下，由于制度所涉及的行为体的数目多，行为体间的权利是非均衡的，因此，权利占优者将从其制度的供给中获得巨大的收益，因而具有强烈的动机去实现制度的供给。制度提供者不仅掌握着制度的制定权，而且通过他们所制定的制度，使其在制度运行规则、规范和程序中掌握主动权。他们具有一定能力对制度的不参与者予以制裁或惩罚，对制度的参与者予以奖赏和鼓励，并形成“示范效应”。因此，这种制度供给方式是强制-诱导型制度供给。

但 SA8000 在中国推行中遇到企业被迫申请的尴尬，用新制度经济学的视角分析，是意愿制度供给与实际制度之间的不一致，其原因主要有三点：①强制性制度并不“强制”。②意愿制度供给与企业对制度创新需求的不一致。受 SA8000 标准影响的中国企业对佣工制度创新并不存在需求的渴望。因为一方面这些企业主要是劳动密集型企业，长期的低成本竞争策略是获利的源泉，实施 SA8000 必然使获利空间减少；另一方面，中国的劳动法与标准之间并没有很大冲突，企业习惯遵循劳动法。中国已有的制度如何与国际规则实现有效衔接是制度变迁的关键。③新制度安排实施成本的“转移”。

企业社会责任概念的提出与中国劳工地位的下降是在同一时间框架下出现的，这也反映了中国面临的问题是世界性的问题。尽管目前这种标准在中国的实施还存在意愿供给与实际的差异，但在全球化背景下，外在制度与内在制度的博弈将依然存在，中国劳动制度的变迁已无法逃避外在制度的压力。

其原理可以通过图 1 进行分析。设 Q 为创新制度数量，P 为价格。假设佣工制度创新的供给为向右上方倾斜的直线，我国企业对佣工制度创新的需求为向右下方倾斜的实直线，达到均衡的创新制度数量为 Q_1。但是，SA8000 的国外供给者的强迫使得我国企业对制度创新的需求曲线向外推移到虚直线，新的制度创新实现数量为 Q_2。国外的制度创新供给者利用他们的强势力量推进了他们设定的制度的推广普及。当前，我们需要做的工作就是帮助企业把自己的意愿需求曲线真正与攻击方引发的需求曲线吻合起来。

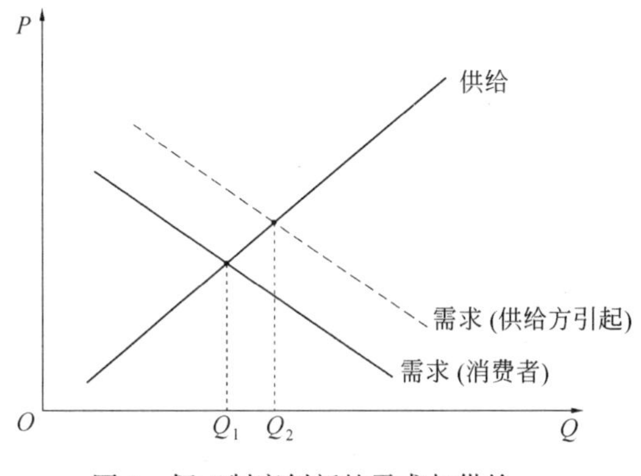

图 1　佣工制度创新的需求与供给

四、对企业慈善社会责任的理论研究

中国移动广东公司总经理徐龙博士（2007）说，关爱弱势群体已成为中国移动广东公司一大已任，并融入企业文化中。按照广东省委省政府的要求，每一个村都要有一个村医，他们推出了“健康工程”，用网络将村医和专家名医，与院校、医院联系起来，实现远程的诊断，有效地解决农民看病难和看病贵的问题。中国移动广东公司还推出了“我爱我家”项目，向农民工提供每月 15 分钟的长途电话；关爱学生群体，通过信息化的手段，为学生提供沟通学习的平台、勤工俭学的平台、创业就业的平台等。

中山大学文化研究所所长、博士生导师李宗桂教授（2007）认为，“企业公民”阔步走入广东商界，表明广东企业的经营文化已经开始与国际接轨。见“利”不忘“义”的企业社会责任虽然在表面上占用企业的资源，限制企业的行为，从而影响了企业的效益，但却有利于企业的长远发展。这是成熟企业的标志。

华南师范大学经济与管理学院的唐更华和许卓云（2004）在坚持和完善企业社会责任与经济目标兼容论的基础上，认为迈克尔·波特（1991）倡导独树一帜的战略性企业慈善行为论——强调企业慈善行为在产生社会效益的同时，也能有效改善企业竞争环境。他们认为传统主流经济理论将企业社会责任与经济目标看成相互对立、相互排斥的两个方面，波特将其概括为一个“错误的二分命题”。波特认为，在当今市场开放和知识经济条件下，企业社会责任和经济目标对立论变得日益陈旧。原因主要有二：其一，企业不可能独立于社会，企业竞争力在很大程度上依赖于企业竞争环境，即劳动力素质、基础设施条件、区域市场规模和完善程度以及政府效率等。而企业慈善行为常常可以改善企业竞争环境。这种“竞争环境导向型慈善行为”必然推动企业社会责任和经济目标由内在冲突走向相互兼容。其二，当今企业竞争力并非主要取决于生产要素的多寡，而是取决于要素生产率的高低。企业控制污染和浪费是在直接提高要素生产率，而企业通过捐赠改善教育与基础设施等，无疑是在以间接的方式推进要素生产率的提高。显然企业控制污染、资助教育等社会公益行为，不仅有利于整个社会，也有利于企业。通过利用个人或其他机构所难以具备的独特企业资源和关系网络，企业比个人或政府从事社会慈善活动的效率会更高。同时，也只有当企业的支出同时具有良好社会效益和经济效益时，企业慈善行为才能与股东利益一致，即只有当企业的慈善行为同时也对企业的竞争环境产生重要积极影响时，企业社会责任与经济目标才能兼容。波特将这种企业慈善行为定义为战略性慈善行为，从而将企业社会责任理论与其竞争战略理论融为一体。根据其钻石架构分析模型，波特还进一步结合其产业集群理论分析战略性慈善行为。

该理论对我国企业社会责任运动的推进具有一定的实践意义。我国企业社会责任实践方法和策略急需一个根本性转变。根据波特战略性慈善行为的理论与方法，企业社会责任活动必须遵循以下三个基本准则：一是将企业社会责任活动与竞争环境改善紧密结合起来，实现企业社会责任与经济目标的兼容。二是将企业社会责任活动与企业独特资源和能力紧密结合起来，进一步提高有限的慈善资源的社会与经济效益。三是积极寻求企业之间的合作，以获取企业社会责任活动的集体行动效应。目前我国企业在这方面的合作与协调还十分欠缺。

五、基于交易费用理论的企业社会责任研究

薛从彬和青宇波（2005）通过交易费用理论为我们提供了研究企业社会责任问题的新思路。笔者认为，在科斯交易费用理论的基础上，可以作出如下论断：在一定的时间内，市场的交易成本是一个比较固定的值，其他企业家组织交易的成本也比较固定，那么对于任何单个企业来说，企业规模的扩大或缩小取决于自身组织各种交易的成本。考虑某一行业中的两家企业，生产技术相同，如果不考虑各自的组织交易成本，则利润函数皆为

$$\pi = p(Q)q - c(q) \tag{13}$$

式中：$p(Q)$ 为市场价格；Q 为市场总量；q 为单一厂商产量；$c(q)$ 为依赖于产量的生产成本。当行业中企业数量比较多或者企业将其他企业的产量看成是给定的时候，满足某一企业产量改变时，其他企业不对此作出反应，即

$$\frac{\partial Q}{\partial q} = 1 \tag{14}$$

此时企业最大化利润的最优条件为

$$p'(Q)q + p(Q) - c'(q) = 0 \tag{15}$$

现在假设企业在生产时，会发生各种的组织交易成本，并且各个企业都有一定的差异。假设企业 i 生产产量 q 时发生的交易成本为 $\sum_{k=1}^{K} T_{i,k}(q)$，即企业需要发生 K 种交易。此时，企业 i 的目标就是

$$\max_{q} \pi = p(Q)q - c(q) - \sum_{k=1}^{K} T_{i,k}(q) \tag{16}$$

最优条件为

$$p'(Q)q + p(Q) - c'(q) - \sum_{k=1}^{K} T'_{i,k}(q) = 0 \tag{17}$$

可以看出，交易成本的引入导致了最优产量的减少。同样，企业 j 的最优条件为

$$p'(Q)q + p(Q) - c'(q) - \sum_{k=1}^{K} T'_{j,k}(q) = 0 \tag{18}$$

如果有

$$\sum_{k=1}^{K} T'_{i,k}(q) < \sum_{k=1}^{K} T'_{j,k}(q) \tag{19}$$

即企业 i 能更好地控制交易成本，则有企业

$$q_i^* > q_j^* \tag{20}$$

从而企业 i 的规模大于企业 j 的规模。如果当某一企业 i 的产量改变时，其他企业对此作出反应，即

$$\frac{\partial Q}{\partial q_i} = \frac{\partial q_i}{\partial q_i} + \frac{\partial \sum_{j \neq i} q_j}{\partial q_i} = 1 + \frac{\partial \sum_{j \neq i} q_j}{\partial q_i} \neq \frac{\partial q_i}{\partial q_i} = 1 \tag{21}$$

企业 i 产量的最优决策为

$$\frac{\partial p(Q)}{\partial Q}\left[1 + \frac{\partial \sum_{j \neq i} q_j}{\partial q_i}\right] q_i + p(Q) - c'(q_i) = 0 \tag{22}$$

如果在没有考虑交易成本之前企业间的规模是对称的，则 $\frac{\partial \sum_{j \neq i} q_j}{\partial q_i}$ 对于所有的企业都是相同的，此时上述关于交易成本控制能力影响企业规模的结论不会改变。一般而言，$\frac{\partial \sum_{j \neq i} q_j}{\partial q_i}$ 如果不为 0，则为正，因为对手企业增加产销量，由于市场价格由整个市场的产销量确定，如果本企业不增加产量或者减少销量，其结果往往是本企业的市场份额和利润大幅减少，所以推测变化为正。当推测变化为正的时候，由于 $\frac{\partial p(Q)}{\partial Q} < 0$，所以最优的 q_i 会小于推测变化为零时的情况。

传统的企业理论认为，企业的惟一目的是最大限度地为股东们营利或赚钱，这种观点漠视了股东以外的其他利益相关者的利益，如职工、消费者、环境等。制度经济学家康芒斯（Commons J.R，1962）把交易看成是人类经济活动的基本单位，那么企业在各种经济活动中并不只与消费者发生交易，其与职工、股东、债权人、环境等都时刻存在着交易行为，这些交易行为又受到各种契约的制约，这些契约或是显性的或是隐性的，这就导致企业与这些利益相关者之间存在着各种交易费用。一个企业的发展好坏与这些交易费用的大小呈负相关。

六、从经济全球化和外贸产业角度解释企业社会责任

经济全球化的发展使世界经济更加紧密地联系在一起，任何一个国家都不

能孤立存在。国际企业社会责任运动的发展和企业社会责任的推行对广东的经济和社会发展产生了一定的影响。

广东省社会科学院院长梁桂全研究员（2004）认为，企业社会责任在中国的实施，是经济全球化对中国的直接影响和中国入世的直接结果。从全球范围来说，企业社会责任是由以下两种社会力量推动的：一种力量是反对资本全球化的劳工运动。劳资冲突的加剧和劳工地位的下降，使得劳工组织强烈要求在经济全球化的同时，要企业推行和实施国际劳工标准，以达到保护劳工权利的目的。另一种社会力量是“劳工贸易壁垒”的推行。由于发展中国家特别是东南亚国家介入经济全球化，这些国家以廉价劳动力和低档产品的价格优势，使其出口贸易迅速发展，构成了对发达国家市场和就业的冲击。欧美发达国家企图通过社会条款与国际贸易挂钩，以削弱发展中国家的相对优势，实行贸易保护和非关税壁垒。

梁桂全（2004）还认为，跨国公司全球化战略行为之一就是对发展中国家的企业社会责任产生重大影响。可以说，企业社会责任的本质是在经济全球化背景下企业对其自身经济行为的道德约束，它既是企业的宗旨和经营理念，又是企业用来约束企业内部包括供应商生产经营行为的一套管理和评估体系。处于不同经济发展水平的国家和不同文化背景的企业，他们对企业社会责任有不同的要求，而现在的关键是，一些跨国公司利用他们在世界上强大的经济实力，挥舞企业社会责任的大棒，强行要求他们经济触角所伸及的地方特别是发展中国家的企业，按照他们的意志行事，从而使经济全球化增加了新的内容。这对中国这一最大发展中国家的企业来说是一种新的挑战。

广东省企业社会责任研究会副秘书长、华南师范大学经济与管理学院副教授曹宗平博士（2006）认为，虽然 SA8000 只是企业社会责任的三种推动方式中其中一类的一种形式，不能也不可能代表企业社会责任，但 SA8000 在国内外的加速推行已经引发了国内外的又一次企业社会责任运动。

广东省社会科学院副院长、研究员田丰博士（2004）认为，全球性的愈演愈烈的企业社会责任运动就是促使企业在享受社会赋予的自由及机会的同时，借助符合伦理、道德的行动回报社会。企业的社会责任要解决的首要问题是资本与公众的矛盾以及企业与消费者的矛盾。

广东省科学院企业管理与决策科学研究所林平凡、高怡冰（2004）认为，从经济全球化社会经济发展和文化创新角度看，让广大劳动者分享经济发展的成果，提高企业社会责任，是实现全球社会稳定和全面发展的必然要求。因而，在时代的召唤下，企业社会责任建设成了 21 世纪面临的新问题。

关于我国的对外贸易产业和企业社会责任问题，广东省企业社会责任研究会秘书长、广东商学院教授喻卫斌博士（2005）认为："我国是一个劳动密集型产品的出口大国，大量出口产品为服装、纺织、鞋类、玩具、工艺品、运动器材、日用五金等劳动密集型产品。由于我国外贸出口主要集中在欧美等发达国家，而欧美等国正是提出和推动把劳工问题作为社会责任问题试图与贸易挂钩的主要国家，因此企业社会责任必将对我国造成较大的影响。"因为SA8000实际上的强制性认证，使这个"工作场所的行为标准"演变成了国际贸易与国际劳工标准"挂钩"之争的延续，把本来属于解决生产链与供应链内部的劳资问题，提升到国家层面的贸易关系问题。随之而来，一个原本自愿选择的企业标准，变成了一个带有强制性的国际贸易标准。

叶祥松、罗海平（2006）认为，SA8000标准重点推广的领域包括零售业、跨国公司和劳动密集型产业，这些都是珠三角经济的敏感地带，也是最能挫败珠三角竞争优势的领域。珠江三角洲是我国经济发展最快、工业化和全球化程度最高的地区，同时也是我国"廉价劳动力"这一"软肋"的"集大成者"。"廉价劳动力"目前已成为中国尤其是珠三角最有力的竞争优势，然而SA8000的登陆却使这一竞争优势深受打击并饱受责难。加之近年来"民工荒"现象的出现、部分企业劳工关系以及社会治安的紧张，给珠三角的和谐发展带来了不利影响。为此，按照企业社会责任的精神实质和理念内涵，探寻珠三角核心竞争力的重构，以确保广东持续、健康、和谐发展十分必要。

七、国内外相关理论模型及其启示以及对广东理论界深化企业社会责任理论研究的展望

1. 企业社会责任三角模型

陈志昂、陆伟（2003）认为，企业在追求利润的同时必须承担起他们对职员、社区和环境的社会责任，而企业所能提供的社会责任行为又受多种因素制约。从理论上看，对企业社会责任的需求是无限的，但由于企业所提供的社会责任是有成本的，因此往往与企业的利润最大化目标相悖，供应总是不足。企业在何种程度上承担社会责任，取决于管理者对利弊的权衡和其对社会道义上的责任。作者发展了一种责任三角模型的分析工具，利用责任三角模型，将企业社会责任分为法规区、习俗和社会规范区、企业战略区和道义区，管理者们可以责任三角模型为框架，以评估有关企业社会责任的战略决策，分析影响企业社会责任行为的供给与需求因素，并据此提出如何在企业战略中体现战略性

社会责任的原则。

2. 企业社会责任金字塔模型

图 2 为企业社会责任金字塔模型示意图。该金字塔描绘了企业社会责任的四个层次。其中，经济责任是基本责任，处于这个金字塔的底部。底部的上层是法律责任，期望企业遵守法律。法律是社会关于可接受和不可接受行为的法规集成。再上去就是企业伦理责任层。在这一层次上，企业有义务去做那些正确的、正义的、公平的事情，还要避免或尽量减少对利益相关者（雇员、消费者、环境等）的损害。在该金字塔的最上层，期望企业成为一位好的企业公民，也就是说期望企业履行其自愿性慈善责任，为社区生活质量的改善作出财力和人力资源方面的贡献。

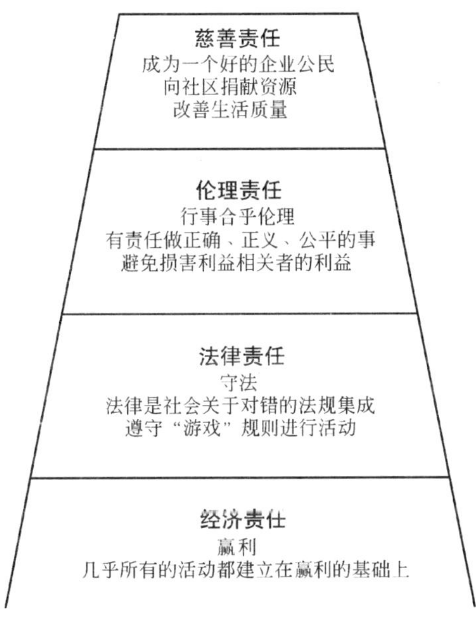

图 2 企业社会责任金字塔模型

资料来源：Archie B Carroll. The pyramid of corporate social responsibility：toward the moral management of organizational stakeholders [J]. Business Horizons，1991 (7-8)：42.

3. 戴维斯模型对我国企业社会责任的启发

美国学者戴维斯（Davis，1973）认为，企业的社会责任指的是企业管理者对整个社会的进步和保护社会的整体利益所承担的一种管理责任，并就企业为什么以及如何承担这种责任提出了自己的看法，这种看法被理论界称为“戴维斯模型”。其具体内容如下：①企业的社会责任来源于它的社会权力。由于企业对诸如少数民族平等就业和环境保护等重大社会问题的解决有重大的影响力，因此，社会就必然要求企业运用这种影响力来解决这些社会问题。②企业的每项活动、产品和服务，不仅仅只考虑经济效益，同时也要考虑社会成本和效益。也就是说，企业的经营决策不能只建立在技术可行性和经济收益之上，而且要考虑决策对社会的短期和长期的影响。③企业应该是一个双向开放的系统，即开放地接受社会的信息，也要让社会公开了解它的经营。为了保证整个社会的稳定和进步，企业和社会之间必须保持连续、诚实和公开的信息沟通。④企业作为法人，应该和其他自然人一样参与解决一些超出自己正常范围之外的社会问题。因为整个社会条件的改善和进步，最终会给社会包括企业在内的每一位成员带来好处。⑤与每一活动、产品和服务相联系的社会成本应该最终转移到消费者身上。社会不能希望企业完全用自己的资金、人力去从事那些只对社会有利的事情。

在战略决策的过程中，各个与企业利害相关的团体的利益总是相互矛盾的，不可能有一个能使每一方都满意的战略。因此，一个高层管理者应该知道哪些团体的利益是要特别重视的。美国管理协会（AMA）曾经对6000位经理进行调查，为我们进行企业社会责任研究提供了一种实际可操作的思路和方法，具体结果见表1。

表1　各种利益相关团体对企业的重要性

利益相关团体	得分排序（最高为7分）/分
顾客	6.40
职工	6.01
主要股东	5.30
一般大众	4.52
一般股东	4.51
政府	3.79

从本章的论述看，越来越多的国内外学者参与到企业社会责任运动这一课题的研究中，学术界对企业社会责任的认识和理解也在逐渐深入，并从多角度、多层次对企业社会责任的内涵进行剖析。尽管众多学者对企业社会责任运动的含义和内容有着不同的表述，但是他们的研究无疑都唤起了企业、政府、

社会和公众对企业社会责任的认识和重视。我们相信，学术界对企业社会责任的研究必将推动广东省企业文化的建设，推动企业对社会责任认识和理解的深化，并付诸企业的经济实践当中。

参考文献

[1] Bowen H R. Social responsibilities of the businessman [M]. New York: Harper, 1953.
[2] Joseph M Guire. Business and Society [M]. New York: Mc Graw-Hill, 1963.
[3] William C Frederick. From CSR1 to CSR2: the maturing of business-and-society Thought [J]. Business & society, 1994, 33: 150-164.
[4] Chamberlain N W. The limits of corporate responsibility [M]. New York: Free Press, 1973.
[5] Archie B Carroll. A three-dimensional conceptual model of corporate social performance [J]. Academy of Management Review, 1979, 4 (4).
[6] Stephen P Tobbins. Management englewood cliffs [M]. NJ: Prentice-Hsll, 1991:124.
[7] Freeman R E. Strategic management: a stakeholder approach [M]. Boston: Pitman, 1984: 25.
[8] Freeman R E. The Politics of Stakeholder: Some Future Directions [J]. Business Ethics Quarterly 4, 1994: 409-422.
[9] Ansoff. Corporate strategy [M]. New York: McGraw-Hill, 1965.
[10] Archie B Carroll. The pyramid of corporate social responsibility: toward the moral management of organizational stakeholders [J]. Business Horizons, 1991 (7-8): 39-49.
[11] 林军.企业社会责任的社会契约理论解释 [J].岭南学刊，2004 (4)：71-75.
[12] 林军. 公司控制权的经济学与社会学分析 [M]. 北京：经济管理出版社，2005
[13] 陈宏辉. 企业利益相关者的利益要求：理论与实证研究 [M]. 北京：经济管理出版社，2004
[14] 陈宏辉，贾生华. 企业利益相关者三维分类的实证分析 [J]. 经济研究，2004 (4)：80-90.
[15] 陈宏辉，贾生华. 企业利益相关者的利益协调与公司治理的平衡原理 [J]. 中国工业经济，2005 (8)：114-121.
[16] 贾生华，陈宏辉. 利益相关者管理：新经济时代的管理哲学 [J]. 软科学，2003 (1)：39-46.
[17] 贾生华，陈宏辉，田传浩. 基于利益相关者理论的企业绩效评价——一个分析框架和应用研究 [J]. 科研管理，2003 (4)：94-101.
[18] 陈宏辉. 利益相关者管理：企业伦理管理的时代要求 [J]. 经济问题探索，2003 (2)：68-71.

[19] 陈宏辉，贾生华．利益相关者理论与企业伦理管理的新发展［J］．社会科学，2002（6）：53－57．

[20] 陈宏辉．企业社会责任观的演进与发展：基于综合性社会契约的理解［J］．中国工业经济，2003（12）：85－95．

[21] 叶祥松．SA8000与中国企业社会责任建设（序）［M］//黎友焕．SA8000与中国企业社会责任建设．北京：中国经济出版社，2004．

[22] 王虹．制度经济学视角下的企业社会责任标准［J］．经济论坛，2005（7）．

[23] 唐更华，许卓云．波特战略性企业慈善行为理论与启示［J］．南方经济，2004（8）：46－49．

[24] Micheal E Poter. Competitive advantage of nations［M］. New York：Free Press，1990．

[25] 薛从彬，青宇波．企业社会责任·交易费用理论［J］．世界标准化与质量管理，2005（1）：32－33．

[26]（美）康芒斯．制度经济学（上）［M］．北京：商务印书馆，1962．

[27] 梁桂全．企业社会责任：跨国公司全球化战略对我国企业的挑战［M］//梁桂全，黎友焕等．2004广东企业社会责任建设蓝皮书．广州：广东经济出版社，2004．

[28] 曹宗平．SA8000与中国社会责任建设评析［C］//黎友焕．对社会科学研究的回顾与展望．香港：社会科学出版社有限公司，2006．

[29] 田丰．广东企业社会责任与企业文化建设互动研究［M］//梁桂全，黎友焕等．2004广东企业社会责任建设蓝皮书．广州：广东经济出版社，2004．

[30] 张兵．企业社会责任渐成发展潮流：中国不宜推行SA8000？［N］．公益时报，2005－12－01．

[31] 叶祥松，罗海平．企业社会责任与珠三角核心竞争力的重构［J］．珠江经济，2006（3）：33－37．

[32] 陈志昂，陆伟．企业社会责任三角模型［J］．经济与管理，2003（11）：60－61．

[33] 田田，李传峰．论利益相关者理论在企业社会责任研究中的作用［J］．江淮论坛，2005（1）：17－23．

[34] William C Frederick. Toward CSR3：why ethical analysis is indispensable and unavoidadle in corporate affairs［J］. California Management Review，Winter 1986．

[35] Thomas W Dunfee，Thomas Donaldson. Contractarian business ethics［J］. Business Ethics Quarterly，1995，April，67．

[36] 企业公民和谐社会新角色．羊城晚报，2007－04－04A3版

[37] 张建涛：企业社会责任活动中政府角色．广州日报，2007－02－12B11版

[38] 马汉青．解读中国移动广东公司的感恩文化．羊城晚报2007－04－04A5版

[39] 林平凡，高怡冰．企业社会责任评价指标体系研究［M］//梁桂全，黎友焕等．2004广东企业社会责任建设蓝皮书．广州：广东经济出版社，2004．

[40] 林军．利益相关者与公司控制权安排［J］．暨南学报（人文科学与社会科学版），2004（4）：26－29．

和谐社会的发展与广东企业社会责任建设

经过近30年的改革开放与发展，广东省已经步入现代化的“关节点”，经济社会建设取得了飞跃性进展和辉煌成就，但同时也出现城乡差距、地区差距、居民收入差距持续扩大，就业和社会保障压力增加等一系列问题。矛盾的解决以及未来更大的发展，需要“和谐”的引领。

目前，广东的改革和发展开始进入一个新阶段，改革开放20多年以来，无论在经济、科技还是其他领域都取得了令人瞩目的成就，经济发展进入“黄金发展期”。但另一方面，广东过去的经济增长方式却在新时期面临新的考验，经济与社会、人与资源环境的矛盾日益突出，社会也进入矛盾集中激发的时期，可持续发展面临着严峻的挑战。对于过去所强调“经济优先”所产生的严重后果，我们开始有了深刻的反省和认识，并着手调整和修正原有的价值观。党中央及时提出了建设和谐社会的战略性工作要求，同时理论界也开始引入“企业公民”这一全新的企业管理经营理念。

一、对社会主义和谐社会的认识

社会主义“和谐社会”的提出，在理论上是一个重大突破和重大发展。从党的“十六大”提出全面建设小康社会战略目标，到党的十六届三中全会提出科学发展观，再到十六届四中全会提出构建和谐社会，是一个对经济社会发展规律逐步认识和深化的过程，体现出越来越明显的以人为本和全面发展的倾向。与以往比较，和谐社会更具有人文精神内涵，体现了经济增长、社会发展和价值体系的统一。中共中央总书记胡锦涛在省部级主要领导干部提高构建社会主义和谐社会能力专题研讨班开班仪式上指出：“我们所要建设的社会主义和谐社会，应该是民主法治、公平正义、诚信友爱、充满活力、安定有序、人与自然和谐相处的社会。”

（一）社会主义和谐社会的基本特征

1. 社会主义和谐社会是体现公平的社会

公平是人类构建理想社会的一个古老的基本原则。社会主义在理念和制度上优越于资本主义的地方，主要就是体现公平。但由于我们经济文化的相对落后，在经济体制改革过程中建立了以利益差别为基础的市场经济体制，在所有制和分配制度等方面鼓励一部分人、一部分地区先富起来。随着经济的快速发展，社会群体之间、地区之间、城乡之间、中央和地方之间的利益变动加剧，出现了欠发达地区、"三农"等突出问题。这些问题影响了社会的稳定，潜伏着很大的社会风险。因此，公平，从利益协调入手正确处理人民内部矛盾，化解社会风险，是构建社会主义和谐社会的一项基础性工作。我们要综合运用法律、经济、社会、行政等手段，抑制收入差距、贫富差距的扩大，重点解决好合理税负，关心困难群众的生产生活，加快欠发达地区的发展，缩小城乡收入差距，增加就业等直接关系利益协调的各种问题。当然，公平是相对的，要与社会主义社会的初级阶段相适应，但体现不出公平，就没有正义，就绝对不是社会主义和谐社会。

2. 社会主义和谐社会是彼此诚信友爱的社会

对整个社会来说，构建和谐社会可以有效地缓解社会各阶层之间的矛盾，引导社会各阶层人员互相尊重，促使人与人之间的关系向平等友爱、融洽和睦的关系进一步发展。

和谐社会重在各种人际关系的和谐，诚信友爱则是人际关系的一种理想状态，因而它是构建社会主义和谐社会的一项基本原则。社会主义是在人格、权利、机会等方面追求人与人平等的社会，它力图从政治、经济等制度上解决社会成员融洽相处的历史难题。但在社会主义初级阶段，在当前中国的社会主义实践中，这些方面还存在许多问题，如：人民群众有效参与政治和社会事务的途径还不通畅，不同社会群体在经济社会发展过程中受益和表达意见的机会不等，社会互助机制尚未完善，等等。在当前，道德失范、交往失信的状况还比较普遍。解决这些问题也要采用系统工程方法，从制度供给、道德规范、教育发展、文化繁荣、社会组织培育等方面，引导和要求人们互帮互助、诚实守信、平等友爱、融洽相处。当前重点要治理社会诚信问题。没有诚信，人际关系紧张，就不会有友爱；没有友爱，就不会有社会和谐；没有诚信友爱，就没有社会主义和谐社会。

3. 社会主义和谐社会是运行有序的社会

和谐本身是一种有序状态，和谐社会必定是运行有序的社会。社会运行有序，就是在社会生活的各个方面都有章可循，出现偏差时社会纠偏机制能够及时发挥作用。目前，由于我国政治、经济、文化、社会领域等各种条件的约束，也因为我们努力不够，作为社会主义题中之意的平等、民主、自由等的实现程度总体上还不高，社会有序运行所需的法律、体制、机制、秩序、规范、组织、管理等还存在不少问题。目前我们还面对着大量严重的权利侵害、党群干群以及不同社会阶层之间存在着不同程度的关系紧张、刑事犯罪案件发生率上升等现象。社会安定已成为人们普遍的渴望和需求。对此，我们必须通过加快民主法治建设、强化秩序规范、推进社会主义精神文明建设、促进必需的社会组织和社会协调机制的发育、健全和完善社会管理体制等途径，以保证社会的安定和运行有序。社会安定有序，人民安居乐业，是衡量是否建成社会主义和谐社会的重要指标之一。

4. 社会主义和谐社会是充满活力的社会

从历史发展的角度看，社会和谐必定是一个动态的概念，没有活力的和谐，是一种死寂的、毫无价值的美。社会活力来自社会成员、社会组织和社会机制的有效作用，表现为政治活力、经济活力、文化活力、人的发展的活力等。在当前，制约我国社会活力的主要因素是体制不健全、机制不完善、社会流动性差、利益分配失当等。促进社会充满活力的办法，关键还在于改变那些影响和束缚活力的制度供给和政策设定。摆在第一位的是要大力营造有利于创业和创新的机制和环境，充分调动人民群众的积极性和创造性，去推动各个领域的持续、健康、快速发展；使一切有利于社会进步的创造愿望得到尊重，创造活动得到支持。只有这样，创造才能得到发挥，创造成果才能得到肯定。创业、创新、创造是社会活力的来源，社会活力是社会和谐的来源，和谐的形成必须依靠活力。

（二）和谐社会的构成要素——机会、责任和社会组织

在我国不少专家、学者对和谐社会相关问题展开了深入的系统化研究，其中就和谐社会的构成研究中，比较有代表性的学者丁元竹（2003）就认为，和谐社会需要机会、责任、社会组织诸要素。

首先是机会。一个和谐社会应该给这个社会的成员提供参与的机会和分享的机会，让每一个社会成员去参与社会和经济发展。由于每个人的历史、家

庭、文化、个人背景不一样，参与的能力、参与的程度是不一样的，但是从政府和社会来讲，应该提供一个比较公正的但不是绝对均等的机会，让大家去参与社会发展和经济发展，让每一个社会成员分享社会和经济发展的成果。

其次是责任。一个和谐社会是一个人人都具有责任感的社会。如果社会成员没有责任感，就会出现一系列的社会问题，包括：社会不会长期繁荣并实现可持续发展；自由市场就会盛行欺骗消费者的行为，不断发生内部黑幕交易、虐待员工等现象；社会精英只会创造出狭隘的理论，而不能为社会的长远发展服务；个人的发展就会变得自私自利，等等。在任何一种情况下，没有责任感的社会其凝聚力就会大大被削弱，社会的和谐程度将会受到极大损害。梁桂全、黎友焕（2004）认为，加强“社会责任意识”既是国家形象问题，也是社会形象问题，关键是我们应如何动作。这取决于政府是否对国民尽到了解释、说明的责任，以及国民对政府决策的透明度是否信任。最关键的还是取决于中国国民能否以主人翁的姿态来面对世界。成熟的公民社会是公司和企业能够承担社会责任的不可或缺的条件。

社会责任是一个国家文化和价值的基本体现，是国家软实力的核心之一。社会责任感是指在一定的社会生活中，为了维护正常的社会生活秩序，全体社会成员应当对社会和他人负责的一些最基本、最起码的公共生活准则。社会责任与精神世界的建设是提升国家“软实力”不可忽视的一个方面，是在落实科学发展观和建设社会主义和谐社会的过程中的必备要素。

责任建设不仅仅是政府的，也是全社会的。在构建和谐社会中，企业要树立以人为本的经营理念。企业在创造利润、对股东利益负责的同时，还要承担对员工、消费者、社区和环境的社会责任，包括遵守商业道德、生产安全、职业健康、保护劳动者的合法权益、保护环境、支持慈善事业、捐助社会公益、保护弱势群体等。企业社会责任最基本的是企业的法律责任，包括遵守国家的各项法律，不违背商业道德，更高层次是企业对社区和环境的保护，对社会公益事业的支持和捐助。和谐社会应加强公民的社会责任教育，积极倡导志愿精神，推动志愿服务，这对整个社会道德责任感的提升具有重大意义。和谐社会要求推进政府的问责和善治，政府责任感的提高有利于提高整个社会的责任意识。政府、政府官员、非赢利部门以及非赢利部门的工作人员应当对自己的行为负责，也应当对公众和利益相关者负责。

第三是社会组织。要使社会和谐，如果社会组织发育不完善也是很难做到的。因为很多事情不能完全靠政府，比如社会服务不能完全靠政府提供。从服务的角度讲，政府通过社会组织完成一些公共职能，要由非赢利部门来承担，因此我们要完善社会组织。社会组织的发育不仅有利于政府服务的延伸和拓展，还有利于保护公民的权利，制约各种不法行为。社会组织的完善是一个和谐社会所必需的。

社会组织和政府应该协调好公共物品的供给。假设政府必须向整个社会提供两种公共产品：公共产品 1 和公共产品 2。其中，公共产品 1 由政府直接提供会更有效率，在图 1a 中，*TR* 是公共产品 1 提供数量的总收益曲线，*GTC* 是由政府提供时的总成本曲线，此时会达到社会最优的提供量 q_0。*PTC* 是由各种社会组织或者个人自行提供的总成本曲线，由于此时成本极为高昂，几乎不会有公共产品 1 提供。在正常情况下，政府会负起提供公共产品 1 的责任。然而，在公共产品 2 的提供效率方面，通过各种社会组织来提供会更高。此时，我们对图 1b 进行分析。*PTC* 是由各种社会组织提供公共产品 2 的总成本曲线，而 *GTC* 则是由政府直接提供时的总成本曲线。如果通过社会组织来提

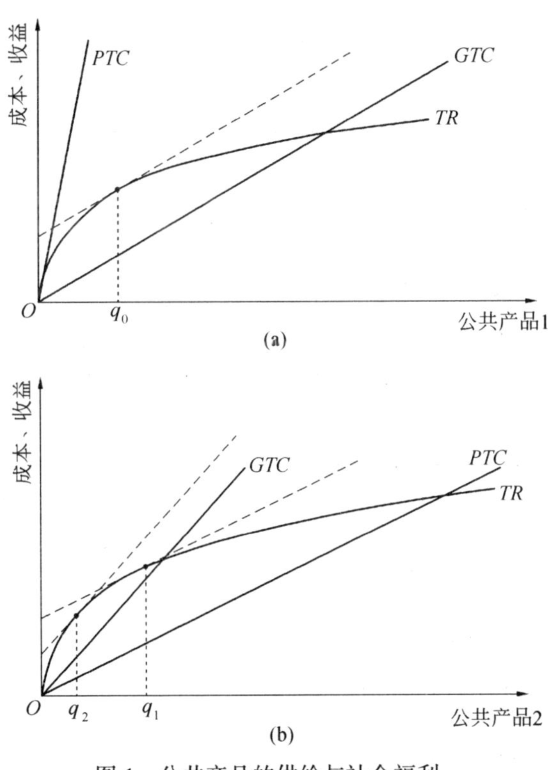

图 1　公共产品的供给与社会福利

供，会达到社会最优量 q_1，社会福利最大化。但是，如果相应的社会组织发育滞后或者没有积极性提供产品，政府则不得不自行提供公共产品 2。如果政府采取最优决策原则，则会只提供 q_2 数量的产品，整个社会福利因此下降。即使政府强行提供数量为 q_1 的公共产品 2，也会由于其成本的相对高昂，导致社会福利下降，尽管此时社会得到了最优量的公共产品，却没有得到最大化的福利。因此，一个和谐的社会，必须有一个为民服务的政府，并且有发育良好的社会组织。

二、企业社会责任与和谐社会的关系

和谐社会的内涵主要是指社会成员之间以及人与自然之间各类关系的和谐。生产活动是人类社会存在和发展的基础，而企业是社会经济发展到一定阶段的产物，是生产活动中的基本组成部分。企业是社会的细胞，必须承担相应的社会责任；社会是企业的生长环境，离开社会资源，企业的发展就会成为无源之水。企业要承担起社会责任越来越成为社会各界的共同呼声。

在西方，从工业革命开始，研究企业发展理论的学者们便不断地探索企业与社会的关系问题。他们认为，任何企业的发展总是以一定的人文意识和价值理念为基础，并提出以“奉献社会，服务社会”作为企业发展的目标之一。在中国，不论是传统的“义利兼顾”的儒商文化，还是近代工商业者提出的“实业救国”的理想，直至当今许多企业推崇的“产业报国，振兴中华”、“关爱员工，实现双赢”等的理念，无不表明了企业对其社会责任的认同和承诺。曹宗平（2006）认为，从现实和将来的角度来看，工商业界已经明确地将社会责任看做竞争优势的一种必备资源。惟有如此，才能在残酷的市场竞争中立于不败之地。尽管从近期来看，重视企业社会责任建设一定会挤占企业其他竞争因素的资源，难免会带来某些负面影响，如改善和提高企业社会责任标准可能增加成本或者降低企业的运作速度和灵活性，但是，如果从长期战略的发展观出发，提早对企业社会责任予以重视能够激发工人和经理的巨大创造性，借此持续提高企业的综合竞争力，并增强企业日益稀缺的资源，推动工商企业创建更加灵活、更加有效的生产体系。

（一）企业社会责任的内涵

斯蒂芬·P·罗宾斯（1991）认为：“企业社会责任是指超过法律和经济要

求的、企业为谋求对社会有利的长远目标所承担的责任。”[①]世界可持续发展企业委员会（World Business Council for Sustainable Development，1998）的定义更加简单明了：“企业社会责任是企业针对社会（既包括股东也包括其他利益相关者）的合乎道德的行为。”谈及企业社会责任，就会由此联系到企业社会责任行为。伍德（Donna J. Wood，1991）将企业社会责任的行为定义为：“一个企业组织社会责任基本原则的综合反映，承担社会责任的过程、政策、项目，以及与企业社会关系相关时可观察到的结果。”[②]企业社会行为的概念是一个广义观点，即判断一个企业不仅要看它是否接受社会责任这一观念，而且要看它在寻找社会需要、实现项目以帮助这些需求并评估这些项目的影响的整个过程中的表现。显然，企业社会责任是随着时代的发展而发展的。

简而言之，企业社会责任就是指企业作为社会成员之一，要承担对其所有利益相关者的社会责任，维护其利益相关者的合理权益。根据这一基本内涵，各个国际组织给出了自己的定义。

世界银行（World Bank，2003）认为，企业社会责任是企业与关键利益相关者的关系、价值观、遵纪守法以及尊重人、社区和环境有关的政策和实践的集合，是企业为改善利益相关者的生活质量而贡献于可持续发展的一种承诺。欧盟则把企业社会责任定义为：公司在资源的基础上，把社会和环境密切整合到他们的经营运作，以及与其利益相关者的互动中。世界经济论坛（World Economic Forum，1999）认为，作为企业公民的社会责任包括四个方面：一是好的公司治理和道德标准，主要包括遵守法律、现存规则以及国际标准；防范腐败贿赂，包括道德行为准则问题，以及商业原则问题。二是对人的责任，主要包括员工安全计划、就业机会均等、反对歧视、薪酬公平等。三是对环境的责任，主要包括维护环境质量，使用清洁能源，共同应对气候变化和保护生物多样性等。四是对社会发展的广义贡献，主要指广义的对社会和经济福利的贡献，比如传播国际标准，向贫困社区提供要素产品和服务，如水、能源、医药、教育和信息技术等。这些贡献在某些行业可能成为企业核心战略的一部分，成为企业向社会投资、慈善捐赠或者采取社区服务行动的一部分。

尽管不同学者、不同机构对企业社会责任的理解和表述不同，但他们对有社会责任感的企业的认识是一致的。他们在经营的过程中时刻考虑自己的行为

---

① Stephen P Robbins. Management englewood Cliffs [M].NJ:Prentice－Hsll,1991:124.

② Donna J Wood.Corporate social performance revisited [J]. Academy of Management Review, October,1991:693.

对消费者、员工、股东、社区、政府和环境会产生怎样的经济和社会影响，并努力使这种影响朝好的方向发展。

企业社会责任渐已成为衡量企业在社会领域是否实现国际化的全新标准，SA8000 体系认证、"全球协议"在全球范围内的深度推进也将对企业发展、全球贸易产生越来越大的影响。

作为致力于推动企业担负社会责任的机构——世界经济论坛的主席施瓦布（Klaus Schwab，2003）一再强调："我们的企业不光要对股票持有人负责，而且要对社会负责。因此,，我们不光只是来寻求扩大持股人的利益，而且要考虑到消费者、社会的需求，这样才能够取得更大的成就。"①

企业社会责任的理论基础主要是企业利益相关者理论。该理论认为企业在其经营活动中，除了股东以外，还存在着与诸多相关人的利害关系，包括债权人、员工、顾客、供应商、社区等。他们无论是以个体身份出现，还是以组织身份出现，都有着各自的利益需求，且这种利益与企业及其活动有着直接或间接的联系。这些利害相关人的利益与企业息息相关，企业必须体现并保护他们的利益，而不得损害他们的利益。企业的社会责任不是一个消极被动的任务，而是企业长远发展战略中必不可少的内容。

（二）企业社会责任与和谐社会的关系

和谐社会是一种以人为本的科学发展观，构建和谐社会的受益者将是全社会的所有人，只有社会和谐了，国家才会越来越繁荣昌盛，这不仅是一个目标，更是一个解决我国现实矛盾的社会治理过程。因此，构建和谐社会是全社会各类组织、各阶层人员共同的任务。作为重要社会组织的企业，不管属于什么性质、什么类别，都要通过履行自己的社会责任，为和谐社会建设作出应有的努力。企业是社会系统的有机组成部分，是国民经济的细胞，是市场经济的主体，是社会财富的创造者，是社会进步的推动者，对于整个国家的经济社会发展起着至关重要的作用。构建和谐社会，企业发挥着不可替代的基础作用。

（1）企业社会责任是贯彻科学发展观、构建和谐社会的内在要求。

在计划经济时代，中国企业为国家所有，企业行使了许多本应该属于政府的职能，每一个企业都对内部员工负有全部的社会责任，也就是通常所说的"企业办社会"。改革开放后，中国出现了许多私营企业，国有企业也进行了改

① 2003 世界经济论坛主席施瓦布希望中国加入八国集团[N]. 南方网,2003－11－06. http://www.southcn.com/news/gdnews/zhzt/xy/zjsy/200311070527.htm 23:39:38

革，企业与员工之间的关系被淡化；但是，也出现了另一个极端，企业为了谋取最大利润，忽视了自身的社会责任，导致职工的权益受到侵害，商品的质量下降，债权人的利益受损，生态环境恶化，市场经济秩序也受到破坏。中央政府已经意识到了这个问题，从“十六大”将“人与自然和谐发展”作为全面建设小康社会的重要指标，到十六届三中全会提出“坚持以人为本，树立全面、协调、可持续的科学发展观”，重点就是强调发展经济的目的是为了改善人民的生活，即要坚持以人为本。发展是全方位的、可持续的，既要发展经济，又要发展社会事业，还要保护和改善我们赖以生存和发展的环境，实现经济、社会和环境的协调发展。从这个层面上说，企业承担社会责任，维护利害关系人的利益，保护环境，正是贯彻科学发展观、构建和谐社会的要求。我们所倡导的企业社会责任的最终目标就是要建立一个平衡、和谐、可持续发展的社会。

在现代市场经济社会中，“社会是企业的依托，企业是社会的细胞”，企业只有在自身发展过程中，更多地贯彻“以人为本”的发展理念，关注社会整体利益，推出有利于社会进步与发展的实际举措，才能够有足够的发展空间。在“以人为本”的社会主义建设新时期，发生涉及人民群众生命与财产安全的重大事件时，企业社会责任应当成为判定事件性质的准绳。在全面建设小康社会的历史时期，企业的社会责任成为制约经济发展与社会进步的重要因素，同时也成为衡量企业可持续发展的重要指标。

（2）企业社会责任是企业参与构建和谐社会的根本途径，和谐社会是企业社会责任的最终目标。

企业的永续经营和社会的和谐发展是密不可分的。一方面，企业在创造企业自身经济效益的同时，把社会和环境的因素融入企业的日常经营中，切实处理好与企业相关的各种利益群体的利益关系，包括企业员工、顾客、企业所在的社区、环境保护及政府等，必将直接促进和谐社会的发展。另一方面，和谐的社会又为企业长足、可持续发展提供了前提条件和良好的发展环境，企业与社会将形成良性互动，不断向前发展。

“社会和谐，企业有责”。任何一个企业，对于推进社会的有序发展都有着不可推卸的责任。增强企业社会责任感，树立良好的经营形象，既是历史发展的经验，也是未来世界发展的必然趋势。目前，从整体上讲，西方企业的社会责任意识已经跨越法律层面，开始重视和强调在道德层面有所作为，并表现出了相当高的道德自觉性。许多跨国公司都制订出本企业的社会责任条例，将人权原则、国际劳工标准和环保要求写进条例之中，并安排专门管理人员督促落实。遗憾的是，我们在这方面还远远落后，直到现在，广大国内消费者还在为实现“童叟无欺”的市场目标而苦苦奋斗。至于说企业要有勇于承担社会责任的意识，要把推进社会和谐发展作为创业的宗旨，更是做得远远不够。

三、推进广东企业社会责任建设与构建广东和谐社会的政策建议

（一）改革创新，增强企业实力

企业的经济责任主要包含两个方面：首先是使企业自身得到不断的发展，这是企业生存的首要任务，也是企业最原始的责任；其次是促进社会经济进一步发展，建设和回报社会，提高整个社会的发展水平。因此，企业应该在合法合理的基础上不断增加企业财富，并适当回报社会。

构建和谐社会需要有一大批充满生机活力、具有强大财富创造能力的企业。企业通过持续创新，清除束缚企业发展的各种体制性、机制性障碍，最大限度地解放和发展生产力，充分调动各方面的积极性，进一步把企业做大、做强，创造更多的社会财富，就可以提供更多的就业岗位，为构建和谐社会创造出坚实的物质基础，这也是企业家履行经济责任的重要表现。同时，把企业建成形象良好的企业，友善地对待公众、保护环境、善待员工，是企业家另一个直接的社会责任。企业必须将这两方面的经济责任内外有机地结合起来，共同推动和谐社会的建设与发展。

（二）遵纪守法，维护公平环境与员工权益

随着市场经济的不断发展，我国企业经营管理的法治建设有了很大的进步，但仍然存在不少薄弱环节。这主要表现在：一是职工代表大会制度还不健全，企业员工的民主权利和合法权益还难以得到充分保障；二是企业之间为抢夺客户、占领市场展开非理性竞争，破坏了公平环境；三是普遍地存在弄虚作假、违约毁约、偷税漏税、逃避债务等失信行为。[①]我们提倡构建和谐社会、重申社会的公平与正义，就必须严格遵守国家的一系列法律法规，如《劳动法》、《环境保护法》、《安全生产法》、《产品质量法》等，任何违法违规行为都

---

① 王大超，张丽莉．中国企业社会责任现状与提升措施[J]．北方论丛，2005(2)：142-144.

必须受到法律的严厉制裁。

一切企业的违法行为都折射出企业片面追求经济收益时对生命和财产尊严的漠视，更是对社会最起码道德的践踏，是建设和谐社会最避忌的行为。因此，企业要履行社会责任就应当自觉贯彻落实国家相关法律法规，并且必须主动遵守社会的道德规范，维护公平环境。比如：在雇佣员工时，企业不能罔顾国家的法律，支持和施行虐待员工的行为，让工人超长时间地工作；不能使用童工，不能要求员工在受雇时交纳“押金”或寄存身份证件；公司不得因种族、社会等级、残疾、性别、政治归属等而对员工在聘用、报酬、培训机会、升迁、退休等方面有歧视行为；不得有体罚、精神或肉体胁迫以及言语侮辱等行为；不应当逃税和逃避社保缴费；不应当惟利是图、自私自利、为富不仁，提供虚假信息，生产假冒伪劣产品，欺骗消费者。企业应当具备公平竞争的意识，不得依靠行政垄断或行贿以谋求企业的私利，不得官商勾结打“擦边球”或搞假破产逃避债务，不得借助欺骗手段包装上市，到股市上圈钱等。此外，企业对投资者以外的利益相关者群体承担着法律责任和道义责任，包括保证员工享有良好的工作条件、劳动报酬、安全保障、教育培训；制定公开透明的各个层面都能了解并符合社会责任与劳工条件的公司规章，并对落实情况进行定期检查；支持享有工会集体谈判的权利，提高工人的工资，改善福利待遇；为员工提供安全卫生的生活环境，包括卫生食品、干净的浴室、洁净安全的集体宿舍等；为员工降低工作中的危险因素，尽量防止意外伤害、有损健康的事件发生，保证生产安全。

（三）协调稳定，促进人与自然和谐共存

世界各国各地区的发展历程包括我国过去的发展经验表明，稳定和谐是社会健康发展的最大保障。所谓稳定，一方面是指人与社会的稳定，另一方面是指人与自然的稳定。目前，我国改革发展进入新阶段的关键时期，企业更必须以稳定为前提，正确处理改革发展与稳定的关系，使之相互协调、相互促进，为构建和谐社会提供有力保障。

首先，要营造良好的企业经营氛围。创建充分体现人文道德的人性化企业文化，努力在企业内部营造一种尊重人、理解人、关心人、爱护人的管理经营氛围，塑造人人想干事、人人能干事、人人干成事的工作环境，以实现企业赢利的长期稳步增长，保障员工福利水平的不断提高；要及时化解经营管理中出现的各种矛盾，防止个别问题群体化、简单问题复杂化、内部问题社会化、局

部问题扩大化。其次，企业应主动对社会承担起不污染环境、不浪费资源等社会责任。通过改变经济增长模式、革新生产技术等有效措施，减少生产活动各个环节对环境可能造成的污染，同时降低能耗，节约资源，降低企业生产成本，从而使产品价格更具竞争力。通过公益事业与社区共同建设环保设施，支持发展绿色经济，以净化环境，保护社区及其他公民的利益和日益紧缺的自然资源，从而达到人类与自然和谐相处的目的。

（四）乐善好施，热心公益慈善事业

目前国内工商注册登记的企业超过1 000万家，有过捐赠记录的不超过10万家，即99%的企业从来没有参与过捐赠。在2005年上半年《福布斯》杂志第一次公布的“2004年中国慈善榜”中，人们发现，中国富豪们的捐赠只不过是其资产总额的百分之几而已。而美国贫富差距虽然也十分严重，但美国的富裕阶层的企业和个人，每年通过各类基金给予慈善公益捐助达6 700多亿美元，也就是说，通过第三次分配的财富，占到了美国GDP的9%，而我国只占到0.1%[①]。由此可见，目前我国企业慈善事业严重缺失。

古今中外，在市场经济发达的国家，都有许多为社会服务的非赢利性组织，从事着众多社会发展所需要的公益事业，这些非赢利性组织主要都是由大企业或企业家资助的。大多数有中国传统社会观念的商人不论其文化水平的高低都较为重视商业操守，在取得一定的经商成就之后，都会以各种形式捐资兴办公益事业，诸如修桥铺路、助饷赈灾、办校助学、抚孤恤贫以及修建祠堂和庙宇之类的善举、义助。支持公益慈善事业，有利于提高企业的声誉，乐善好施对于企业迅速在公众中形成良好的社会形象将起到很大的作用。慈善事业是社会财富的第三次分配形式，是构建和谐的一种社会需要。企业家应各尽所能，将慈善事业与企业的发展战略和商业利益联系起来，形成规范化、制度化的运作机制，进而实现社会效益和经济效益的双丰收[②]。企业的利益取之于社会，而将其用之于社会才是对社会的最好的回馈。

---

① 段昆仑．企业社会责任与构建和谐社会[J]．中共杭州市委党校学报，2005(1)：72－73.

② 周勇．论责任、企业责任与企业社会责任[J]．武汉大学学报(社会科学版)，2003(12)：29－33.

参考文献

[1]梁桂全,黎友焕. SA8000削弱珠三角出口企业竞争力[J].WTO经济刊,2004(7).

[2]曹宗平. SA8000与中国社会责任建设评析[C]//黎友焕.对社会科学研究的回顾与展望.香港:社会科学出版有限公司,2006.

[3] World Business Council for Sustainable Development. Meeting Changing Expectations: Corporate Social Responsibility. WBCSD, Geneva, Switzerland, 1998.

[4]黎友焕.论企业社会责任建设与构建和谐社会[J].西北大学学报(社会科学版),2006(5):44-47.

[5]丁元竹.政府转变职能是和谐社会的本质要求.中国(海南)改革发展研究院"政府转型与建设和谐社会"改革形势分析会,2003.

广东民营企业社会责任建设

企业的社会责任包括两个层次，一个是法律和制度要求的强制性的社会责任，如安全生产、环境保护、产品质量、售后服务等；另一个是道德和价值观念要求的自发性的社会责任，如更高的环境保护标准、更高的质量标准、慈善事业等。前者是企业生存的前提和基础，其监管者是政府各行政执法部门；后者是企业长期赢利的重要因素，其监管者是广大的消费者和公众。

一、民营企业应积极承担社会责任

（一）民营企业是否应承担社会责任的两种不同观点

对于企业是否应该承担社会责任，经济学界、管理学界和法学界仍存在某些方面的争论。但随着民营企业对我国社会影响力的不断增强，以及民营经济发展过程中轻视环保、假冒伪劣等现象的突出，民营企业的社会责任问题日益受到学术界和企业界的普遍关注。

第一种观点是传统的经济学观点。这种观点认为，民营企业惟一的经营目标就是利润最大化。根据这种观点，当民营企业担负一定的社会责任，或者说其管理者组织一定的资源用于提供“社会产品”时，这种行为是以削弱市场机制为代价的，必定有人为由此而导致的资源配置扭曲付出代价。弗里德曼（1970）认为，在自由企业制度中，也就是在私有制度下，管理者只是企业所有者的一个雇员，他要直接对所有者负责，因为股东想尽可能多地创造利润，管理者的惟一目标就是如何达到这个目的。如果管理者把股东的钱花到公众利益上，就可能遭到股东的反对。同样，如果社会行动的成本通过提高产品价格而转嫁到消费者身上，这个管理者就是在花消费者的钱。弗里德曼说，这种“没有代表权交税”的做法应该遭到拒绝。还有，如果产品的市场价格不能真实地反映生产这个产品的相对成本，而是包括了社会行动的成本，那么市场的分配机制就被扭曲了。任何企业因承担社会责任而使成本增加，市场的严酷性会威胁到它的竞争地位。弗里德曼还相信，如果企业承担过多的社会责任，会威胁到政治的自由。他认为，社会责任的教条意味着接受了社会学家的观点：政治机制比市场机制更适合于稀缺资源的分配使用。如果一个企业承担过多的社会责任，就是在扮演了经济角色外还承担了政治功能。这种混合的政治和经济力量由企业管理者来控制是很危险的，这两种力量应当分开。市场机制，即其中的一部分就可构成为经济力量，是政治力量的平衡力。如果它们变为一体并置于企业管理者的控制之下，一种有力阻止"暴行"的障碍就被撤除了。具体来看，如果民营企业承担的社会责任降低了其利润，股东将遭受经济损失；如果以降低工资和福利为承担的社会责任"埋单"，雇员将遭受经济损失；如果社会责任的增加导致了价格的上升，消费者将因之蒙受经济损失。然而，没有充足的理由认为这种潜在的再分配效应是合理的。

此外，这种观点还认为，即便不考虑社会责任所导致的再分配效应，民营企业承担社会责任的行为本身在竞争的市场环境下也是难以维持的。在完全竞争的市场环境下，社会责任导致的更高成本将导致企业在竞争中处于不利地位：一方面是资金会流向那些较少担负社会责任的企业，因为它不用承担社会责任成本而具有更高的资金收益率，也就是说，承担的社会责任越大越不利于企业的发展壮大；另一方面，承担的社会责任增加将不可避免地迫使企业提高其产品售价，而这将进一步导致其市场的萎缩，将使企业在市场竞争中处于劣势地位，甚至面临破产的境地，企业经营状况的恶化使得其更加难以承担相应的社会责任。

另一种观点是经济社会学的观点。这一观点认为，企业不应只关注自身利润的最大化，还要意识到企业所担负的广泛社会责任。人们对公司的社会预期随着时代的进步发生了明显的变化，公司不再只是为股东赚取利润的一种组织形式，而是构建和谐社会、创造价值的基本载体。亚历山大（G.P. Alexander，1987）认为，以价值观为基础的管理（values-based management）是管理者建立、推行和实践组织共享价值观的一种管理方式[①]。一个组织的价值反映了组织赞同什么以及信奉什么。共享的组织价值观构成了组织文化并影响着组织的运营方式和员工的行为方式。因此，建立正确的企业价值观有利于推进企业的社会责任建设。

同时，这一观点认为，利润最大化只是公司的第二位目标，而不是第一位目标。公司的第一位目标是保证自身的生存；企业更应该关心代表企业持续存

---

① Alexander G P. Establishing shared values through management training programs [J]. Training and Development Journal, 1987:45-47.

在的长期资本收益率，而不是只顾及企业短时期的利润表现。为了实现这一点，他们必须承担社会义务以及由此产生的成本。他们必须以不污染环境、不歧视员工、不从事欺骗性的广告宣传等方式来保护社会福利，他们必须融入自己所在的社区及资助慈善组织，在改善社会中扮演积极的角色。

我们认为，第一种观点只触及了企业经营的有限方面，对企业的整体发展战略缺乏系统、连贯的认识；第二种观点则全面考虑了企业生存的社会、政治、法律环境，反映了时代发展对企业关注的嬗变。通过对这两种观点的比较分析，后者虽然处于被普遍认同的地位，但由于缺乏像主流企业理论那样深厚的理论基础和缜密的逻辑方法，将受到科学性研究方面的质疑。这两种观点的争论还将继续下去，正如乔治·斯蒂纳和约翰·斯蒂纳（George A.Steiner，John F.Steiner，2002）所说："企业社会责任的观念是在与传统经济观念相对抗的过程中缓慢发展起来的。这两种观念之间的紧张状态并没有停止，它还会继续下去。"

（二）民营企业承担社会责任的必要性

从西方发达国家的民营企业发展的历程来看，民营企业正逐步意识到其自身所担负的社会责任，这不仅为其自身的发展壮大创造了一个良好的生存环境，而且对于整个社会的福利改善产生了显著的积极作用。《财富》在对 1 000 家公司的调查中发现，95%的被调查者坚信在今后的几年中，他们必须采用更具有社会责任感的企业行为以维持他们的竞争优势。根据调查显示，《财富》500 强企业中，有将近 95%的公司都有自己的行为准则。从全球范围来看，道德准则日益流行起来。对 22 个国家的企业组织进行的一项调查发现，78%的企业已经正式颁布了自己的道德标准和道德准则①。

1. 民营企业承担社会责任是人类社会进步和文明发展的必然要求

随着人类社会和文明发展的进步，人们更关注社会和人的可持续发展。这意味着，社会对企业的评判标准已由单纯注重技术转向更加注重人的因素，由关注企业的经济效益转向更关注企业的社会效益。这要求企业不仅是一个赢利组织，而且还应是对自然、人类、社会、经济协调发展负有责任和道德的组织。自 20 世纪 60 年代以来，许多发达国家的企业都把自身的道德和社会责任放在与技术创新同等甚至更为重要的位置。《财富》杂志曾对 500 家企业所作

---

① Bamford J. Changing Business as Usual. Working Women November 1993:106.and Alexander.On the Right Side. World Business, January/February,1997:38－41.

的一次调查表明，有456家企业（占91.2%）在他们的年度报告中公开了公司履行社会责任的状况。

中国民营企业的发展也面临同样的问题。一方面，在世界经济发展日益一体化和国际竞争愈来愈激烈的形势下，没有道德心和社会责任感的企业必将被淘汰出局。另一方面，物质文明和精神文明共同发展是中国社会主义发展的根本要求，民营企业作为社会主义市场经济的重要组成部分和中国现代社会的主体之一，不仅要搞好经营，为经济发展作贡献，更要为和谐社会的构建作贡献。

2. 民营企业承担社会责任是市场体制发展的必然要求

市场体制的运行是以分工交换的相互依存关系为基础的，市场经济越发展，这种相互依赖程度越高。这就要求个人和企业对自身正当、合法利益的追求必须限制在不损害他人和社会公共利益的范围之内。在市场经济体制下，企业具有经济组织和社会组织双重身份，在努力追求自身利润最大化的同时，还必须具有明确的社会责任和社会公德。如果一味追求经济效益，视本企业的经济利益高于一切，不惜一切手段损害他人和社会的利益，甚至生产、销售假冒伪劣产品或置人的生命于不顾，这样的企业可能在短时间内能增加收益，但这显然是以牺牲社会和他人的利益为代价的，是一种短期的、自杀的行为，终将被社会所淘汰，被消费者所唾弃，受到社会舆论的谴责乃至法律的制裁。

我国民营企业是为发展社会主义生产力服务的经济形态，是服务于社会主义市场经济的企业，这一属性决定了民营企业利润最大化的行为必须以服从社会主义生产目的为前提，必须以国家、他人、社会利益不受损害为前提。因此，改变以追求利润作为企业惟一目标的思想，消除企业经营中的非人性化、非社会化的行为，树立服务社会、服务他人的现代企业责任观，是民营企业健康发展的必然需要。

3. 民营企业承担社会责任是经济全球化进程的必然要求

当今世界处于一个不断开放和融合的时代，整个世界已成为一个大市场。处于“无国界”经营状态下的企业面临着更加激烈的竞争，为了在竞争中立于不败之地，企业必须更好地融入所处的社会环境之中，提供更加符合社会期望的产品和服务。企业经营的社会责任观就是在这一背景下风靡于美、日等发达资本主义国家的，它由以往的以企业为中心转变为以社会为中心，并赋予利益追求以丰富的社会内涵。这将是世界优秀企业发展的必然潮流和趋势。

我国对外开放政策是适应经济全球化的应时之举，加入WTO更给中国企业提供了一个新的契机，中国企业有更多的机会接触国际市场，接触国外企业，在竞争中求生存，在竞争中求发展。这既是机遇又是挑战。民营企业推行社会责任管理可以帮助企业及其商业伙伴更好地遵守法规，避免因社会责任管理不善而失去国际市场的订单。中国企业作为国际化经济时代的一个重要成员，其发展必须适应和遵循国际竞争规则，否则就难以生存下去。民营企业也要适应这种国际环境，以吐纳寰宇的雄心和超前的战略眼光，瞄向国际市场，向国际标准看齐。只有这样，民营企业在未来的竞争中才会有更大的发展空间。

4. 民营企业承担社会责任是保护生态环境的必然要求

李丽萍、段淳林（2003）认为，以追求利润最大化为特征的传统社会责任观，往往向自利的极端利己主义发展。这不仅导致人自身的异化，造成人与人之间的利益冲突和敌视，而且对自然资源的恶性掠夺也造成了生态环境的恶化，大大降低了人们的生活质量，并严重威胁到人类自身的生存和发展。这就要求人类必须彻底改变以自我为中心、以牟取私利为目的的行为理念，重构一种面向未来、面向全人类命运的具有全新历史内涵的社会责任观。为此，20世纪80年代后期，美国等发达资本主义国家的公众开始关注人们生活的自然环境，尤其关注企业对破坏生态环境应负的责任。人们要求政府制定法律、政策，规定企业在保护环境方面应承担的义务。保护生态环境问题已成为世界各国共同面对的一个问题，民营企业也应承担应有的责任。

5. 民营企业承担社会责任是其自身发展壮大的必然要求

从企业的角度看，民营企业推行社会责任管理战略可以促进民营企业自身的发展。在全球媒体和消费者越来越关注劳工问题时，有效地实施社会责任管理有利于保护和提升公司品牌，避免公司品牌因劳工标准等问题受到损害。社会责任管理也有助于企业社会声誉的建立和完善，有助于企业树立良好的形象。较好的社会声誉和良好的企业形象对于求职者也具有更大的亲和力，更容易得到高素质劳动者的认同，直接影响到人才的流向；也可以使企业员工在心理上产生一种凝聚力，提高产品质量和生产效率，降低成本，进而推动企业可持续发展。民营企业承担社会责任还有利于企业融资和提高企业的市场价值，有较高信誉的民营企业更容易获得银行贷款，获得投资者青睐。

总之，民营企业实施企业社会责任管理有许多益处，不仅可帮助企业满足有关劳动保护法规的要求，减少劳资纠纷发生，提高企业环境管理水平，而且能够改善企业形象及企业与当地社区、政府的关系，吸引投资者，还可增强保险优势，降低保险费用，为企业创造价值。对于外向型民营企业来说，实施企业社会责任管理则是消除贸易壁垒、促进国际市场销售的利器。

不可否认，同大型的跨国公司相比，民营企业实施社会责任管理也有很多困难。例如，管理水平较低，缺少管理技术和方法，缺乏相关的专业人才，特别是会增加企业短期成本，而低成本曾经是民企最大的竞争优势。但是，在回避社会和环境责任已是不可能的情况下，在短期赢利与企业可持续发展产生矛盾的时候，孰轻孰重应该不再是难以回答的问题了。

（三）民营企业相对于国有企业所应承担社会责任的重点方向

（1）提供丰富、优质的产品和服务，以满足广大消费者各种不同的需求，增进社会的福利。民营企业作为一个经济组织，最基本的职能就是生产和制造产品、提供服务，创造物质财富和精神财富，满足人们不断增长的物质和文化生活的需要。

（2）尊重和维护消费者权益。现阶段我国宏观上商品处于“相对过剩”的状况。在买方市场状态下，由于市场竞争的加剧，这一特征表现得尤为突出。民营企业要自觉维护消费者权益，尽量消除用户在商品交换中的损失和不满，使买卖双方权利相等。

（3）正确处理民营企业中的劳资关系。民营企业是一个特殊的经济组织，每个人在理论上是平等的，但是，因为资本、技术的多寡等原因，民营企业中的人际等级是客观存在的，而这些等级是被用来实现民营企业的至上目标——赢利最大化。在这种情况下，保护民营企业中每个人的利益和权利，就成为一个很重要的问题。在这个方面，民营企业的管理者承担的社会责任就是维护社会公平，保护每个人的利益和权利。因为这个目标往往与企业的赢利目标之间存在操作上的冲突，因而经常衍生出一系列的劳资冲突，这样的冲突又往往成为社会各人群（阶级、阶层）之间的更广泛冲突的由来。国际上对中国一些地区的“血汗工厂”现象大加指责，其中有竞争动因，但也有来自具有社会责任良心的有识之士的声音。国际上越来越强大的潮流就是以企业的社会责任作为一种约束力，以维护企业的劳资关系的基本平衡，抑制资本强权对员工权益的可能伤害。因此，民营企业要在竞争中取得有利的地位，应该正确处理企业中的劳资关系。

（4）开展公平竞争，维护市场竞争秩序。企业是市场经济的主体，竞争是市场经济的核心内容，但竞争必须是公平的竞争，参与市场活动的各个企业应当是站在同一起跑线上赛跑，不能有人为的障碍，否则就是不公平竞争。例如，企业不能利用自己的优势地位制定垄断价格，控制市场；企业不能借用行政权力干预竞争，使自己在市场上获得有利的地位等。总之，凡是一切不正当竞争手段和垄断行为，都是有违公平竞争原则、有害市场竞争秩序的。因此，民营企业应当自觉遵守竞争规则，尊重竞争对手的正当权益，自觉维护良好的市场竞争秩序。

（5）民营企业应主动控制或消除企业活动的“外部性”。一般而言，企业的生产经营活动容易对社会产生负的外部性，这些外部性后果往往是在民营企业这个赢利组织的既定精神与活动规则之外的意外后果，最典型的就是企业活动对生态环境、资源结构的影响。随着经济社会的发展，环境、资源问题越来越成为社会的通病，各国政府都在以行政的或法律的手段来约束企业活动对环境和资源可能产生的破坏。例如，重大项目的环境评估制度就是约定企业应该在环境保护方面承担起应有的社会责任。对民营企业来说，承担这一方面的社会责任，除了遵守政府政策和法律之外，还应积极地运用经济手段来预防企业活动对环境资源可能产生的不利影响，尤其是民营企业在投资和运营的成本设计时，应理性地考虑环境与资源的效应。

如图1所示，假设一个项目的规模和其产生的对环境的破坏成正比，则可直接用项目的规模 Q 来代表对环境的负面影响程度。假设该项目的边际收益曲线为 MR，收益全部为企业所得（所以企业的 MR 也就是整个社会的 MR）。企业关于污染程度的边际成本曲线为 PMC，整个社会则为 SMC，位于 PMC 上方，表示企业并未承担全部污染带来的成本，企业给社会带来了负外部性。企业如果仅考虑自身得失，会将规模定在 Q_0，而如果是由社会作决策则结果会是 Q_1。如果企业考虑了对社会的影响，其规模将低于 Q_0，一般是位于 Q_1 之上和 Q_0 之下。具有长远眼光的理性决策者，会敏锐地看到过于关注眼前利益，其实并不一定是最大化企业的真正收益，因为社会可能在未来某一天对企

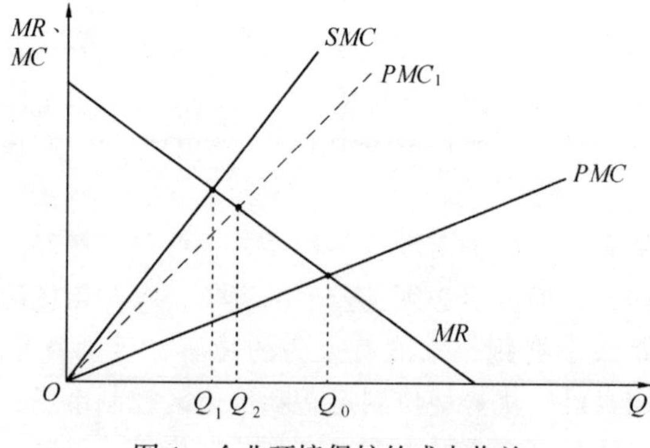

图1 企业环境保护的成本收益

业今天的“不道德”行为“算账”，此时企业真正的边际成本曲线会是高于 PMC 的 PMC_1。因此，具有远见的企业将会考虑自身行为对社会的影响，理智地作出决策。

(6) 改善社区关系，促进社区发展。企业总是在一定的社区环境中生存和发展的，企业与社区是相互依赖、相互促进的关系。因此，重视社区利益，搞好邻里关系，也是企业应当承担的社会责任。企业应根据自己的条件和能力，积极关心和支持社区文化教育事业、福利事业、慈善事业的发展，关心和参与有关的社团活动，同当地政府、居民、公共团体建立良好的关系。企业应通过自身的发展，为社区提供更多更好的就业机会，繁荣社区的经济和文化生活，促进当地经济和社会的发展。

二、广东民营企业社会责任建设状况

（一）广东民营企业社会责任建设的可能性分析

改革开放以来，广东省民营经济发展迅速，已成为促进广东国民经济发展的一个新的经济增长点。民营企业的发展，在繁荣城乡市场、扩大劳动就业、方便人民生活、增加地方财政收入等方面都发挥了积极的作用。截至 2006 年 3 月底，广东省个体私营企业数达 279 万家，比 2002 年末增加了 77.8 万家，总户数居全国首位。民营企业已成为与国有企业、外资企业三分天下的一个重要的经济主体群。2005 年，广东省民营经济实现增加值 8 602.5 亿元，占全省 GDP 的 39.6%；完成固定资产投资 2428.8 亿元，占全省社会固定资产投资的 35%。“2004—2005 年广东省百强民营企业”中，所有“百强”户均注册资本 1.38 亿元，比上届增加 30%；户均年末净资产 7.45 亿元，比上届增加 44%；户均营业收入 18.66 亿元，比上届增加 40%；户均利润总额 1.07 亿元，比上届增加 36%[①]。2005 年末，全省获得进出口经营权的民营企业近 4 万家，出口额达 299.5 亿美元，是 2002 年的 7.2 倍。近 3 年来，民营经济单位每年以新增就业 167 万人的速度递增，2005 年末从业人数已达1 503.1 万人，占全社会从业人数的 31.7%[②]。

---

① 中国政务景气监测报告·数据监测，2006－05. http://www.ccgov.org.cn/zwjjjcbg/jqjc20060627001.htm

② 广东民营企业总户数跃居全国首位 达到 279 万家．中央政府门户网站，2006－05－30. http://www.gov.cn/jrzg/2006－05/30/content-295620.htm

在外贸方面，据海关统计，2005年广东民营企业（包括集体企业和私营企业）进出口额达645.2亿美元，比上年同期增长35.5%，远高于全省外贸增长19.9%的速度，对全省外贸增长贡献率达23.8%。民营企业成为广东传统产品出口的重要力量。广东传统的出口产品如服装、鞋、陶瓷等大多属于劳动密集型产品，市场准入门槛较低，较为适合资金和技术力量相对薄弱的民营企业。民营企业在服装、陶瓷、鞋等商品的出口中发挥着越来越重要的作用。2005年民营企业出口服装、鞋、家具和家用装饰陶瓷的营业额分别达54.7亿美元、19.4亿美元、13.7亿美元和6.1亿美元，占全省同类产品出口值的比例分别达34.6%、26.8%、24.7%和48.7%。民营企业机电产品、高新技术产品出口分别高于全省平均增长速度的16.9个百分点和9个百分点。2005年广东民营企业出口机电产品额达190.6亿美元，同比增长43.6%；出口高新技术产品额达65亿美元，同比增长34.7%[①]。

不可置疑的是，广东民营企业已经成为广东经济社会发展的主力军，广东民营企业的规模和实力的高速发展，完全有能力在寻求可持续发展的条件下同时承担一定的社会责任。

（二）广东民营企业在社会责任建设中已取得的成绩

改革开放以来，广东民营企业在社会责任建设方面取得了较大成绩，逐渐开始从市场环境、法律制度环境等方面与国际社会接轨。这种成绩主要体现在以下几个方面：

（1）建立了比较完善的劳动保障体系。从1985年以来，广东省先后通过了《广东省经济特区企业工会规定》、《广东劳动安全卫生监察办法》、《广东省女职工劳动保护实施办法》等一系列法规，从法律上保证了企业劳动纠纷的处理有法可依。同时，在此基础上，广东省还建立了职业培训和职业资格证书制度、劳动关系协调制度、企业劳动标准制度、劳动保障检察制度等。

（2）企业在劳动培训、合同签订、劳动保障等方面也取得了重大进展。据统计，1996—2003年，全省共组织354万人参加技能鉴定，经考核获取职业资格证书的达297万人次，合格率达83.8%，其中取得高级工以上资格证书的有11.8万人，占3.9%。2003年全省参加鉴定的达81.4万人次，经考核取得证书的人数达61.6万人，分别比上年增长19.4%和8.6%，有力地推动了

① 郭莹玉，叶瑜．民营企业成为广东外贸增长的主动力．新华网，2006-01-14．http://news.xinhuanet.com/politics/2006-01/14/content-4051141.htm

企业劳动者技能的提高[1]。2003年底，全省建立平等协商集体合同制度的私营企业达55 867家。平等协商集体合同制度的推行，在培育劳动关系双方自主协调机制、建立和谐稳定的劳动关系、维护职工合法权益、促进企业经济发展等方面发挥了积极作用。有3 373个村街和工业园区有了区域性集体合同，198个装饰、制衣、家具等行业组织签订了行业集体协议，这些集体协议维持了劳动关系的基本稳定。至2003年底，全省签订区域性集体合同1 877份，覆盖企业38 226家，覆盖职工1 359 432人；签订行业性集体合同293份，覆盖企业10 877家，覆盖职工224 000人。目前广东省珠江三角洲地区6个地级市已基本实现村村有区域性集体合同[2]。而在劳动者保障方面，基本养老保险、失业保险、工伤保险体系参加人员分别达850万人、777万人和912万人，医疗保险和生育保险的人数也达到了330万人和260万人。可见，一个覆盖广泛、种类齐全的保障体系在广东省已基本建立起来。

（3）企业在发展经济的同时也开始承担起保护环境的责任。截至2002年，广东省已有近5 000万个环境标志企业，绿色产品占全国的一半以上，实现绿色产品产值200亿元，占全国绿色经济收入的1/3强。重污染企业的排污得到有效控制，如广州市的工业废水排放达标率达到95%以上，全市1 199家企业进行了污染专项治理；2001年江门市148家企业完成了限期治理，43家企业配合环保部门进行了在线环保检测。这些成绩的取得体现了政府及社会对民营企业承担环保责任要求的不断提升，也意味着民营企业必须更多担负其相应的社会责任才能为其自身的发展创造一个良好的环境；否则就面临被取缔、关闭、淘汰的命运。

（4）民营企业积极回报社会，加入促进社会和谐发展的行动之中。这首先体现在民营企业积极纳税，为公用财政的发展作出贡献的行为中。2004年全国私企纳税100强中广东省有9家。在全省所有的民营企业中，仅百强民营企业（当选2004—2005年广东省百强民营企业的企业）的纳税总额就达82.6亿元。此外，民营企业还通过扶贫助弱等形式来回报社会。例如，格兰仕集团在非典期间向社会捐赠1 000台新型光波微波炉；东莞美隆电声器材集团向广东省红十字协会捐赠100万元；恒大集团在成立9年期间先后为教育、扶贫及社

---

① 2004年加强高技能人才队伍建设暨全国职业技能鉴定工作会议．http://www.lm.gov.cn/old/gb/content/2004－04/13/content-25622.htm

② 广东省总工会．着力覆盖 讲求实效 全力推进平等协商集体合同工作．http://test.hljgh.org/article/printpage.asp? ArticleID＝213，2004－9－13．

会治安等慈善公益事业累计捐款达6 800万元。这些事例表明，民营企业在承担社会责任方面发挥着更加积极的作用。

（三）广东民营企业在社会责任建设中存在的问题

民营企业作为市场经济的产物，长期以来往往把企业的功能视为纯经济性的，认为企业存在的惟一目标就是追求自身利益的最大化，责任感和道德心缺乏。民营企业在经营管理中的短期行为，忽视承担其社会责任主要体现在以下几个方面：

(1) 存在克扣工人工资、不尊重员工等非人性化管理行为。当今世界，任何优秀的企业都是特别尊重和爱护员工的。从权利与义务的关系上讲，员工在为企业付出劳动的同时，也有权利保护自身的身心不受侵害，同时，企业也要对员工的身心健康尽一定的义务。比如，执行8小时工作制，发放加班费，实行国家法定的劳保、工休、医疗和其他福利保障措施，甚至要为员工提供一些有利于身心健康的娱乐活动和设施等。但有些民营企业，却往往只顾短时期内谋取最大效益，不顾员工的身心健康，严重侵害员工的权利和个人尊严。企业是创造利润的组织，追求利润是无可厚非的，但是，在不关心人、不尊重人、不重视人的价值、不注重员工能力发展的情况下，企业创造利润的能力一定是低下的，在市场中一定没有竞争力。员工是企业的生命，民营企业要跟外国企业竞争，要争产品创新，要争市场创新，就必须首先要争得员工的心。

(2) 存在欺诈顾客、掺杂使假、偷工减料、粗制滥造等非道德行为。随着世界经济的快速增长和市场竞争的日趋激烈，人们越来越清楚地认识到顾客的满意程度对企业生存的意义。这不仅是企业技术水平、管理水平和经营水平的综合反映，而且是企业道德水平高低的重要标志，更是企业义不容辞的伦理责任。但一段时期以来，一些民营企业为了赚钱不择手段地弄虚作假，欺骗广大消费者，各种假冒伪劣产品不绝于世；某种新产品一问世，只要稍微畅销，马上就会有冒牌货接踵而至；有的地方政府甚至采取地方保护主义，把制假售假的企业作为创利大户来加以保护和扶持，严重败坏了社会风气和企业道德；有的则敲诈勒索，绞尽脑汁非法谋取私利。李丽萍、段淳林（2003）认为，竞争是市场经济的本性，没有竞争就没有市场经济，但市场经济不是无所顾忌地惟利是图，而是一种以公平竞争为原则的理性竞争。它要求企业以正当手段来实现对利益的追求，即以质量取胜、信誉取胜、信息取胜、创新取胜，从而保证市场竞争的和谐有序。企业以次充好、擅提等级、缺斤少两、欺诈顾客等行为，不仅违背了市场竞争的原则，而且损害了消费者的合法权益，甚至损害了国家和社会的利益。从长远看，一个企业如果长期存在欺诈与掺假行为，这个企业在市场竞争中将是自掘坟墓。

不难看出，逃避和不承担社会责任的企业一般规模较小，在整个市场上的影响力和知名度也较小；而规模大、已形成影响力和品牌的企业更加重视对社会各方利益主体的影响，更主动地承担必要的社会责任。假设一个两期模型，一个行业所面对的整个市场规模（可得利润）是 X，设一个企业占有该市场的份额为 t（$0<t<1$）。假设企业承担的社会责任规模与其规模成正比，如果当期企业的规模为 tX，则企业必须承担 atX（$0<a<1$）的社会责任（a 为参数）。如果企业当期逃避承担社会责任，则产品或企业形象遭到破坏，企业在第二期丧失 ptX（p 为参数，$0<p<1$）。此外，我们设定 $p>2a$。但是，企业在丧失了部分市场后会努力开发新的消费市场，在企业形象受损后，原有市场份额越大的企业，开发新消费市场的难度越大。假设企业开发的新市场为

$$(1-c)\frac{1}{\sqrt{t}}X \tag{1}$$

即原来的 t 越大，新市场越小，每开发一单位新市场，花费成本 c（$0<c\leqslant 1$）。当

$$atX - ptX + (1-c)\frac{1}{\sqrt{t}}X > -atX \tag{2}$$

时，企业才有动机逃避社会责任，此条件

$$t < \left(\frac{1-c}{p-2a}\right)^{\frac{2}{3}} \tag{3}$$

即企业规模必须小于某一市场份额。所以，当企业规模做大、品牌做出名后，企业应更加重视承担社会责任，而规模小、无品牌的企业往往有更大的可能性逃避社会责任。

（3）存在超标排污、破坏环境、损害生态的非社会化行为。一些民营企业在处理与外界环境的关系中存在无视社区居民的利益，无视社会大环境的美化，超标排污，甚至为一己私利肆意损害国家和社会利益的非社会化行为。现代社会，环境污染的最大制造者是工业企业，因此，保护环境就成为所有现代工业企业必须遵循的行为准则之一。这不仅是企业对社会必须履行的重要法律义务，也是企业对人类社会的基本道德责任。虽然我国早在 1979 年就颁布实施了《环境保护法》，但实际执行的结果并不理想，其中一个重要的原因就是相当多的企业还缺乏保护环境的自觉意识，环境保护问题还没有引起多数企业的足够重视，或是存在逃避法律责任的侥幸心理。一些民营企业更是无视自然

生态环境的恶化，只有赚钱之欲，毫无恻隐之心，视企业员工与周围居民的生命如草芥，将有毒有害的工业废气、废水、废渣不加任何处理就直接排放。自然环境是人类生活、社会存在与发展的自然基础，人类社会依赖于自然环境而存在，维护环境就是维护社会的利益，就是保护人类自己。如果环境受到严重破坏，人类失去赖以生存和发展的基础，企业的发展更是无从谈起。因此民营企业应加强环境保护意识，自觉地把保护环境和自然资源作为衡量自身社会价值的主要指标，从而在追求自身经济利益的同时，实现社会收益率最大化。

三、制约民营企业社会责任建设的原因分析

（一）宏观原因

1. 政府政策的制约

不确定性是市场经济的特征。在市场经济成熟的国家，企业面临的不确定性主要来自市场本身。而在处于转型期的我国，不确定性更多的是来自政府，政府的政策主导着企业对未来的预期。政府的政策越不确定，企业就越追求短期利益。这是因为，不确定性的增加致使企业间的博弈重复的可能性降低，企业更不愿意去建立信誉；同时，不确定性使企业难以确认欺诈行为，违约者更容易将结果归因于不可抗拒的政策环境变动等外部因素，而不是企业自身的故意所为。在目前阶段，我国政府有的政策在一定程度上具有模糊性，一些政策的制定是为了短期需要，而不是出于长远战略的考虑。政府的这种短期行为，致使企业对发展前景缺乏长期、稳定的预期，自然去追求短期、眼前的利益，抱着能赚就赚一把的心态经营企业，这样的企业的诚信就不可能高，也就缺乏社会责任的建设。

政府政策的不确定性导致企业短期行为可以通过下面的例子进行分析。假设政府当前所采用的环境标准是相对宽松的标准，企业出于利润最大化考虑，采取了相对落后的治污技术。这里我们假设有先进和落后两套治污技术，先进技术只有在严格的环境标准下对企业是最优的，而落后技术在宽松的标准下对企业是最优的。企业要采用新技术的话，必须在当期投入成本 I。假设政府当期宣布将从下期开始实行严格的环境标准，但是政府发送的信息并不是肯定的，即政府有可能在下一期仍然实行旧的环境标准而不实行新标准，设其概率为 P（即政府政策的易变程度）。假设在下期政府确定了标准后，环境标准不再被更改，无论标准是否严格。我们考虑本期和随后 $T-1$ 期的情况，折旧率

为小于 1 的 δ。如果政府在下一期没有实行严格标准并且企业当期也没有投资于新技术，则企业每期都获得 0 收益，则在 T 期内的总收益也为 0。如果企业在当期投资了新技术，技术从下一期开始将为企业带来正的收益。如果政府实行了严格的环境标准，则每期的收益为 a，如果政府在下一期宣布仍然实行旧的标准，则每期的收益为 b，并且 $b<a$。因此，在企业本期投资了新技术并且政府实行严格标准的情况下，企业的总收益为

$$-I+\delta a+\delta^2 a+\cdots+\delta^{T-1}a=-I+a\left(\frac{\delta}{1-\delta}-\frac{\delta^T}{1-\delta}\right)>0 \qquad (4)$$

在企业本期投资了新技术而政府仍然实行旧标准的情况下，企业的总收益为

$$-I+\delta b+\delta^2 b+\cdots+\delta^{T-1}b=-I+b\left(\frac{\delta}{1-\delta}-\frac{\delta^T}{1-\delta}\right)<0 \qquad (5)$$

因此，当企业确信政府在下一期确实会实行严格环境标准的时候，企业当期会进行治污技术的投资。当企业本期没有投资于新技术而政府在下一期的确实行严格环境标准的情况下，企业在下一期投资于新技术，它的总收益为

$$0-\delta I+\delta^2 a+\cdots+\delta^{T-2}a=-\delta I+a\left(\frac{\delta^2}{1-\delta}-\frac{\delta^{T-1}}{1-\delta}\right)>0 \qquad (6)$$

所以，企业本期投资于新技术的期望收益为

$$E(\text{new})=(1-P)\left[-I+a\left(\frac{\delta}{1-\delta}-\frac{\delta^T}{1-\delta}\right)\right]+P\left[-I+b\left(\frac{\delta}{1-\delta}-\frac{\delta^T}{1-\delta}\right)\right] \qquad (7)$$

当企业本期不进行技术投资的期望收益为

$$E(\text{old})=(1-P)\left[-\delta I+a\left(\frac{\delta^2}{1-\delta}-\frac{\delta^{T-1}}{1-\delta}\right)\right]+P\times 0 \qquad (8)$$

只有当

$$E(\text{new})\geqslant E(\text{old}) \qquad (9)$$

时，企业才会进行新技术投资。很明显，P 越大，企业越可能不进行新技术投资。而当 $P=0$，即政府承诺完全可信时，企业必定会进行新技术投资，采用更加先进的治污技术。

政府对推动社会责任建设不积极，也是制约民营企业社会责任建设的主要原因。例如，由美国民间组织 SAI 制订并推行的 SA8000 企业社会责任认证标准，已经在广东迅速推广，处于对欧美出口前沿的广东民营企业感受到了相当大的压力。这些企业普遍认为，政府职能部门在这方面缺乏引导，学术界的研究也很少。而作为企业来说，没有力量和精力进行研究。企业关注社会责任是其社会组织属性和全球化背景下参与国际竞争的必然要求，除了企业经营者自

身的道德良知和长远眼光外，更需要依靠政府的积极推动。

另外，地方政府的地方保护主义成为培植民营企业责任外化的温床与暖棚。毫无疑问，许多民营企业都是当地的纳税大户，因而一些地方政府明知某些民营企业产品不合格、排污不达标，但为保住当地税收、累积数字业绩，便对这些责任外化现象视而不见，从而对一些民营企业逃避社会责任起到了纵容与推波助澜的作用。比如在某一个地方，有 I 家企业都属于对环境构成污染的类型。假设本届地方政府在任有限的 T 期内，政府关注的是地方经济规模和税收，因为上级考核也以此为标准。假设某一企业单期获得的利润为 π，则在 T 期内获得的总利润为

$$\pi + \delta\pi + \cdots + \delta^{T-1}\pi = (1 - \delta^{T})\frac{\pi}{1-\delta} \tag{10}$$

而政府征收的税收为$t(1-\delta^{T})\frac{\pi}{1-\delta}$。政府总税收为

$$It(1 - \delta^{T})\frac{\pi}{1-\delta} \tag{11}$$

如果企业被要求减少污染的话，短期内利润必然下降，这将导致本届政府收取的税收减少。如果企业利润下降到 π_1（$\pi_1 < \pi$），则政府总税收下降到

$$It(1 - \delta^{T})\frac{\pi_1}{1-\delta} \tag{12}$$

如果减少污染的成本足够高，企业将因为资金缺乏等原因无法承受而倒闭，则政府完全失去这部分税收，原有的产出额也不复存在。显然，如果本届政府是理性的话，不会有动力要求企业降低污染。所以，政府官员考核机制应该在考察短期经济绩效的基础上，考察经济长期发展能力以及环境保护程度等更广泛的指标。当环境保护水平进入政府官员的效用函数时，政府官员就有动力去要求企业减少污染了。比如一些地方政府领导以优化经济、发展环境为借口，对地方企业实行所谓“绿卡”保护，阻止环保、工商等部门开展相关的执法检查工作，这就为逃避社会责任的民营企业撑起了保护伞。甚至有些地方政府片面追求 GDP 和税收，竟公然违反国家规定，继续对国家明令禁止的“15小”、“新 5 小”企业给予开业审批，产生了严重的社会后果。

2. 社会环境的制约

经济学家的研究表明，一定社会经济发展水平条件下，市场体系与市场机制的发育将在很大程度上影响社会整体生产、营销道德水平。在我国现阶段各种经济主体中其他主体较之于我国民营企业又是相对独立于社会既有权力体系之外的，没有或较少受到行政和计划的约束，也没有被要求承担诸如吸收转业

军人、下岗职工就业等社会义务。因此，在一种长期的无责任主体的制度文化背景中，民营企业受单纯的自我利益驱动，采取非经济手段参与市场竞争，而很少考虑其对社会责任的承担。另外，我国民营企业是在市场竞争中逐步成长和发展起来的，现正面临着产业升级和企业制度变革的阵痛期。在这一特定的时期，民营企业伦理和国有企业一样正处于摸索时期，真正已经定型的几乎没有。同时，这些现象也是我国作为一个还未真正摆脱农业时代阴影，对工业时代的弊端还缺乏足够认识和防范，却又被卷入信息时代中的国家，正在经历社会文明发展进程中的过渡性困境的表现。我国民营企业的发展缺乏坚实的与市场经济相适应的社会责任观，是社会总体环境特别是市场体制和政府体制不完善的必然结果。

3. 法制建设的制约

法制建设是企业社会责任发展的基石，但是我国在建立社会主义市场经济体制的过程中，相应的社会立法和生产规则，如《劳动法》、《安全生产标准》等的建立和推行都比较滞后，相关法律、法规还不够健全，从广度上难以涵盖各个方面，从深度上难以触及各个层面，在力度上难以达到威慑要求，企业不能及时依据法律法规来规范自己的经营活动。有关企业社会责任的规定也只是散见于《劳动法》、《消费者权益保护法》、《产品质量法》、《自然资源法》、《环境保护法》、《社会保障法》、《公益事业捐赠法》、《公司法》以及其他一些规范企业的法律法规中，并没有明确提出这些法律规定的责任就是企业社会责任，使得企业社会责任没有系统化的法律上的约束和保障。因而在《公司法》的总则中，突出强调企业必须承担的基本社会责任，使企业社会责任纳入法制化、规范化的管理体系已是大势所趋。

约束机制的弱化使民营企业处于不同程度的无法可依、有法不依、执法不严、违法不纠的状态。即便被依法查处，但由于惩戒力度不够，导致一些民营企业不惜以身试法。如一些民营企业宁愿被罚款处理，也不愿安装排污装置，因为一旦被发现查处，也只不过罚款3万~5万元人民币，或者8万、10万元人民币，并不会伤筋动骨，但安装一套排污设施至少需要几十万甚至上百万元。与此同时，相关激励机制的缺乏使得原本品行优良的企业得不到相应的报偿，缺乏继续保持下去的积极动力。而那些没有同流合污的企业则在这种不平衡状态的压力下，心怀不满地承受着这种隐性的“损失”。

虽有法律规定但执法不严的情况会给民营企业带来过重的社会负担，例如，尽管《私营企业暂行条例》第25条规定：“除国家法律、法规规定者外任何单位不得以任何方式要求私营企业提供财力、物力、人力，对于向私营企业的摊派，私营企业有权拒绝提供。工商行政管理机关有权予以制止。”但实际上对私营企业的乱收费、乱摊派和乱罚款等现象屡禁不止，使得私营企业主整日疲于应付来自各方的“索、拿、卡、要”。秦海霞（2006）认为，很多地方政府官员对企业社会责任的问题了解甚少，他们只片面注重企业的利润和税收，并以此作为衡量当地经济发展和政绩的标准。这些都在一定程度上增加了企业的负担，使企业无力承担社会责任。

（二）微观原因

1. 民营企业片面追求利润，忽视社会责任

按照新制度经济学的假设，人类的行为动机是双重的。人们一方面会追求财富最大化，另一方面又追求非财富最大化，而企业在这两个端点之间的选择则取决于企业的自身状况与制度的约束和激励状况。有些企业主往往只看重企业的经济性质，否定企业与道德的相容性，轻视企业作为社会行为主体而应承担的责任。家族化管理的民营企业中，类似“家一天下”、“家一企业”的观念浓厚。在他们眼里，企业的惟一任务就是在激烈的市场竞争中获利，其他的一切都是可有可无的，甚至认为，过于重视社会责任不仅不能帮助企业获利，而且很容易形成“感情陷阱”。

2. 民营企业资源相对匮乏，难以承担社会责任

与国有企业相比，民营企业属于竞争中的劣势方，各方面的资源都比较匮乏，尤其是在资金紧缺的情况下，生存成为第一要务，因此很难在严峻而现实的生存压力面前奢谈社会责任，因为满足社会责任的成本是相当高昂的。

目前，我国有相当一部分民营企业设备陈旧，技术落后，人才缺乏，无力购置相应的检测设备和治污环保设备，从而导致产品质量差，对环境的污染严重。而技术设备落后陈旧的重要根源则是资金的紧缺以及资金来源的匮乏。

3. 民营企业治理结构存在缺陷，承担社会责任的动力不足

民营企业股权高度集中，大多数是私人或家族企业，尚没有建立起完善的现代企业制度，导致民营企业管理者为了自身利益更关注企业的短期利益，相对忽视企业本身的社会责任。正是由于股权的高度集中，使得民营企业的所有权和经营权没有真正意义上的分离，导致其股东大会、董事会、监事会形同虚设，彼此之间缺乏有效的制约和监督，难以在公司治理层面反映社会各方的利益，从而导致其对自身社会责任的漠视。

另外，民营企业在委托人和代理人之间的关系上，通常采取的是短期激励约束机制，缺乏长期的激励约束机制，导致经营者在生产活动中只考虑企业的短期利益，从而产生了大量“杀鸡取卵”式的短期行为。而承担社会责任对民营企业发展的贡献则是长期性的，其终极目的是通过对企业生存环境的改善来实现可持续发展，所以，长期激励约束机制的缺失，不可避免地导致了民营企业承担社会责任动力的不足。

4. 民营企业家综合素质偏低，缺乏对企业社会责任的认识

民营企业家大多是农民出身，受教育程度相对偏低，加之政府的激励不足，缺乏有效的人才流动机制和文化氛围，从而导致民营企业家综合素质偏低。由于民营企业家的素质问题，使得他们在经营过程中缺乏对企业社会责任的认识，也就谈不上承担社会责任。

民营企业家综合素质偏低，也导致了许多民营企业的寿命比较短，长期生存发展的民营企业数量有限。因为承担社会责任带来的好处是在很长一段时间内平缓地体现出来的，如果民营企业家对自己企业的长久发展缺乏足够的信心，他们就不会有很强的动机去承担社会责任，而是将精力放在扩大短期利润上面；即使参与了承担社会责任，也会选择参与那些具有短期轰动效应的活动，而不是更加关注如何回报社会。假设民营企业的预期存活期主要取决于民营企业家的素质 q，某一企业的预期存活期为 $T\ (\bar{q})$，则企业原来利润为

$$\Pi_0 = \pi_0 + \delta\pi_0 + \delta^2\pi_0 + \cdots + \delta^{T-1}\pi_0 = (1-\delta^T)\frac{\pi_0}{1-\delta} \tag{13}$$

假设企业当期进行了社会责任活动后，产生了成本 c，但每期利润增加了 $\Delta\pi$，总利润为

$$\begin{aligned}\Pi_1 = &\{\pi_0 + \delta\pi_0 + \delta^2\pi_0 + \cdots + \delta^{T-1}\pi_0\} + \\ &\{\Delta\pi + \delta\Delta\pi + \delta^2\Delta\pi + \cdots + \delta^{T-1}\Delta\pi\} - c \\ = &(1-\delta^T)\frac{\pi_0}{1-\delta} + (1-\delta^T)\frac{\Delta\pi}{1-\delta} - c\end{aligned} \tag{14}$$

假设该企业家素质程度 $\bar{q}$ 不足以使得 T 大到

$$(1-\delta^T)\frac{\Delta\pi}{1-\delta} - c \geqslant 0 \tag{15}$$

从而该企业家决定放弃进行社会责任活动。当企业家素质提高到使 T 增大到

$$(1-\delta^T)\frac{\Delta\pi}{1-\delta} - c \geqslant 0 \tag{16}$$

时，将会有更多的企业开展对社会有益的社会责任活动。而我国当前大部分民

营企业家素质较低，难以有大量民营企业积极参与社会责任活动。

四、推进民营企业社会责任建设的建议

（一）政策建议

现阶段我国的民营企业正处于由计划经济体制向市场经济体制转轨的过程中，两种体制的并存为民营企业的发展和市场经济的发育带来了一定的干扰性因素。秦海霞（2006）认为，大量国企改制而来的私营企业的加盟在为民营企业注入新活力的同时，也打乱了市场正常孕育企业的新陈代谢的过程，使得诸多私营企业带着雄厚的国企底蕴进入市场与其他中小民营企业竞争，因此，不在同一起跑线上的民营企业拥有的市场也不相同，他们应承担的社会责任也不应相同。加之经济、政治与文化背景层面上的约束，企业对社会责任的认知与履行都不尽相同。所以，面对社会经济发展的具体环境和民营企业的发展状况，政府应因势利导，采取相关措施帮助企业树立社会责任的观念，促进民营企业社会责任建设的发展。

（1）政府应鼓励发展民间公益组织，完善社会公益机制，为民营企业实现社会责任提供组织保障。

目前国内慈善组织影响力不够。中国慈善公益组织大约 100 个，而美国 1998 年免税的公益组织有 120 万个。由于慈善捐赠中介结构的数量不足，又导致了中介机构的类型单调，这就必然影响到捐赠领域的拓展，影响不同捐赠兴趣、专长、领域企业的需求。

（2）政府应该加强对民营企业社会责任的监督，鼓励社会舆论和民间部门发挥应有的舆论导向和外部监督作用。

媒体和社会团体应当扩大对企业社会责任的宣传，引导社会关注和重视企业社会责任，积极评价重视社会责任的企业，营造一种推进企业社会责任建设的良好氛围。目前，在全国范围内建成企业和个人的信用系统已提上议事日程，银监会等机构在企业信用系统建设方面的工作，也可以为企业社会责任精神的培育工程所用。

（3）根据目前形势，政府相关部门和行业协会应加紧组织对 SA8000 标准等国际上企业社会责任标准进行应对研究，加大培训、宣传力度，制定积极应对措施。

周燕、杨惠荣（2004）认为，加强对民营企业社会责任的培训，要让地方

政府管理部门的官员和民营企业经营者、管理者理解企业社会责任对企业发展和地方经济发展的重要意义，帮助民营企业培育社会责任的理念。要充分发挥行业协会在协调市场供求信息、提供服务等方面的作用，在带领行业企业参与国际竞争中，要凝聚整个行业力量应对西方国家贸易保护主义，发动同行企业积极应对国际贸易领域的各种贸易壁垒，更有效地保护同行企业的合法权益；在行业内倡导企业社会责任，积极推进行业内企业社会责任的建设。

（4）建立适当的激励措施，促进企业履行社会责任。

企业永远是一个以追求经济利益为主的社会组织，这点是不变的。因此，政府在加强和培育民营企业实现其社会责任的过程中，要注重运用合理的激励措施引导企业积极履行其社会责任。

第一，对于企业产生积极外部影响的行为应该进行补贴。例如，上海市政府为解决下岗工人再就业问题，推行了“4050 工程”，政策具体规定为：①只要列入“4050 工程”，便可免除 3 年内所有的税收和各种费用。②在自己出资 50%的情况下，政府社会保障局可以用促进再就业基金作担保，帮助民营企业向银行贷款，贷款不超过 20 万元。周燕、杨惠荣（2004）认为，“4050 工程”是一次成功的尝试，充分调动了民营企业的力量来解决社会弱势群体的再就业问题，在促进民营企业发展的同时也创造了他们回报社会的机会。同样，对于企业参与环境治理、公共服务等公益性事业也应同样给予补助，促使企业能在履行社会责任的同时实现自身发展，从而增加其支持公益事业的积极性和自觉性。

第二，对企业参与公益捐赠应给予制度激励，对企业公益捐赠的行为实行减免税政策。西方国家为促进企业对公益慈善事业的参与，往往对企业的捐助行为给予免税甚至替代其他税务的优惠政策，因此，许多以企业或企业主名义建立的基金非常普遍。另外，在鼓励企业积极参与社会公益捐赠、履行社会责任的同时，还应建立保护机制，防止乱摊派、乱索取行为；在促进民营企业多捐赠的同时，不能采用“竭泽而渔”的方式，应保护企业的积极性。

如图 2 所示，假设某企业现在有进行参与慈善事业的动机，其捐助大小记为 x，其主动捐助的最小额度为 $\underline{x}$，其捐助的最高额度为 $\bar{x}$，即 $x \in [\underline{x}, \bar{x}]$。企业捐助之后还关注捐助的实际使用效率，如果实际使用效率高，则企业更有动力进行捐助。假设企业捐助的社会效益函数为 $B(x,m)$，效益大小依赖于 x 和 m，其中 m 是政府和社会对企业捐助的运作效率参数（不为企业所控制，m 越大代表效率越高），所以，企业最大效益为

$$\max_{x}[B(x,m)-x] \tag{17}$$

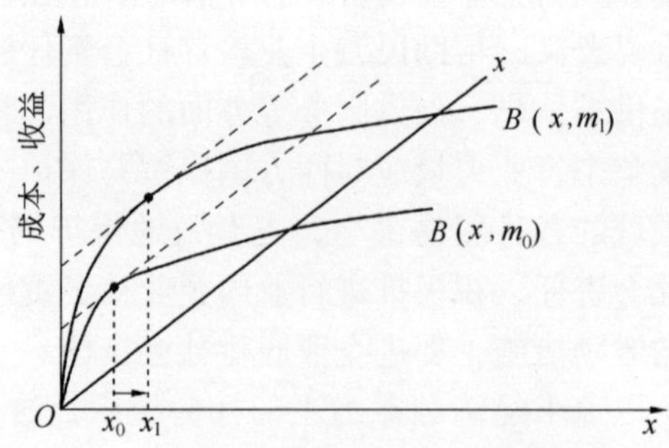

图 2　企业捐助与企业社会效益示意图

最优条件是

$$\frac{\partial B(x,m)}{\partial x}=1 \tag{18}$$

只要$B(x,m)$是严格凹的递增函数，则有最优解。假设当 m 从 m_0 上升到 m_1 后，对应每一个 x 值，有

$$\frac{\partial B(\bar{x},m_1)}{\partial x}>\frac{\partial B(\bar{x},m_0)}{\partial x} \tag{19}$$

很明显，当 m 越大时，满足最优条件的 x 就会越大。

（二）法制建设建议

（1）中国民营企业立法应当遵循保护、扶持、引导的指导思想，即保护民营企业合法权益，扶持和引导民营企业健康发展。

当前，我国对民营企业的保护和扶持固然重要，但对现实经济生活中的民营企业社会责任失范现状也不容忽视，即使当前尚未出现民营企业社会责任失范现象，我们也应防患于未然。

（2）从立法上树立民营企业社会责任理念。

完善民营企业的社会责任立法，应从理念上将民营企业追求利润最大化的一元化目标和民营企业承担社会责任追求社会效益的目标相结合。因此，《公司法》、《中小企业促进法》等相关法律中应当增加公司和企业承担社会责任的概括性规定，尤其是应明确使用“社会责任”这一概念，以此来指导其他法律、法规中分别规定的企业实体性社会责任。

（三）民营企业道德建设建议

企业社会责任的道德调控是指企业的自我道德调控，亦指企业从道德的角度对自身经营思想、生产和营销行为进行的规范、约束和控制。它是企业的一种内在的、自觉的行动。

民营企业应树立正确的营销观念，促进企业道德形象建设，制定伦理型生产战略，具体而言包括以下几个方面：

1. 树立社会市场生产、营销观念，增强企业社会责任感

企业要加强道德伦理建设，要从社会大众的利益出发，在追求利润时，不能损害他人和社会的利益，要遵守国家法律、法规以及行业的相关规章制度；要把社会责任建设作为企业生存和发展的目的之一，要自觉履行应尽的义务；要通过服务于社会来谋求自身的生存和发展。

2. 加强企业道德形象建设，建立道德型企业

熊元斌、张丽华（2000）认为，树立企业道德形象有利于促进企业与利益相关者之间的关系，促进企业的发展。企业要适应社会“白热化的道德压力”，以塑造“道德人”为目标，在生产营销活动中，讲诚实，守信用，开展公平交易、公平竞争，使企业在社会公众心目中具有良好的道德形象，真正成为一个深受消费者欢迎的“道德型”企业。

3. 制定伦理型生产、营销战略，重视道德因素在企业决策中的作用

20 世纪 70 年代以来，西方企业界越来越重视伦理道德因素在制定企业营销战略和进行决策中的影响。如美国学者爱德华·福瑞曼和丹尼尔·R·吉尔伯特（Edward Foreman，Daniel Gilbert，2003）说：“所有的公司的战略几乎都要涉及道德问题。我们必须把伦理置于公司战略讨论的中心位置。”他们指出：“寻求卓越就是寻求伦理。”这要求企业在制定生产和营销战略时不能只考虑利润因素，更要重视道德伦理因素，将生产和营销战略同具体的社会道德、社会伦理紧密结合起来。

4. 重视对生产、营销活动的监督，加强对非道德行为的控制

市场营销活动涉及生产、流通到消费等多个领域，影响面非常之广。因此，要加强对企业的生产、营销活动的全方位的监督管理，尽量减少和消除违法行为和不道德行为的发生。企业要对生产、营销过程的每一个环节进行监督，责任到人，明确奖惩。凡是不遵守企业道德规则，自作主张而损害了企业形象、企业利益的当事人，都应受到企业的惩罚。

（四）民营企业治理结构改善建议

相对于其他类型的企业，民营企业在社会责任承担方面表现出更多问题，其深层原因与民营企业的治理结构密切关联。改善民营企业的治理结构不仅有

助于民营企业更好地承担起社会责任，更有助于民营企业做大、做强，而且两者之间也是相辅相成的。

1. 在明晰民营企业内部产权的基础上，优化民营企业的股权结构

民营企业股权结构相对单一，在发展过程中其必须吸纳广泛的社会资金，如职工持股、引进战略投资者等，这在本质上是民营企业发展的必由之路。股权结构的分散化也使其能够更好地反映员工、关联企业、社区等广泛主体对企业的利益诉求，这将使民营企业在追求利润增长的同时能更好地承担起社会责任。

2. 调整董事会的结构，增加代表社会利益的独立董事

独立董事的存在有助于民营企业决策时能够更好地反映社会对公司的期望，如规诫民营企业采取诚信的经营行为，鼓励民营企业参与社区公益活动、社会环保和文化事业等，在一定程度上减少民营企业的急功近利行为。改造监事会，充分发挥监事会的监督职能，防止企业经营活动中的外部性，使民营企业更好地承担起社会责任。

3. 建立完善民营企业高层管理人员的长期激励约束机制，防止高层管理人员采取短期投机行为

通过授予高层管理人员股票期权，激发高层管理人员的责任感，使其在经营活动中能更加关注企业的可持续发展。如果企业是从长期生存的角度来看待其生产经营活动，承担社会责任、塑造良好企业生存环境对于企业发展所具有的积极意义则会更容易被充分认识。

总而言之，广东民营企业家必须逐步认识到，发达国家企业日益重视承担一定社会责任的现象，一方面体现了时代对企业具有更加广泛的要求，另一方面也表明了承担一定社会责任和企业自身发展之间具有一种内在的联系。民营企业家应不断提升自己的综合素质，采用一种更加广远的视角、更加阔大的胸怀、对社会更加负责的态度来经营自己的企业。承担一定的社会责任不仅符合时代发展的要求，更为民营企业自身的成长壮大培植了深厚的土壤。

参考文献

[1]Milton Friedman. The social responsibility of business is to increase its profits [J]. New York Times Magazine, 1970, September 13.

[2](美)乔治·斯蒂纳(Georg A. Steiner),约翰·斯蒂纳(John F. Steiner). 企业、政府与社会[M]. 北京:华夏出版社,2002.

[3]Bamford J.Changing business as usual [J]. Working Woman,1993.

[4]Global Ethics Codes Gain Importance as a Tool to Avoid Litigation and Fines[J]. Wall Street Journal,1999.

[5]李丽萍,段淳林 . 论民营企业的发展与企业的社会责任[J]. 海南大学学报:人文社会科学版,2003(2):152 - 162.

[6]周燕,杨惠荣 . 现阶段我国民营企业的社会责任困境与政府应对[J]. 乡镇企业研究,2004(4):26.

[7]黄安平,卢方卫 . 浅议民营企业社会责任管理[J]. 兰州学刊,2004(05):215 - 216.

[8]熊元斌,张丽华 . 论企业社会责任及其道德调控[J]. 中州学刊,2000(9):30 - 33.

[9]秦海霞.社会学视角:民营企业的社会责任与道德市场的形成[J]. 营销学苑,2006(8):24 - 26.

珠三角“民工荒”与广东企业社会责任建设

一年一度的民工潮给人们留下了难忘的记忆，但2004年春季以来，广东省特别是珠三角地区爆发的“民工荒”，使得众多劳动密集型企业措手不及。直到现阶段，“招工难”、“用工紧”等问题仍然十分严峻。劳动密集型产业作为广东省的支柱产业之一，在广东省对外经济贸易中占据着相当重要的地位。民工短缺必然使得众多外向型企业生产能力不足，不能按照订单和合同及时出货，更为严重的是将会导致其丧失赢得订单的信用和能力。珠三角喧嚣了20多年的“民工潮”第一次被“民工荒”所取代，大量招收生产工人成为珠江三角洲一些企业的头等大事。据中国劳动与社会保障部的报告显示，2004年珠三角民工缺口200万人，缺工比例为10%，其中深圳缺工40万人，东莞27万人。至2006年，“民工荒”现象仍然存在，珠三角企业用工形势严峻，工人缺口在100万人以上，仅深圳的缺口就在30万人以上，而东莞情况更加严重。其中，制造业、建筑业、餐饮服务业、物流配送业、加工业等严重缺工①。

2004年7月26—31日，广东省劳动与社会保障厅职业介绍中心共派出4个调研小组，赴佛山、中山、深圳、东莞、惠州、汕尾、清远、河源8市调研。以招工难和技工缺口问题比较突出的306家企业为调查对象，摸查广东真实的用工结构和状态，对企业招工难和技工缺口问题进行了初步的判断和分析。调查显示，有128家企业反映有技工缺口，缺口数为1.8万人；有166家企业反映招用普通工比较困难，对普通工的需求总数为8.7万人。在需求方面，最集中的大多是一些扩建或新建的劳动密集型企业和一些中小型加工企业，其中近8成需求18—25岁年龄段人员；性别方面，78.09%的企业要求女工。缺工的企业除了招女工难及招高级工以上的技工难之外，脏苦累、收入低的活儿招工难。在8市调查中还发现，规范、信誉较好的大企业招用普通工比

① “民工荒”向中国劳动力成本优势发出警告.2006-04-07. http://www.hr28.com/news/newsdetail.asp? id=3100&xwfl=1

较容易，相反，一些平时不注重保护员工权益、追求短期效益的企业则受冲击较大。

事实上，“民工荒”现象并不仅限于珠三角，长三角、福建等沿海地区劳动密集型企业大都发现，工人不像以往那样好招了。一时间，“民工荒”成为中国社会的关注焦点，不仅企业叫苦不迭，政府机关、社会舆论都显得措手不及。

一、广东地区“民工潮”到“民工荒”的历史变迁

1.“民工潮”产生的历史背景

改革开放特别是20世纪80年代末以来，随着沿海经济特区的开放和各大中城市的快速发展以及各种限制农村劳动力流动政策的解除，农村剩余劳动力开始大规模流向城镇务工经商，农民工如同潮水般在城乡之间流动，即我们俗称的“民工潮”现象。早在2003年，温家宝总理答记者问时就已公布进城的农民工达到1.21亿左右。而根据2005年全国1%人口抽样调查主要数据公报显示，全国人口中流动人口达到14 735万人，其中，跨省流动人口高达4 779万人。“民工潮”形成之快，规模之大，为世界瞩目。

从西方发达国家的发展经验来看，一个国家的现代化过程就是工业化和城市化过程，就是农村人口向城市迁移和集中的过程。而我国之所以在20世纪80年代末形成以“民工潮”为代表的大规模人口流动现象，除了上述客观发展原因之外，还有其深刻的社会历史和经济原因。一方面，改革开放以来，劳动密集型产业在沿海地区和经济发达城市特别是珠三角和长三角地区得以快速发展，廉价劳动力的需求日益膨胀，这是“民工潮”形成的重要拉动力量；另一方面，我国的农民收入持续低速增长，物价上涨，城乡收入差距日益扩大，进城务工成为众多农民的现实选择，这是“民工潮”形成的直接动因；此外，政府适时调整农村劳动力流动就业管理政策，这是“民工潮”形成的体制性原因。

“民工潮”的涌现和发展，对沿海地区的经济发展作出了巨大的贡献。结合广东省特别是珠三角地区的情况来看，正是由于广大农村廉价劳动力的不断输入，才使得劳动密集型产业得以迅速发展，以低成本和低价格在世界经济舞台上赢得区域竞争优势。

2.“民工潮”中的“民工荒”现象

“民工潮”现象到了近两年却忽然出现了转折，广东地区尤其是珠三角地区多数劳动密集型企业遭遇了“民工荒”现象。据劳动和社会保障部2004年

9月上旬发布的《关于民工短缺的调查报告》，沿海一些城市的用工需求和应聘比率为10.8:7，在珠三角、闽东南、浙东南等加工制造业地区，企业缺工估计10%左右，仅东莞就短缺民工约27万人，深圳约40万人。

在中国这样一个农村剩余劳动力高达2亿以上的劳动人口大国，民工竟然成了紧俏商品，这使得众多企业不知所措。“民工荒”现象的出现，给广东地区劳动密集型产业带来了一个危险的信号，这种以廉价劳动力换来的低成本国际比较竞争优势似乎正在逐渐削弱甚至丧失。尽管当前“民工荒”现象所产生的危机尚未像一些媒体所渲染的那样严重，但“民工荒”问题作为一种新的经济现象和社会现象却是客观存在的，而这当中必然有其特定的社会背景和原因，笔者将结合广东省特别是珠三角地区的实际情况来进行深入的分析。

二、广东“民工荒”产生的原因分析

我国一直以来是劳动力大国，9亿左右的农民更被视为“用之不竭”的劳动力之源。2004年珠三角一带爆发了改革开放以来第一次“民工荒”，从而引起了各界的广泛关注。据统计，由于这次“民工荒”，珠三角很多民营企业遭受了重大打击，某民营企业因招不到员工损失了美国方面2/3的订单，损失金额数百万元。是什么使得成千上万的空缺岗位与上亿的农村剩余劳动力之间形成了断层？其中需要关注和警惕的是什么？

广东省近年出现“民工荒”的原因，在很大程度上是因为近10年来珠三角一带民工工资一分未涨。工资低、生活差、消费高这三大因素，使得这些民工宁可“闲在土地上”，也不愿意进城打工。广东省一些地方之所以出现劳动力短缺，成为农民工就业路上并不看好的风景，关键在于这里的外来工权益得不到确实保障。在“民工潮”涌动初期，它们还能借地区间的巨大收入反差形成“洼地效应”，以较低薪酬吸引外地民工；当贫困地区经济发展到一定程度后，发达地区仍以寥寥的工资作为招聘大旗，忽视民工在政治、经济、文化权益方面的合理诉求，遭到冷落应是一种必然的“报应”。

谁也不能否认，不少发达地区经济的快速发展，是建立在大量外来劳动力“廉价”的基础之上的。当这种“廉价劳动力”长期得不到价值提升时，势必会遭到强劲反抗。对于突然爆发的大面积“民工荒”，正是民工对长期的不公平待遇表示不满的结果。它带给很多企业的教训是，只有善待员工，才能留住包括农民工在内的所有职工；一味把财富建立在无限廉价劳动力之上，注定要受到惩罚。

广东省部分地区出现的"民工荒"现象折射出广东省劳动环境的以下几点不足。

（一）部分企业漠视人的社会属性，过度追逐利润

作为生产力中最活跃的因素——人具有双重属性，即自然属性和社会属性。如果企业片面强调自然属性的"经济人"的作用，把人简单地当作资源来利用，而忽视人的社会性，对"自动人"、"复杂人"的作用视而不见，任意侵害员工权益，那么"民工荒"问题只不过是企业面临更大危机的前兆。当前，许多企业关注的是成本和利润，仅把人视为一种创造财富的"工具"，对劳动力资源进行"掠夺性"的"利用"。不是克扣、拖欠工资，就是任意裁员，更有甚者打骂体罚员工，造成人员伤亡事故，性质恶劣，影响很坏。资料显示，进城打工的农民工平均死亡率大约为1.5%，伤残率大约为5%[①]。漠视人的社会属性，不但深深地伤害了员工的感情，而且也损失了企业利润，制约了企业的长期发展，更影响了地区的形象。另据《2005年城市竞争力蓝皮书：中国城市竞争力报告No.3》显示，与前两年相比，珠三角地区的城市竞争力有所下降。

企业要生存、要发展必须有钱，必须追求利润最大化。但赢利并不是企业的最终目标，不能只为钱而存在，而应当承担起一定的社会责任，将企业内外人的精神发挥起来，让工作变得更有意义，这才是企业的核心价值观，也是企业得以长期发展的驱动力。当前，许多企业为了追逐利润最大化，不惜在人力资源成本上打"坏主意"，动"歪脑筋"，搞一些短期行为。比如，随意降低工资标准，随意延长工作时间，忽视员工安全防护，漠视造成的环境污染等，以种种人为因素造成员工工资低、生活环境差、安全无保障等，最终迫使员工选择逃避，对这些"黑心企业"、"无良公司"恨而远之。据广东省人力资源管理协会的调查，在珠三角地区，92.04%的企业存在加班，近7成的企业每周加班时间超过10小时，有的甚至达到28小时[②]。而高强度加班的同时是低廉薪酬甚至拖欠工资。据国家劳动和社会保障部2004年联合调查资料显示，全国各地城市工人的工资，扣除物价上涨因素，以每年平均6%左右的幅度在增长，而珠三角农民工工资却几乎是固定不变。在1992—2004年间，也就是

---

① 郭松民．企业也是公民．光明报业集团－光明观察．2004－09－21．
http://guancha.gmw.cn/2004－9/21/2434001.htm

② 资料参考：耐克"包身工"．
http：//www.businesswatch.com.cn/Html/gov/0632915220414734.html

“民工荒”爆发之前的12年间仅提高了68元，在猪肉或大米的价格已涨了3倍以上，公务员的工资涨了5倍以上的情况下，民工实际工资水平停滞不前甚至有所下降。自2004年“民工荒”发生后，各地开始积极应对，政府大力引导企业提高民工待遇。2006年最新公布的城市、地区最低工资标准（2006年9月开始执行）中，珠三角最发达的深圳地区为月薪810元，广州为780元，珠海、佛山、东莞、中山为690元（上海目前实行的月最低工资标准是690元）。但需要说明的是，这690元不包含个人应该缴纳的社会保险费。也就是说，企业必须保证员工拿到690元的最低收入，同时还要相应支付个人应缴纳的社会保险费。而深圳市的每月810元的月最低工资标准包含了员工拿到手的收入和需要缴纳的社会保险费，这在概念上是有区别的。

2005年，在声称缺工的广东企业中，超过9成的企业存在不同程度的加班，近3成企业存在拖欠工资现象。深圳某电子技术有限公司在2005年3月一个月内，迫使116名工人人均超时工作123.44小时；佛山市某鞋业有限公司拖欠1 700多名工人工资高达480万元；佛山市某陶瓷公司拖欠1 145名工人和部分管理人员工资共344万元，欠缴539名工人社保17万元；珠海市拱北某保健按摩中心违规收取押金，非法扣押证件，引发员工罢工、集体上访……[①] 在中山大学2005年进行并完成的《农民工比较研究调查报告》中提到，珠三角的民工被问到在企业打工期间是否有“限定吃饭时间”的经历时，有51.4%的被调查者回答“有”。受访者中，有2.0%曾被管理人员殴打，8.7%曾被搜查，5.3%曾被怀疑偷窃，18.9%感到“受歧视”。

（二）全国经济持续发展，导致对民工需求量增加

据各方面的统计显示，农村劳动力的输出总量并没有因为用工条件的“恶化”而出现明显的下降。2004年以来经济发展出现热潮，推动了劳动力需求量的骤然增加，是造成农民工短缺的又一个主要原因。另外，农民工的居住环境、就业条件以及流动障碍也构成了对劳动力流动的约束。年年在广东和长江三角洲打工的农民工有几千万，但他们像候鸟一样，飞来飞去，难以融入发达地区的工业化和城市化进程中去，城市无法建立劳动力蓄水池，当出现大量用工需要时，农村的富余劳动力由于时间和空间上的距离一时无法满足用工企业的需求。当然，去年国家出台一系列扶持“三农”的政策和农产品价格上涨，

① 拖欠工资 超时加班 广东曝光“血汗工厂”名单．新华网，2005－12－13．http://news3.xinhuanet.com/society/2005－12/13/content-3915309.htm

刺激了农民种田的积极性，这也可能是造成 2004 年以来广东省多个地区出现“民工荒”的另一重要原因。

在供求关系发生微妙变化的情况下，“劳动环境”问题很快表现出来。有了更多选择的农民工抛弃了那些强度大、工资低的企业，这类企业在“民工荒”中为此前的行为付出了最大的代价。福建、广东都是民营经济起步比较早的省份，这么多年过后，当地经济发展水平和物价水平都有了很大提高，可是民工的薪酬水平没能得到同步的提高，这与民工希望工资不断上涨的预期相违背。造成这一现象的原因，很大程度上在于中国民营经济中劳资双方缺少必要的沟通和协调的渠道；同时，近两年来，上海、苏南等地都在积极推行一些保障民工利益的措施，比如民工保险、民工子女就学，使整体就业环境得到改善，导致民工群体向更有吸引力的这些地区流动。在外力因素作用下，广东省突然爆发的“民工荒”也就不难理解。“民工荒”实质上反映了民工对当地劳动用工环境的一种深深的失望。下面用模型说明员工待遇改善对企业的益处。

假设某一企业的最优生产组合是资本量 K 和劳动力数量 L，我们考察一个两期模型。在企业本期雇佣的劳动力数量 L 中，会有 $q(\omega)$ 的比例在本期期末辞工离开该企业，比例高低与该企业提供的工资率 ω 成反比。企业为了第二期能够正常生产，必须重新招收 qL 的劳动力，而每招收和培训一个新工人会发生成本 t。为了简单起见，假设无折现。因此，两期内企业的总利润为

$$\Pi = AK^{\alpha}L^{1-\alpha} - \omega L - rK - tq(\omega)L + AK^{\alpha}L^{1-\alpha} - \omega L - rK \qquad (1)$$

企业选择最优的工资率 ω^* 来最大化利润。解一阶最优条件得

$$q'(\omega) = -2/t \qquad (2)$$

当 ω 为 0 时，$q(\omega)=1$；当 ω 达到一定程度时，$q(\omega)=0$,具体如图 1 所示。假设现在外部务工环境改善（例如长三角地区待遇提高），民工期望就会发生改变，从而导致实际的 $q(\omega)$ 曲线外移。因此，企业将不得不调整（提高）最优工资率。

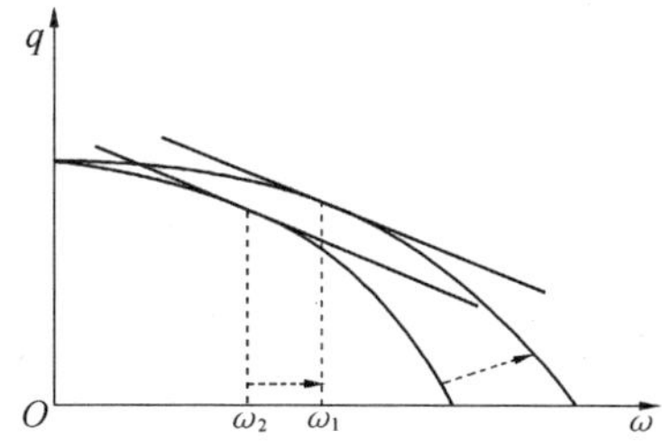

图 1　外部务工环境改善与工资率调整的关系

由上面分析可以看出，随着总体经济水平的不断提高，企业为了长远发展，必须跟随形势改善职工的待遇，否则遭到损失的只会是企业自身。

（三）民工自身需求层次提高

现在外出务工的农民工大多是20世纪80年代中期出生的新一代农民，文化素质较高，有较强的维权意识。广东省总工会对外来工生存状况调查发现，在被调查对象中，41.8%的人认为赚钱是外出务工的首要目的；而36%的人认为，他们外出务工后的最大收获是开阔眼界。新一代农民工更多的是把打工作为开眼界、找机会的手段，稳定就业和自我发展是其外出选择工作时最注重的两个问题。

农民工维权意识日趋增强，随之而来的就是劳资纠纷增多。2005年全国各级劳动争议仲裁委员会共立案受理劳动争议案件31.4万件，涉及劳动者74.4万人，其中广东6.12万件，位居全国第一[①]。有时，农民工为维护自己的权益甚至会发生过激行为。2004年10月6日，深圳某电子厂3 000多名员工因为不满工资过低、加班时间过长等问题，采取了集体堵路的方式讨说法，他们称工厂每月只给员工底薪230元，每天要工作12小时，每小时2.1元钱，不包吃住，称企业剥削了他们的劳动。堵路事件造成深圳市内北环大道双向交通及附近交通要道瘫痪4小时之久。此事件引起了社会的广泛关注，经深圳市政府有关部门深入调查发现，该工厂存在5项劳动违法问题。鉴于此，劳动部门给该工厂开出了一张196万元的罚单，同时，带头堵路的两个工人也受到拘留15天的治安处罚。

（四）针对农民工的社会保障制度欠缺

社会保障制度须贯彻的一个原则就是公平，但是中国从二元户籍制度制订的那一天起就相应地形成了二元的社会保障制度。各种保险、福利以及相应的公共服务都是与户籍捆绑在一起的，只有具备城市户口的人，才能享受城市所提供的养老、医疗、失业、工伤及住房、教育等相关福利。由于中国特殊国情的存在，进城的农民工显然享受不到这些福利与服务。有的学者甚至认为“民工荒”的成因在于“权利和利益荒”。经济学家舒尔茨（Schultze T.，1964）曾指出，农民也是理性的“经济人”。农民工经过精心计算后往往会发现，去

---

① 中华人民共和国劳动和社会保障部.2005年全国劳动争议案件处理情况.http://www.molss.gov.cn/gb/ywzn/2006-06/08/content-119054.htm

工厂打工所获得的净收益，还不如待在家里务农或搞点小生意所获得的净收益高，于是他们就会选择回家而不去工厂打工。事实也是如此，城镇居民不仅占有好的职业，而且还能享受“从摇篮到坟墓”的各种社会保障。相反，农民工虽然进了城却难以享有同等的保障待遇，自己却承担着所有生老病死的风险；有时甚至连基本的劳动保护也没有，辛苦打工一年，工资都无法领到。

从社会保险来看，目前我国社会保险主要有五大类：养老、失业、医疗、工伤、生育。据调查，农民工在这五方面的参保率分别只有33.7%、10.3%、21.6%、31.8%和5.5%，至于企业补充保险、职工互助合作保险、商业保险的参保率就更低，分别只有2.9%、3.1%和5.6%。专家学者们普遍认为原因主要包括下列四个方面：一是政府社会保障制度安排的缺陷，城乡不对接；二是保险基金的区域统筹与农民工的跨省流动之间存在尖锐冲突；三是企业以追求利润最大化为生产目的，不愿意为农民工参保缴费；四是农民工自身的因素，有些人更在乎的是眼前实实在在的经济利益，宁愿企业为他们支付更多的工资，而不愿意花钱参加保险。

从社会福利看，黄秀玲、吴再发（2005）认为，目前农民工最突出的问题主要有三方面：一是住房，农民工是无缘享受福利分房或在政府提供补贴情况下购买商品房的。走进工地，就可以发现农民工的“棚户区”，几块帆布、几根竹竿或者用简易的废旧材料搭建一下，撑起的就是他们的家。二是劳动时间上，农民工的劳动根本谈不上什么劳动保障。如东莞一家制鞋厂的工人曾经向当地劳动部门投诉，他所在工厂每天要求他们工作16～18个小时，并且要忍受极难闻的气味，而每月工资只有350块钱。三是子女的教育福利，占88.4%的人表示农民工子女在城市中就学有困难，而最大的困难还是“借读费用太高”。至于诸如最低生活保障的社会救助等其他社会保障权益，他们更是无法享受。

三、“民工荒”与企业社会责任

（一）企业社会责任、民工荒与劳资关系

在社会学上有一个肥鱼理论，生动地描述了“民工荒”现象的发展和结果：大鱼吃小鱼，小鱼吃虾米，曾是商界的普遍规律，但其存在的前提是大鱼、小鱼和虾米一个也不能少。有大量小鱼、虾米生存的空间，才有大鱼的生存空间。而大鱼一旦吃光了池塘里的小鱼、虾米，自己成了一条肥鱼，池塘里

什么食物也没有时，大鱼的死期也就到了。按照这种理论，易水寒（2004）认为，广东省一些企业为“农民工”支付的薪酬和福利，已经不足以满足他们基本的生活和再生产需求的时候，也就是广东或中国企业劳动力成本优势终结的时候。20世纪90年代，耐克公司在越南的外包工厂爆出了虐待员工的丑闻，导致耐克公司陷入了长达10年之久的危机漩涡。在这期间，耐克遭到了来自欧洲和美国民间各种行业协会、劳工组织、人权组织、新闻媒体等一轮又一轮的舆论攻击和抵制，使耐克这个用巨资堆砌起来的品牌蒙受了巨大的损失。2003年，营业收入总量连续两年位居世界500强之首的沃尔玛，因其在东莞的某供应商压榨劳工事件受到美国全国劳工委员会的调查，在美国消费者中引发“沃尔玛信誉危机”，部分消费者甚至抵制沃尔玛产品。阿克曼和鲍尔（Ackerman，Bauer，1976）批判早期企业社会责任的定义中过于强调企业承担社会责任的动机而忽视其实施。他们建议企业采取三方面的行动对社会进行回应，即监控和评价外部环境条件，关心利益相关者的要求，设计一些计划和政策以回应不断变化的环境及利益相关者的要求。

一些欧美企业，特别是希望从这种公关危机中尽快脱身的企业，开始了一场以社会责任和社会道德为中心的自我约束行动，如耐克、阿迪达斯等，都公布了自己的业务准则和道德规范，大多数公司的行为准则中都承诺，要保护劳工的基本核心权利。沃尔玛在危机发生后，因超时工作而被叫停的供应商达400家，更有72家因使用童工而被永久列入黑名单。

企业持续赢利来自良好的社会环境，而社会环境的改善则进一步促进了企业的发展。这是企业社会责任推行的一个基本原则。而劳资关系更是如此，良好的劳资关系可使工人对企业的发展产生责任感。易水寒（2004）还认为，提高员工满意度，可以最大限度地减少管理和监督成本；能够提高员工工作效率，使生产企业大幅提升良品率；可以减少员工跳槽频率，缩短员工自我提升的时间，使其尽快发挥出作用。相反，劳资关系紧张，则会导致企业管理成本大幅上升，生产浪费严重。因此，出于企业自身发展的需要和对社会发展的需求，“企业社会责任”运动自20世纪90年代起，已逐渐成为风行世界的一股热潮。

（二）“民工荒”对企业社会责任的激励

“民工荒”的出现对企业的社会责任建设敲响了警钟。倡导企业社会责任，并非简单地要求企业做好事，其最终目标是“建立一个平衡发展的和谐社会”。企业在市场竞争的环境中，从价格竞争转变为综合服务、品牌、社会责任的战略竞争，通过引导企业认识社会责任，体现对社会发展的主体“人”的关怀，在使企业自身竞争优势得到提升的同时，与社会产生良性互动。一个没有社会责任意识的企业不可能永续经营，而一个企业普遍缺乏强烈社会责任意识的社会，也不可能健康和谐地发展。

经济的发展和社会的进步呼唤有社会责任心的企业。我们强调企业要有社会责任心，并非高不可攀的苛求，而是依法办企业的基本要求。我国《劳动法》、《安全生产法》、《最低工资标准》、《工会法》等法律、法规中对企业的相关责任都有明确的要求和规定。企业要真正负起社会责任，一方面企业领导要以社会为重，恪守“以人为本”的经营理念，认真执行国内相关法律、法规；另一方面，有关部门也必须切实负起责任，积极宣传推动《劳动法》、《环境保护法》、《安全生产法》等相关法律、法规的贯彻执行。同时，采取有力的奖惩措施，加大企业违反社会责任的成本，提高其遵守法律、法规的自觉性，使更多企业成为推进经济社会和谐发展的优秀企业。

2004 年，肇庆市 26 家民营企业联合发出“社会责任承诺宣言”，向社会公开承诺“实业报国、诚信经营、善待员工、保护环境”等。在“善待员工”的宣言中，就有如下承诺：①不使用童工；②积极创建条件，为员工提供一个安全、健康的工作环境和生活环境；③尊重员工人格和保障员工合法权益，关爱员工，促进劳资关系的和谐稳定；④不要求员工超时工作，保证员工的法定休息时间，每月加班时间不超过 36 小时，且应保证加班能获得加班费；⑤在员工提供了正常劳动的情况下，支付员工的工资不低于当地的最低工资标准，不拖欠员工工资。

肇庆市这 26 家民营企业公开发布“社会责任承诺宣言”，这在全国是首例。这是建立新型现代企业制度、协调企业主和员工关系、打造企业形象的必由之路，是实现社会、企业、员工三方得益的高明之举，是建设和谐社会、营造和谐广东的具体实践，更是一种企业自信、负责的表现。

履行企业社会责任有助于提高企业的经济效益，我们利用下面的模型加以分析说明。假设企业的总收益是 x，不同的 x 对应不同的效用 U，假设 U 是关于 x 的严格递增的凹函数，即企业是风险规避者。之所以如此，原因很多，例如企业生产具有固定成本，如果 x 太小，则固定成本分摊到每单位产品上就比较大，每单位产品总成本比较大，企业往往陷入亏损，而 x 较大时则可以避免这种情况的发生。假设企业在实际生产中面临各种不确定性，所以，实际实现的总收益是不确定的，可能是一个低值，也可能是一个高值。假设在企业作出社会责任承诺前，企业以 0.5 的概率得到 x_1 和 x_2，即得到 $0.5x_1 +$

$0.5x_2=x_5$，相应的效用为$U(x_5)$。而企业作出社会责任承诺后，情况发生了变化，企业以一个小于0.5的概率P得到x_3，以$1-P$的概率得到x_4，其中$x_3>x_1$，$x_4>x_2$，$x_6=Px_3+(1-P)x_4$，效用为$U(x_6)$，大于$U(x_5)$（见图2）。因此，企业作出社会责任承诺后，企业可能得到的收益变大了，并且得到高收益的概率也增加了，因此期望总收益也增加了。尽管作出相关承诺会带来一些成本，从而带来负效用，但是能够作出此类承诺的企业一般能够以较低成本去完成这些承诺，所以，负效用相对较小。这对企业和社会都是有益的行动。

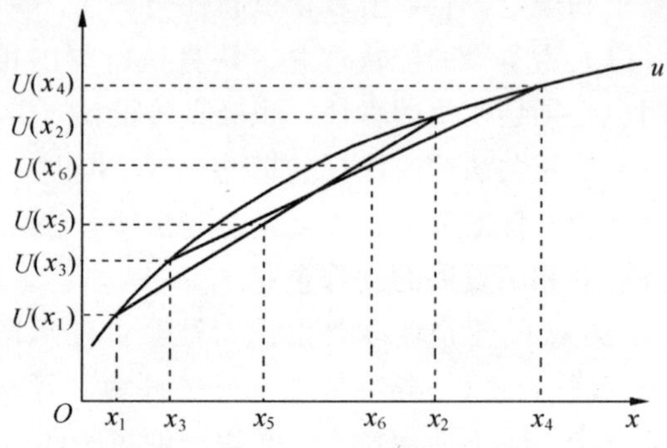

图2　企业效用与企业总收益示意图

企业不仅仅是挣钱的机器，还应该是追求利润与承担社会责任的共同体。一个只讲挣钱的企业，与当今“以人为本”的社会主流文化是格格不入的，最终要被社会唾弃。尤其是那些不能善待员工的企业，不可能有一个好的企业形象，也不可能有一支稳定的员工团队，更不可能做出一个家喻户晓的品牌。中国500强、世界500强，有哪一家企业是靠恶意拖欠、克扣员工工资或超时加班加点等手段把企业做强做大的？珠三角遭遇“民工荒”，与一些企业缺乏社会责任、不善待员工有很大关系；珠三角不断出现员工以过激方式维权的现象，也是一些企业缺乏起码社会责任导致的恶果。

四、基于企业社会责任理念的“民工荒”对策

珠三角部分地区的“民工荒”给广东省政府和企业界敲响了一次警钟，广东经济的“飞速”发展，不能建立在大量外来劳动力的“廉价”上。当这种“廉价”长期得不到价值提升，势必会遭到强烈反抗，最终会影响本省经济的可持续发展。

企业社会责任有市场行为、监督行为、自愿行为三个基本要素。企业社会

责任的市场行为是企业通过竞争的市场所体现的社会责任，这个行为始终处于企业社会责任的支配地位。企业的生存和发展要在竞争的市场中实现。企业要发展，就要扩大生产规模，就要扩大招聘员工，这就扩大了社会就业，企业追求利润的不断扩大，就为政府增加了税收。因此，对企业社会责任的最大检验是市场行为。企业社会责任的监督行为是企业的经营行为必须符合政府和国际组织的规则、社会契约的规定。20 世纪后期监督行为在美国等发达国家受到重视。企业社会责任的自愿行为是企业自愿去承担不完全社会契约的要求。这些不完全社会契约由于受到社会条件的限制，不能在社会契约中确定下来。企业社会责任的自愿行为主要表现为两个方面：第一，超越法律的要求；第二，社会舆论的要求。社会舆论对企业社会责任起到一种监督作用。企业社会责任要求企业对社会舆论作出积极的反应，如对慈善团体机构的捐献、提高成人教育水平等。

基于企业社会责任理念的“民工荒”对策，可以从以下几个方面着手：规范企业的市场行为；重视强化监督行为；大力倡导自愿行为。

（一）政府加强引导，在全社会形成强化企业社会责任的氛围

首先，政府应该关注企业社会责任运动的发展，加强对企业社会责任知识的研究、宣传、培训和普及工作；要在企业中大力宣传、倡导诚信观念，加强诚信教育，普及诚信知识，使社会各行各业充分认识到诚信的价值，认识到恪守信誉、诚实经营对企业可持续发展所具有的重要意义。支持企业改善劳工条件，并在必要时提供培训、资金等方面的资助。

其次，积极参与社会责任认证标准的制定与完善。政府应组织力量对企业社会责任方方面面的内容进行研究，同时举办各种层次的培训班，使企业的管理层认识到其应承担的社会责任，使企业的员工认识到自己应享有的权利。广东省社会科学院已经成立了全国首个专门研究企业社会责任的省一级学会——广东省企业社会责任研究会，并已开展对企业社会责任问题的研究。类似这样的学术机构和社会团体，有关政府部门应给予大力的支持。

（二）推行最低工资制度，建立企业社会责任监督机制

从政府部门的角度来看，本来制定最低工资标准是针对劳动力的最低限价，并且经常是政府作为帮助有工作的穷人的一种手段，如果最低工资高于市场决定的工资水平，必然会导致劳动力剩余。但问题的关键在于政府部门制定的最低工资水平如果低于或略高于城市的基本生活成本，农民工是不能接受的。劳动力成本优势只能是国别之间的比较优势，不应再成为国内各地方政府

招商引资的筹码。这就要求相关政府部门一方面要稳步提升最低工资标准，逐步与国际接轨，并有效监督企业的实施情况；另一方面要组织专门机构研究劳工保护方面的企业社会责任运动发展状况，结合中国国情建立本土化的劳工保护企业社会责任管理体系，使得相关的劳动最低薪酬与福利标准与大部分劳动密集企业的实际承受能力相吻合，以降低劳动成本的骤然增加带来的严重威胁。

无论对于企业还是政府部门，都应当把民工的薪酬和福利待遇标准与国际接轨作为基本的发展目标，以承担起最根本的社会责任。只是这个过程应当是一个循序渐进的过程，应将当地的实际情况和社会发展情况相结合，但承担社会责任这样一种最根本的意识必须树立起来。

建立企业社会责任监督机制，就是要强化企业承担社会责任的监督行为。一是法律监督。要明确法律是企业社会责任监督机制的根本保证。政府应从维护社会利益和保证社会发展的需要出发，以社会公众利益代表和社会公共管理者的身份，以立法的形式和行政政府权力的形式，建立规范企业社会责任的法律和法规体系，这是形成企业社会责任监督机制的基本前提和保证。二是社会监督。要加强社会对企业承担社会责任的监督，充分发挥新闻舆论、行业协会、国际组织的作用，形成多层次、多渠道的监督体系，以完善企业承担社会责任的社会环境。企业社会责任的监督机制是以法律监督为基础、与社会监督相结合的监督体系。

（三）注重民工技能素质的提升，促进产业结构升级和民工权益协调发展

以SA8000类似的社会责任标准在国际社会的推行，已是国际企业社会责任运动发展的基本趋势。对于广东地区劳动密集型产业来说，产业转型和产业结构升级是其谋求长远发展的根本出路。产业结构升级就必然对劳动力供给方的技能素质提出更高的要求。从广东省劳动力市场的发展趋势来看，技术工人和技能人才的需求越来越大，供给缺口愈演愈烈。要增加社会技能劳动力的供给，就必然要加强对技术工人和技能人才的培养，注重民工技能素质的提升，这是当今企业乃至整个社会必须解决的难题。

从短期来看，加强民工职业技能培训势在必行。企业应当加大对在职民工的技能培训力度，为整个社会人力资源素质的提升作出应有的贡献。政府部门应当加大对企业的民工职业技能培训的扶持，对大力培养民工职业技能的企业实施税收或其他方面的优惠政策。广东地区的相关部门还应当考虑与劳务输出大省的相关部门密切合作，由政府部门牵头采取一切可能的措施把意欲外出务工的农民有组织地输送到学校或工厂进行培训，经过培训掌握必要的劳动技能

后，再引导民工劳动力的合理就业，实现供给与需求的直接对接。

从长期来看，积极发展职业技术教育是必经之路。技能型劳动力的缺乏，表明我国职业教育发展的滞后，教育结构不合理。近几年，在政府和社会的支持下，普通高校纷纷扩招，我国高等教育事业发展迅速，并取得了可喜的成绩。而我国对职业技术教育的投入增长缓慢，职业技术教育停滞不前，甚至倒退。这就出现了这样一种局面：一方面是许多职业学校在办学经费和师资力量不足的情况下举步维艰，教育水平也难以满足社会的需求；另一方面是职业教育的高昂收费是民工和贫困人口所难以接受的。作为政府部门，应当考虑教育结构的合理调整，应加大对教育尤其是职业技术教育的投入，积极引导社会力量参与职业技术教育，引导校企联合，采取由学校教授理论知识、企业提供必要的经费和实习就业机会的互动模式。只有这样，才能从根本上缓解技术工人短缺的“技工荒”困境。

（四）加强职业安全卫生和劳工管理，改善劳工条件

积极采取有效措施使企业了解并树立危机意识，自觉提高劳工标准。从某种程度说，珠江三角洲地区企业出现的“民工荒”问题不是因为政策不到位，而是因为管理不到位造成的。当今，外来务工人员的流动已经越来越理性化，政府社会保障是否比较健全是外来工选择打工地点要考虑的重要因素。对待这些问题，需要反思的固然是相关的企业，但也应包括当地政府。假如当地政府能够为外来务工人员提供良好的就业环境，或者至少能够为他们的家属和子女的安排提供便利条件，那么每年的春运民工潮可能不会出现，如今的“民工荒”也不会爆发。所以，表面上看，“民工荒”问题出在企业，但从根本上看也有政府的原因。对于政府和社会劳动部门而言，一方面要依法加强对企业生产安全的监督管理，对于重大生产事故要追究相关企业及人员的责任，对危害民工健康的企业生产行为，要督促相关企业对民工作出合理的补偿，并依据法规追究相关人员的责任；另一方面应真正落实“以人为本”的科学发展观，要不断改善民工在城市生存和就业的社会环境，逐渐在子女就学、社会保障等方面给予民工平等的市民待遇，以降低民工在务工城市的生活成本。

劳工条件的改善不能仅仅依靠企业，政府也起着关键的作用。如图 3 所示，假设社会的产品提供曲线最大前沿为 P_1P_1，产品包括公共品和私人品，与之相切的社会效用（福利）曲线是 u_1，相切点为 A。要达到该产品提供前沿，必须是公共品的提供量刚好达到纵轴的 P_1，同时私人品的提供量刚好达到横轴的 P_1。除此以外，还需要公共品以最优的方式提供，即部分公共品不属于完全的公共品，它最优的提供方式是政府引导企业，然后通过企业提供给

社会相关得益者，而不是政府直接提供。假设该部分的数量为 P_1O-xO，如果配置方式不对，将会导致整个社会的产品提供曲线内移，私人品提供效率和可能性也会受到损害，整条曲线内移到 P_2P_2，与之相切的社会效用曲线是 u_2，相切点为 B，社会效用下降了。因此，政府和企业都应承担一定的社会责任，为提高社会整体福利作出贡献。

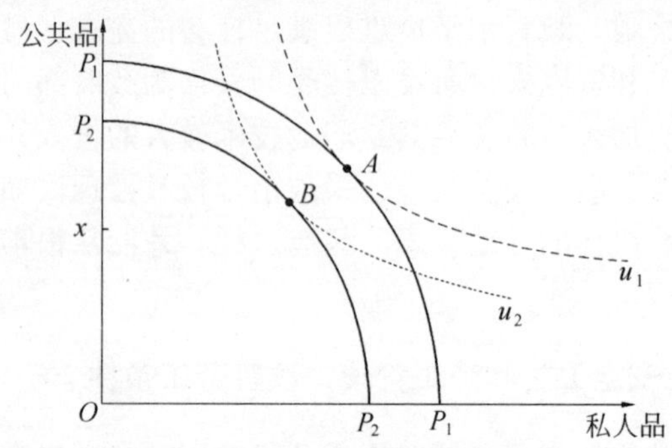

图 3　产品与社会效用示意图

对企业来说，积极改善企业员工的劳动条件和生活条件是企业应当履行的社会责任。企业履行这种社会责任既是外在市场变迁所要求的，也是企业与社会的内在改革以及文明进步所必需的。企业应当自觉维护劳动者的权益。企业要树立“以人为本”的管理理念，不断改善和提高员工的工作、生活环境，降低其外出务工的实际生活成本，主要把握以下三个方面：一是企业应当逐步提升管理水平，加强民工工作时间的稳定性，这一点对于广东地区许多外向型劳动密集企业非常之关键。民工工作时间过长和工作时间的不稳定，在很大程度上是因为企业的管理水平低下、各部门协调不畅造成的。企业管理水平的提升，一方面有利于民工工作条件的改善，另一方面也对降低企业的运营成本发挥重要的作用。二是对于部分劳动强度较大和职业风险较高的企业，一方面要加强从业民工职业防护措施的建设和防护技能的培训，另一方面要为其办理工伤保险等各项职业保险，从根本上消除从业民工的后顾之忧。三是企业应当逐步改善员工的食宿条件，丰富员工的业余文化生活。只有这样，企业员工的职业风险成本与感情心理成本才会得以降低，才会以企业为家，以饱满的热情投入到工作中去，其个人的潜能和积极性才能得到充分发挥。实际上，当代的民工已经不同于改革开放之初的民工，并不是一个单纯的“经济人”，他们更加追求社会尊重的需要。这些隐性成本的降低，对民工产生的效用可能比工资收入的增加更加明显，而对于企业来说，这些方面的改善也没有直接提升民工工资标准所带来刚性成本增加的负面影响强烈。走人性化管理的道路对于企业而言任重而道远。

（五）强化工会组织和职工代表大会的功能

改革开放以来，中国企业制度发生了变迁，国有企业数量大量减少，但产权依然不够清晰；非国有企业，特别是民营企业、“三资”企业呈现出强劲的生命力。与之相伴的是劳工地位发生了变化，工人由制度赋予的权利在减弱，一些企业的工会组织和职工代表大会形同虚设。在此情况下，政府应出台相应的政策，加强工会、职代会的功能，使之真正能够成为工人的代言人、职工意见反映的渠道。

（六）以宣传、鼓励的方式强化企业的自愿行为

一般情况下，企业在承担社会责任之初，常常感到社会责任的限制和重负以及对自身的行为构成的限制和束缚。但是，当企业把社会责任变成了自身的需要，其行为获得真正的自由时，企业决策会更为顺利地实现。这会更有利于企业把握市场机遇，增强企业的竞争实力和水平，在市场竞争中领先一步。同时，企业社会责任的自觉承担，也会大大提高企业的整体形象，增强消费者对企业的信心，进而与企业建立较为稳定和长期的合作关系，有利于企业潜在市场的开拓和发展。因此，政府应动员各种媒体力量宣传那些在承担社会责任方面表现良好的企业，让企业向社会公众和消费者展示出自己良好的社会责任形象。

参考文献

[1] (美)舒尔茨．改造传统农业[M]．北京:商务印书馆,1999．

[2] Ackerman R W, Bauer R A.Corporate social responsibilities [M]. Reston, Virginia: Re.on Publishing, 1976.

[3] 易水寒．SA8000终结中国企业的成本优势？[J]．中国财富，2004（12）．

[4] 陈淑妮，黎友焕．SA8000对缓解广东“民工荒”困境的影响及其对策．广东省哲学社会科学“十五”规划项目（批准号：03104C2－03）子课题之一。

[5] 黄秀玲，吴再发．从“民工荒”看民工的社会保障［J］．福州党校学报，2005（2）：50－53．

加强企业社会责任建设与提高珠三角核心竞争力

一、企业与企业的社会责任

（一）企业与企业社会责任的关系

企业社会责任是指企业作为传统的“经济人”，除了关注自身的利润外，还要关注其他社会群体的利益。所谓“其他社会群体”，就是1963年斯坦福研究所（Stanford Institute）首次提出的“利益相关者”（stakeholder）。国际上很多著名学者如弗里曼（Freeman）、布莱尔（Blair）、多纳德逊（Donaldson）、米切尔（Michael）等学者运用利益相关者理论的分析框架、核心理念和研究方法，明确指出“企业对界定清晰的利益相关者负有社会责任”。该理论的构建对企业传统的“经济人”角色进行了反思，突破并拓宽了传统理论的分析框架，从而使企业的社会责任理论渐趋成熟并自成体系。戴维·韦尔（David Wheeler，1997）和玛丽亚·西拉帕（Maria Sillanpaa，1997）把利益相关者分为一级相关利益团体和二级相关利益团体。其中，一级相关利益团体是指那些对于公司的生存不可缺少的经济体，包括公司的所有者、客户、职员、社区一级政府，还有可能存在的供应商或债权人等；二级相关利益团体主要指与公司存在一定的关系但关系没有一级相关利益团体密切的经济体，但是公司的经营对他们的利益有影响，如环境主义者、媒体、学者和批评家、贸易组织、企业的竞争者等[①]。爱泼斯坦（Epstein M.Edwin，1987）认为，企业社会责任主要与组织对特别问题的决策（有一定规范性的）结果有关，决策要达成的结果应对利益相关者有益而不是有害的。企业社会责任主要关注企业行为结果的规

① David Wheeler, Maria Sillanpaa. The stakeholder corporation: a blueprint for maximizing stakeholder value [M]. London: Pitman Publishing, 1997: 167.

范性、正确性①。斯蒂芬·P·罗宾斯（1997）区分了社会责任（social responsibility）和社会义务（social obligation）。他认为，一个企业只要履行了经济和法律责任，就算是履行了社会义务，而社会责任则在社会义务的基础上加了一个道德责任，促使人们从事使社会变得更美好的事情，而不做那些有损于社会的事情②。

从企业社会责任产生的内在机理来看，它是发达资本主义国家在经济社会领域出现突出矛盾的背景下产生的，是工业化、市场化的共同产物。它是企业在迎合企业作为自负盈亏的经济个体的赢利动机的前提下需承担的社会责任。然而，在西方经济学中企业是“自私”的“经济人”，经济人的本能决定了企业这个自私的个体是以自我为中心的，企业没有责任和义务去承担与自身利益无关的社会责任，也即企业没有承担社会责任的义务。但企业是市场的主体，也是社会的微观单元和社会的重要组成部分，社会责任的建设必然对企业个体产生影响；反过来，企业担负起社会责任必然对整个社会结构的稳固以及和谐氛围的形成起促进作用。

（二）企业的双重身份与双重属性

企业具有双重身份，就如同人既是自己的又是社会的一样，企业是“经济人”和“社会人”的结合体。因此，企业作为社会生产关系的产物和社会的有机组成部分，在享有社会资源的同时，必须承担一定的社会责任；但过于强调企业作为经济组织所应坚持的经济法则，或者过于强调企业的社会意识、伦理道德约束，强加过多的社会责任于企业身上则是不妥的。那种强行将企业的两种身份分开的做法是不切实际的，都可能带来企业自身和社会的很大损失。为此，很多学者对于弗里德曼所说的“企业的社会责任就是增加利润”持不同的看法，相反，企业是“经济人”的观点逐渐被具有健全人格的“社会人”、“道德人”所取代。管理学者德鲁克（1954）曾说过：“赢利能力不是企业和企业经营活动的目的，而是企业的一种约束因素；利润不是企业和企业决策的根本动因，而是对企业经营活动的一种检验。”企业作为社会中的经济组织以及企业的“经济人”和“社会人”双重身份，决定了企业的存在不仅是维持自身生存、实现个体价值的需要，同时也是社会和政府的需要。它是社会的一个层

① Edwin M Epstein. The corporate social policy process: beyond business ethics, corporate social responsibility and corporate social responsiveness [J]. California Management Review, 1987(3): 104.

② （美）斯蒂芬·P·罗宾斯．管理学［M］．北京：中国人民大学出版社，1997：98.

次、政府的一个附属，所以，它在其运行中既要遵循经济法则，也要遵守社会道德原则。

同时，企业还具有个体与集体的双重属性。对社会而言，企业是个体；对职工、企业管理者而言，企业是集体。这样的双重身份决定了企业所应关照到客体的多样性与复杂性。它既要提供给职工个人以全面发展的空间，又要安排良好的制度进行管理；既要服从社会环境的外在约束，又要维持自身作为个体在社会中的特色发展。

企业的双重身份和双重属性决定了它的社会责任不仅是经济责任，还包括环境责任、教育责任、文化责任和法律责任等，是一个多层次、多结构的有机体系。

（三）企业经济利益与企业社会责任

前面我们分析了企业的属性和企业所扮演的角色决定了企业需要承担一定的社会责任，这是企业的义务。当然，企业承担社会责任并不妨碍企业对自身经济利益的兼顾，反过来说，企业追求经济利益和实现企业的社会责任并不对立或冲突，而是相互促进和统一。

我们可以从企业与社会的联系来考察。企业是构成社会这一有机整体的一个基本单元，是一个开放性的系统组织，是一定社会中的企业，它不能脱离社会而孤立地存在。它不仅是经济实体，还是社会运行机制的一个方面。在现代市场经济体系中，企业之间的竞争是在企业所服务和赖以生存的社会中进行的。企业活动应以整个社会为背景，因而社会利益也需要纳入企业经营管理的视野。企业的社会属性决定了它必须以一个“社会人”的身份将其自身的行为、目标、利益置于社会的约束与限制之中。社会利益就是企业的长远利益，在这个问题上，任何只顾眼前利益和个人利益的行为都是短视的。如果再作进一步细分的话，我们还可以看到有企业内部职工利益、管理者利益、股东利益，还有企业外部竞争对手的利益、合作伙伴的利益，等等。对多方利益的肯定与清晰的认识是讨论企业社会责任的前提，而在多重利益中确保均衡则是企业社会责任的核心。

从社会的角度看，一方面，对社会的组织与管理是社会运行的客观需要。政府作为现代社会公共利益的代表和社会的公共管理机构，要使社会职能运行是需要付出成本的，即社会成本。然而，政府本身并不具有直接创造价值的功能，企业则是社会各项事业发展所需经济支持的基本提供者。从这个意义上讲，企业的存在对社会而言是一种必需，也是一种必然。既然企业在分担社会成本上负有责任，那么它理应享有相应的权利。另一方面，作为企业生长的土壤，社会的大气候，经济、文化与政治氛围都会对企业造成不同的影响，进而影响到企业的行为和决策选择，因此，社会也必须承担起塑造企业外部环境的责任。只有这样，企业的社会责任问题才不至于流于形式，从而使企业承担社会责任有了现实的基础和实现的可能性。总之，在探讨企业社会责任时，必须将之与社会的企业责任结合起来，并在企业与社会的权利与义务中进行。

二、企业核心竞争力的实质分析

（一）核心竞争力的定义与构成要素

企业核心竞争力理论的开创者潘汉尔德（Prahalad C.K.，1990）在《公司核心竞争力》一书中，把核心竞争力定义为“能使公司为客户带来特别利益的一类独有的技能和技术”，并指出组织中的积累性知识，以及协调不同生产技能和有机结合多种技术流派的知识是核心竞争力的主要来源。随着市场经济中企业竞争方式的多样性以及企业竞争制胜的“招数”的多元化，目前关于企业核心竞争力（core competency）的认识也逐渐不同。从总体来看，主要有核心技术就是核心竞争力、能锁定市场销售份额的营销竞争力、持续创新能力、价值观念和企业文化甚至是“核心+综合实力”等几种观点。核心能力不等于公司经营资源的拥有量，而是来自公司的创造性工作。巴顿（ Barton，1992）认为：核心能力不只是技术和人力技能，更是一种制度化的相互依存、相互联系，能够识别和提供竞争优势的企业知识体系。它包括四个方面的内容：①知识与技能；②管理体制；③实物系统；④价值观[①]。巴顿进一步指出，组织开发核心能力的方式必须是一种制度化、系统化、长期化的行为，其重点是构建能够为公司创造竞争优势的知识体系。同时，核心竞争力只有成为企业持续竞争优势的源泉，才能确保竞争优势的长期持续。另外，只有当独特竞争力同时具备了某种难以被模仿和替代的性质时，这种独特竞争力才能成为企业真正的核心竞争力。可见，在追求异质性的市场中，能成为企业核心竞争力的要素是很多的，既然企业的社会责任意识是企业文化和价值观的重要组成部分，那么，在“异质取胜”的今天，通过加强企业的社会责任建设也同样可以成为战

① Dorothy Leonard-Barton. Core capabilities and core rigidities: a paradox in managing new product development [J]. Strategic Management Journal, 1992, 13: 111 - 125.

胜对手的核心竞争力。

目前，我国大多数企业在建立核心竞争力上还存在较大的困难和差距，主要表现在我们还把竞争意识停留在传统观念上。传统的市场竞争表现为以质量、价格两要素为基础的竞争模式，即认为能生产出高质价廉的商品，就能取得竞争优势，从而赢得市场，达到自己的经营目标。随着商品经济的日渐深入，企业越来越重视广告对销售商品所起到的不可忽视的作用，但还是脱离不了传统模式的束缚，甚至滥用竞争要素，如大打广告战、价格战。因此，企业要在激烈的竞争中获胜，必须克服自身存在的问题，从无形的、内在的事物中构建核心竞争力，从而维系竞争优势。

（二）核心竞争力的特性

由以上分析不难理解，竞争力源于大量互补性知识的结合，企业资源的独特性在于专有知识的形成、分享和传递属性。这种专有的知识可能看不见、摸不着，但却能在企业发展中发挥关键性的作用。同时，这种知识的掌握不是靠某一个专有人才，而是依赖于一个团队，而团队的形成则要有好的激励机制。为此，也可以说核心竞争力是一个团队专有资源（主要是知识、技能或其他素质）的结合体。这种结合体的属性按照张维迎（2002）的论述，可以形象地归纳为“五不”：第一，偷不去；第二，买不来；第三，拆不开；第四，带不走；第五，溜不掉。

核心竞争力对企业的生存和发展有着重要的意义。作为企业的一种资源，需要企业的不断投入来维护核心竞争力的竞争性。而企业一旦拥有强有力的核心竞争力，则会使企业具有坚实的基础，延长企业的生存周期，提高企业的经济效益。

图 1 是一个企业资源、投入（专指为取得核心竞争力而做的投入）、核心竞争力、寿命（存活期）的关系图。企业的竞争力必须大于等于 a_1 时企业才能生存，小于 a_1 时则只能退出市场，对应的是企业的可控制资源必须大于等于 b_1 时企业才能生存。假设企业有 b_2 的资源，那么它可以有效利用资源投入 c_2 以培育核心竞争力，对应的核心竞争力是 a_2，对应的预期寿命是 d_2。平均而言，企业的可控资源越多，就能够培育越强的竞争力，存活寿命将越长。

（三）构建企业核心竞争力的要素条件

根据以上核心竞争力的定义和对其属性分析，就不难得出一个企业要形成自身核心竞争力所必须具备的要素。

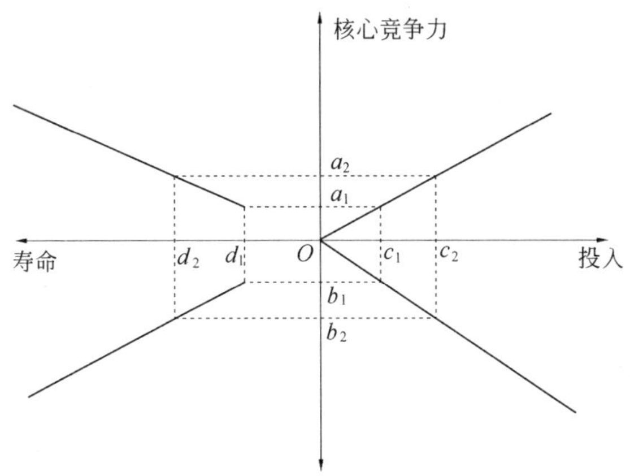

图1　企业可控资源、投入、核心竞争力、寿命关系图

第一，拥有一支知识结构合理的人才队伍，以保证企业的知识积累。在知识经济时代，企业核心竞争力可以说是企业特有知识的凝结，而人才正是这些知识生产和应用的载体。所以，需要最大限度地开发所有人员的智力资源，充分调动员工的主动性和创造精神，才有可能形成企业核心竞争力。

第二，必须培养一批具有超前意识和洞察力的经营管理者。形成企业核心竞争力的最终目的是获得长期竞争优势而不是一时的利益，所以对经营管理者来说，不仅要能适应眼前可以把握、预测得到的市场变化，更要能把握未来较长时期变化的趋势和规律，只有这样才能使企业产品开发和市场开拓走在市场变化的前面，从而赢得市场。

第三，应将企业培育为一个学习型组织。企业核心竞争力是特定企业个性发展过程的产物。它始终融合于企业的研究开发、设计、制造、销售、服务等各方面的职能部门中，蕴藏于企业长期以来形成的知识体系之中，它体现了企业有形资源和无形资源的有机结合，是企业不断学习积累的过程。因此，要形成核心竞争力，就必须把企业培育成一个学习型组织。通过学习，培养创新人才，促进知识的生产、传播、应用，使企业核心竞争力得到巩固和提高。

第四，要有高效率的要素投入。在知识经济时代，单纯依靠低成本来获取高收益越来越困难。因此，要形成企业核心竞争力，获取持续竞争优势，就需要信息、知识、智力的大量投入。只有这样才能推动技术的不断更新和进步，才能确保智力资源的占有，才能走上大规模、快速度、高投入、高产出的发展道路。

第五，塑造企业文化。企业文化是形成企业核心竞争力的深层次因素。有了全体员工共同认可的价值观，这个价值观无形中形成了对员工的激励，使其为之奋斗，从而提高企业整体效率，形成独特的核心竞争力。

第六，必须加强企业社会责任建设。市场经济是一个诚信经济，一个不讲诚信、不履行社会责任、不依法经营、不善待员工和顾客的企业是很难形成核心竞争力的，因此把企业的社会责任建设纳入企业核心竞争力的构建和打造很有必要。

三、珠江三角洲核心竞争力和创新力现状分析

珠江三角洲（以下简称珠三角）包括广州、深圳、珠海、佛山、中山等14个市县，毗邻港澳，靠近东南亚，港口和城镇密布，是我国工业化程度最高、发展最快、全球化程度最高的地区。广东省是我国最大的制造业基地，而广东省制造业的80%都集中在珠江三角洲。珠三角在信息产业领域同样占了重要比重。在这个全国最大的高新技术产业带里，集中了6个国家级、3个省级高新技术产业开发区，2个国家软件园，12个国家“863”成果转化基地。目前，珠三角的电子及通信设备制造业产值占全国的比例超过3成，是中国乃至亚洲地区最大的信息产品制造业基地之一。另外，新型陶瓷电子元器件基片产量占全国的一半，合成纤维、塑料占全国的3成，生物工程药物上市批准数和产值占全国的5成，智能化、节能环保型家电占全国产量的6成，电子医疗器械产量占全国的68%。目前，广东省以电子信息、电器机械、石油化工三大新兴支柱产业为主体的新的产业优势已初步形成。2005年广东省电子信息产业工业总产值达9 586亿元，居全国首位长达15年，为全球最大的硬件生产基地。

珠三角在我国甚至整个亚洲都占有举足轻重的地位，这是无可非议的，但从整体或长远来看，珠三角持续发展的能力并未形成，并没有保持持续竞争优势的核心竞争力。20世纪80年代末到90年代初，珠三角曾经涌现出一批大型企业，如太阳神、巨人等，但这些企业的生命周期仅为6—8年。为何这些所谓的明星企业辉煌竟如此短暂？这是很值得认真反省的。同时，统计资料显示，珠三角企业效益普遍并不好，亏损企业的比重较大。在广东省规模以上工业企业中，占工业产值比重较小的国有及国有控股企业的生产率超过了浙江、江苏和山东，而占全省规模以上工业企业近60%的外源型企业，生产率不仅低于江苏与山东，甚至还低于全国平均水平。

导致以上现象的原因是多方面的，但最根本的却是珠三角企业缺乏适应复杂环境的能力，缺乏核心竞争力，也就是缺乏企业持续创新的能力。因此，很多企业只能在低层次上赚取有限的利润，而不能使企业发展到较高的层次。企业只能被动地应对市场竞争，而无法主动开发市场中潜藏的无限商机，抢占制高点，更不可能做到引领市场潮流。很多企业由于缺乏战略规划，缺乏驾驭和把握市场的能力，往往在刚刚步入学走路阶段就盲目扩张，盲目搞多元化，涉足不相关的领域，结果终因策略失误和管理不善而转盈为亏或破产。市场是无情的，如此下去珠三角经济的衰退势在必然，这也就是广东企业明星成为“流星”、企业亏损比例高的原因所在。因此，提高珠三角企业的创新能力、构建珠三角企业的核心竞争力刻不容缓。

核心竞争力是企业创造力和顽强生命力的体现。核心竞争力的形成关键在于企业创新能力的培养，也就是企业主动适应环境，把握机会，不断开发新产品和进行新技术能力的打造。而珠三角企业之所以缺乏创新能力和核心竞争力的原因，主要有以下三个方面。

（一）企业创新和形成核心竞争力的动力不足

从产业结构来看，珠江三角洲原来是以家用电器、电子、纺织、服装、食品加工、非金属制品等行业为主，即劳动密集型产业为主要支柱。这些产业的特点是产值高、成本低，但技术含量不高，产品附加值不高，技术创新水平不高。珠三角发展高新技术只有近 10 年的时间，属于初创阶段。劳动密集型产业结构只有利于大多数企业进行原始积累和发展解决社会就业，而不利于技术创新。在这样的条件下，至少在短期内，企业不需要创新也能赚得一定的利润。但随着加入 WTO 后竞争的加剧，市场经济的逐步规范、市场需求的不断变化，珠三角企业所面临的外部环境越来越严峻，如何提升珠三角的产业竞争力成为企业、政府专家共同面临的问题。

另外，从珠三角企业家队伍来看，由于珠三角历史发展的原因，多数企业家的知识水平、文化修养层次都比较低，对市场缺乏科学的分析和判断能力，对企业缺乏长期规划，这使他们只能看到眼前的利益、短期的效益，而看不到企业的长远发展。由于受到自身水平的制约，他们缺乏对市场格局变化的预见能力，对市场需求的不断变化及其趋势缺乏感悟，更看不到新技术对市场的引导和推动作用。当企业发展到一定阶段，他们不能适应内外部环境的变化，仍然因循守旧，不能引入科学管理模式，结果只能是被动地跟在别人后面。同时，企业家们普遍缺乏危机意识，缺乏创新的动力。面对新的内外部环境，面对日趋复杂多变的市场因素，珠三角企业家的理念和心态都需要进行重新调整，企业的经营理念和经营策略都需要适应新形势的变化。

（二）企业创新和形成核心竞争力的内在机制还没有形成

我们知道，人才与资金是企业创新最重要的两个条件，但是许多企业并不缺乏人才与资金，但仍然很难形成持续的创新能力，原因就是企业创新的内在机制问题。珠三角企业在自身内部管理机制方面存在许多问题，例如产权不清，责任不明，企业激励机制的作用未发挥出来，等等。

企业内部对企业创新力和核心竞争力形成的影响，需要从企业内部的组织结构、人力资源、激励机制、内部沟通、组织气氛和企业文化等多方面去把握。因为这些因素都分别从不同的角度、以不同的方式对企业创新的总体水平和可持续性产生不同的影响，共同构成影响企业创新的内在机制。下面对企业创新力和核心竞争力的形成进行分析。

1. 企业的组织结构对企业创新有潜在的影响

首先，有机型组织与机械型组织相比，有机型组织结构更能够积极地影响企业创新，因为有机型组织如中小企业，在垂直性差异（即官僚等级）、正规化和集权化方面程度较低，因此在灵活性、适应性和跨部门交流方面更适宜创新的产生。其次，管理人员的长期任期与创新有关，因为管理任期为管理者提供了关于如何完成任务和获得理想产出的合法性和获取知识的条件。第三，创新往往是在较为松散的资源中孕育而成的，保持充足的资源购买创新成果，允许为着手创新和吸取失败的教训而付出代价，这在有机型组织结构中容易做到。

2. 企业创新的关键在于是否拥有创新型人才，企业领导人是否能识别和用好创新型人才

企业创新结果的大小主要取决于创新型人才努力的程度。创新投入的成本与最终结果之间的投入产出比，也主要取决于创新型人才的创造性发挥的程度。如何避免失败、减少失败，如何开创新的领域、开发能引导潮流的新技术、新产品，这都是要靠创新型人才的智力活动才能完成的。因此，21 世纪企业之间的竞争根本在于人才的竞争，而创新型人才更是竞争的焦点。企业拥有的创新型人才的数量和层次直接决定着企业创新的实力。引进创新型人才，企业的创新能力就明显增强；创新型人才离开，企业创新能力则明显受损。尤其是处于企业高层次的创新型人才，如参与决策者或技术骨干、营销骨干等，他们的引进或离开，往往成为一个企业发展的转折点。

中小型民营企业由于规模相对较小，在技术和产品创新方面往往处于劣势。因为在同一行业中，大企业拥有的创新型人才的绝对数会比小企业要多。实际上，很多创新项目只有投入达到一定水平时才会得到成果或者有利可图，而小企业往往无法达到这个临界点，因此不得不放弃创新。大企业则可以打破这个约束进行创新，从而进一步积累优势。例如，大多数创新在投入很少的阶段边际成果很小，但到了一定阶段，边际成果会变得很大。但是，当投入庞大到某一阶段之后，边际成果又开始变得很小，然后一直维持较低水平，具体如图 2 所示。假设 A 表示技术水平，创新投入主要是创新型人才 H 的数量。之所以在中间某一阶段会产生边际成果很大的情形，主要是因为在这一段范围内，适当的 H 产生了最明显的人才聚集效应，思想的碰撞交流等正面外溢作用达到最大。

由图 2 可以看出，如果大企业拥有 H_0 的创新型人力资本，则其创新有利可图并且达到最优水平，而小企业如果处于 H_1，则创新只能是遭受损失。但是，如果中小型民营企业通过企业制度改善、组织结构改良、人力资本激励等提高创新型人力资本的创新努力程度，则可以使企业实际获得的创新型人力资本水平提高到 H_2，此时尽管企业没有达到创新最优水平，但创新已经可以为企业带来净收益。

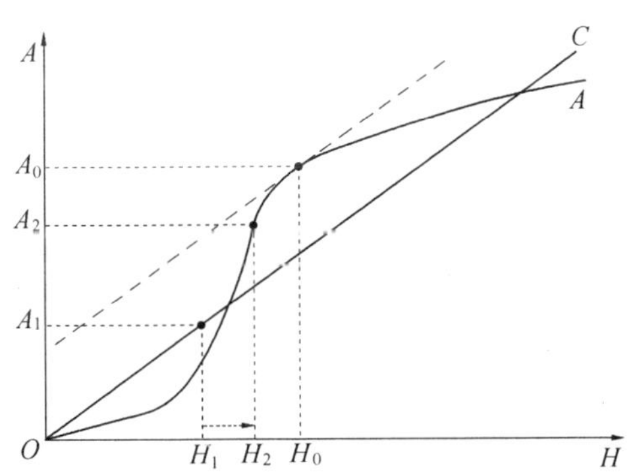

图 2　企业技术与创新投入关系图

3．企业创新的激励目标

一个企业的创新成果大部分来自于自身的员工及研发部门，企业要将创新者的成果与所得回报结合起来，从而调动企业员工的工作积极性，激发员工的创造性。企业激励机制对企业创新的影响主要是：一方面通过建立一套公平的竞争机制，使创新型人才能够有机会发挥创造性，脱颖而出；另一方面，通过制定有利于企业创新的工作业绩评价机制，鼓励员工提出新思维、新概念，鼓励员工发明创造。实践证明，世界上竞争实力强的企业都有良好的激励目标和激励机制，使得企业取得丰硕的创新成果。

4. 企业内部横向的沟通对企业创新力的形成有重要影响

企业要更加重视内部横向沟通在企业发展中所起的积极作用。有关研究表明，通常企业内部横向沟通越多，越有利于各种思想的碰撞、思路拓宽和创新灵感的产生。同时，许多创意往往产生于一线生产工人、科研人员或营销人员的头脑中，如果按照等级制度逐级沟通的方式，他们的思想就要通过层层管理人员向上反映。在这个过程中，基层管理人员往往照章行事，由于他们各自的素质、水平、考虑问题的角度和视野的不同，他们对这些创新思想的理解和价值判断就会出现很大的差异，因此，创新思想就有可能被扼杀在摇篮中。

5. 企业的内部环境

组织气氛是通过企业内部环境（包括企业制度、工作程序等）的心理感受来影响员工的工作态度和行为的。组织气氛对组织创新的影响主要是通过营造一种温馨和谐、民主、公平的氛围，鼓励创新，鼓励大胆探索，为创新者营造一种较为宽松的环境。在这样的气氛中，员工充分感受企业对他们的关怀和爱护，感受到一种信任和尊重，使他们能够自觉意识到作为企业的一员，企业的发展与自己的利益息息相关，从而激发他们对工作的投入和创新积极性。在民主宽松的氛围中，使每个员工的个性有充分展示的自由和空间，使他们的思维能够经常碰撞出创新的火花，而不被传统和常规所封闭。在他们探索的过程中，能够得到积极的支持和帮助，不用担心失败会受到惩罚或遭受讥笑，创新型人才才会有信心坚持不懈地探索下去，直至成功。

6. 企业对企业文化的认识

目前，许多企业对企业文化的认识还很不足，企业文化还没有形成一种推动企业创新的力量。企业文化对企业创新的影响主要是通过将创新作为一种核心价值观确认为企业的经营理念，并渗透到企业的发展战略、规章制度和行为规范中，最终形成一种鼓励创新的战略思维和文化氛围，从而推动企业创新的可持续发展。在强调创新的企业文化中，决策者能够看到创新对企业发展的价值，能够将创新作为一种理念贯穿到企业的制度和管理过程中，因而在确定企业发展战略时能够站得高、看得远；而在不注重创新的企业文化中，缺乏创新的理念，所以只能被动地应对竞争，而无法在市场中占领制高点。竞争是短期成功的关键，而创新才是长期成功的关键。因为创新者能创造机遇，使自己在市场中总是处于有利地位，引领市场发展的潮流；而竞争者只是对机遇作出反应，他们不会投资于未来，而是满足于短期效益。因此，企业创新首先应从企业文化的创新开始，改变其核心价值观中的保守观念，鼓励创新思维。这样，才能突破企业发展策略中的常规思维和惯性思维，才能促进企业创新能力的不断提高。

（三）企业创新和形成核心竞争力的外部环境不完善

企业是在特定的社会环境中运作和发展的。企业的生存和发展离不开社会的发展，社会经济发展水平为企业的发展与创新提供了最基本的条件和基础，社会发展的环境为企业发展提供了发展的空间、机遇和动力。但是就珠三角企业发展的外部环境来说，制度环境、社会资源配置体系和文化环境仍然不尽完善。

1. 制度环境保障失效

珠三角企业创新面临的突出问题，就是缺乏制度环境的有效保障。最突出的就是有法不依、执法不严，地方保护主义盛行。国家早已颁布了《专利法》、《知识产权保护法》等，但是，假冒伪劣产品依然层出不穷，制假贩假者依然我行我素，原因就在于执法力度不够，惩处不严。一些地方政府为了局部利益、短期效益，对制假贩假视而不见，甚至当作“产业”提供保护伞，这实际上是损害地方经济的毒瘤。在这样的环境中创新者的积极性必然受挫。政府部门的执法不严损害了企业长期发展的外部环境，不利于制度创新和社会的长远发展。

下面我们通过建立一个两期模型对制度环境的影响进行分析。假设企业存在期为两个任期，当期时间是现任政府（官员）在职期间，下期是新任政府（官员）在任期间。假设政府设置的税率是 t，并且两届政府都相同。假设每届政府只关注自身的利益大小。如果企业不进行创新投资，则企业当期可以获得利润 π，但此后需要缴纳 $t\pi$ 的税收给本届政府。因为这里是固定税率，所以不影响企业的利润最大化最优决策（并且对两个任期都成立）。如果企业当期进行创新努力，则产生依赖于努力程度的成本 $c(e)$，假设此函数是凸的递增函数。而当期的努力会使下期企业以一个 P 的概率增加利润 $\pi(e)$，假设此函数是凹的递增函数。因此，企业两个任期总利润为

$$\Pi_1 = \pi - c(e) + \delta\pi + P\delta\overline{\pi}(e) \tag{1}$$

式中，δ 为贴现率，$0<\delta<1$。

当

$$\Pi_1 \geqslant \Pi_0 = \pi + \delta\pi \tag{2}$$

时，企业有动力进行创新投资。此时，企业的最优创新努力程度由下式决定：

$$P\delta \frac{\mathrm{d}\bar{\pi}}{\mathrm{d}e} = \frac{\mathrm{d}c(e)}{\mathrm{d}e} \tag{3}$$

但是，如果企业进行创新投资的话，本届政府只能得到税收

$$t(\pi - c(e)) \tag{4}$$

因此本届政府会尽力减少企业当期的创新努力。我们假设当届政府会凭借政府的特有权力对企业的创新努力进行隐性惩罚，而这些惩罚的执行对政府而言几乎不需要额外成本，例如对企业某些方面的工作（特别是创新投资）进行干预、服务怠慢等，从而使企业在作出创新努力 e 的时候被迫遭受额外成本 l (e)，假设此函数是严格凹的递增函数。假设当届政府尽量使得企业的额外成本在下一期才显现出来，以使其不影响其任期内得到的税收。此时，企业创新的参与约束为

$$\Pi_2 = \pi - c(e) - \delta l(e) + \delta\pi + P\delta\bar{\pi}(e) \geqslant \pi + \delta\pi \tag{5}$$

而最优条件则是

$$P\delta \frac{\mathrm{d}\bar{\pi}}{\mathrm{d}e} = \frac{\mathrm{d}c(e)}{\mathrm{d}e} + \delta \frac{\mathrm{d}l(e)}{\mathrm{d}e} \tag{6}$$

显然，根据前面函数设定的性质可以看出，新的 e_1^* 水平小于旧的最优水平 e_0^*。

2. 社会资源配置体系不完善

企业创新，尤其是企业技术创新，除了企业自身的条件以外，还要有一定的社会资源可供利用，这就涉及社会资源的配置问题。广东省共有研究开发机构 1 621 家，其中大中型企业技术研究开发机构有 535 家（国家级工程技术研究开发中心 26 家，省级 61 家），占全部研究开发机构的 33%；研究开发经费总支出 67.27 亿元，占产品销售收入的 1.46%。依托企业开发新产品、新技术固然有一定的优势，但是也存在许多的局限性。

例如，企业开展研究开发要求企业应有相当的实力，这样只有大型企业才有此优势，而大多数中小型企业无力涉及，它们也就享受不了研究开发成果。况且，一旦企业发展出现了问题，技术创新就不能继续，由此造成的损失和浪费就不仅是企业自身，对社会资源也是浪费。因而如何利用现有社会资源来帮助各类企业建立创新机制是整个社会所面临的问题。又如，进行技术创新的风险很大，这些风险全都由企业承担，企业压力就很大，所以，技术创新还需要一定的社会风险机制，将创新的风险进行转换，或降低风险，从而减少技术创新者的后顾之忧。因此，一些企业建议在地方或行业中心建立研究开发中心，更有利于社会资源的共享和利用，且对中小企业的技术创新可提供更多的支

持。

假设有 I 个企业，每个企业手上都有各自可能实现的创新项目。假设企业 i 如果开发其项目，则以概率 P_i 开发成功，获得收益 b_i，减去开发成本得到净收益 $b_i - c_i > 0$；以概率 $1 - P_i$ 开发失败，遭受损失 c_i，因此企业的预期收益为

$$P_i(b_i - c_i) + (1 - P_i)(-c_i) \tag{7}$$

当预期收益大于 0 时，企业进行开发，即

$$P_i b_i \geqslant c_i \tag{8}$$

假定企业 i 的当前利润为 π_i，当企业研究开发失败时，

$$\pi_i - c_i \leqslant 0 \tag{9}$$

即企业实际上是部分地通过借债来进行创新开发的，如果创新失败，企业就可能面临倒闭的危险。这无疑会使很多企业放弃创新，即使预期收益为正。但是，如果企业之间能够建立良好的机制分担风险，情况就会得到改善。考虑最简单的情况，只有两家企业，两家企业的创新项目相关性（相关系数）足够低。假设企业 1 现在开发失败，面临着

$$\pi_1 - c_1 < 0 \tag{10}$$

倒闭的危险。如果企业 2 现在开发成功了，可以利用的总利润为

$$\pi_2 + b_2 - c_2 > 0 \tag{11}$$

假设最简单情况：$\pi_2 = \pi_1$，$b_2 = b_1$，$c_1 = c_2$，则

$$(\pi_2 + b_2 - c_2) - (\pi_1 - c_1) = b_2 > 0 \tag{12}$$

这表示如果企业 2 对企业 1 进行援助，则企业 1 可以避免倒闭，并且企业 2 总利润仍然为正。当然在两个企业的情况下，可能是两个企业都陷入了创新失败的局面，也可能是两个企业的创新规模、收益和成本不同。但是，当企业数量足够多，并且创新项目相关性较小、创新损益具有良好结构时，有

$$\sum P_i b_i \geqslant \sum c_i \tag{13}$$

则真正的风险分担就可以实现，这和保险的原理一致，也和股票市场投资组合原理一致。

3. 文化底蕴支持不足

许多企业在从事技术创新的过程中，深切地感到社会文化底蕴的问题，主要表现在基础研究水平和社会文化类型方面。珠江三角洲的文化是一种重商轻文的文化，比较重视科技成果的转化，但却轻基础性研究的积累，这就使企业创新缺乏基础研究的支持，缺乏后劲。美国之所以总是站在技术创新的前沿，就是因为它拥有雄厚的基础研究，基础研究始终处于世界一流水平。如果没有

一流的基础研究水平，核心技术的创新是难以实现的，同时基础研究水平也是代表社会经济发展实力的重要指标。

基础研究在一个社会的可持续发展中发挥着重要的作用，对一个社会提高竞争力也非常重要。基础研究成果能够转化为实际生产力，提高企业的技术水平。假设某企业进行研发，并且将其转化为实际产出。假设该企业第 t 期的研发生产函数为

$$x_t = A_t B_t z_t^{\alpha} \tag{14}$$

式中，A_t 和 B_t 是技术生产的效率参数；z_t 是企业为研发而进行的成本投入；α 是参数。我们采取最简单的假定，研发成果 x_t 直接在当期转化为等量的产出。这里，我们关注的是社会的基础研究对企业的研发效率的影响。

$$B_t = B_t\left(\sum \rho^{t-\tau} x_\tau\right) \tag{15}$$

是一个增函数，即 t 期的效率参数 B_t 取决于所有 t 期以前的企业研发成果的加和 $\sum \rho^{t-\tau} x_\tau$，$\tau$ 表示 τ 期，$\tau < 1$；ρ 表示技术折旧率，$\rho<1$。所以，企业自身研发成果积累越多，自身进行研发的效率也就越高。

$$A_t = A_t\left(\sum \rho^{t-\tau} y_\tau\right) \tag{16}$$

是一个增函数，$\tau<t$，$\rho<1$。这里，简单假设基础研究成果的技术折旧率与企业的技术折旧率相同，此参数依赖于整个社会 t 期之前所有的基础研究成果，y_τ 是 τ 期社会基础研究的成果。假设企业原来在最优的研发投入是 z_0，如果社会的基础研究（例如在 $t-1$ 期）增加了，企业的研发成果曲线将会上移，从 x_0 上移到 x_1，企业在所有的投资点上都可以得到更大的净收益，在 z_0 点也不例外。如果企业能够将研发投入调整到 z_1，它将得到最大的好处（见图 3）。

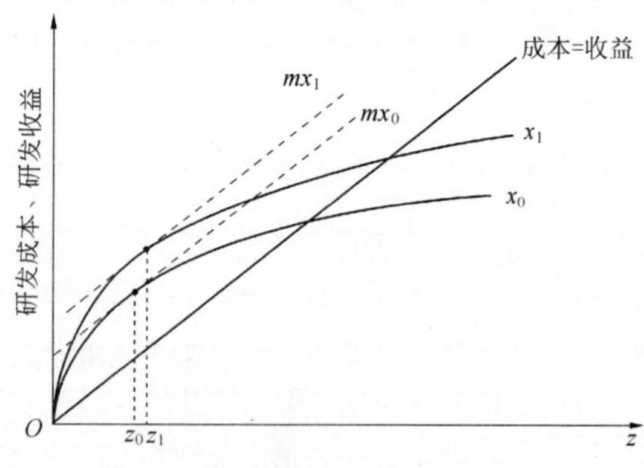

图 3　企业研发投入与收益关系图

四、如何提高珠江三角洲核心竞争力

（一）提高珠江三角洲企业创新能力

从构建核心竞争力的要素来看，企业创新能力是最重要的。从以上的考察我们发现，广东包括珠江三角洲企业整体创新能力不强，这是导致珠三角缺乏核心竞争力的“硬伤”。因此，要提高珠三角核心竞争力，首先应解决的问题是如何提高珠三角企业创新能力和改善企业生命周期的问题。

第一，建立企业创新体制。创新是企业的灵魂，政府要从引导企业从体制创新做起，改革企业内部产权制度、分配制度，提高企业科学管理水平，使企业按照现代企业制度运作，在企业内部建立有利于创新的内在机制，鼓励企业开展技术创新，提高企业的核心竞争力。在这个过程中要针对不同企业及其企业所处的不同发展阶段，采取恰当的策略，根据具体情况制定不同的创新体制。制度创新是企业技术创新的基础，没有健全的内在机制的保障，即便有了人才，也难以留住人才，有了资金，也难以很好利用，这样技术创新能力就难以长期持续。要扎扎实实地培育企业创新能力，从建立企业内部有利于创新的内在机制做起。

第二，提高企业家的整体素质。企业家对一个企业的生存发展起着至关重要的作用。企业家的创新意识、战略思维是企业创新的重要动力。它会驱动企业家将创新作为企业经营的理念，通过技术创新来引领市场潮流。企业家的决策水平和眼光直接决定着企业创新的进程，决定着企业发展的方向。面对激烈竞争带来的挑战，珠江三角洲一定要有一支既拥有知识资本，懂得科学管理，又有战略眼光的企业家队伍，这是推动珠三角企业创新的最重要的条件。

第三，为企业创新提供有利的环境。政府要为企业营造一个公平、宽松的环境，营造积极创新的氛围；要优化资源配置，为企业创新提供可以利用的有效资源；同时要建立公平竞争的市场秩序，加强对知识产权的保护。同时，企业要加强基础研究，增强企业创新的后劲。政府也要对创新加强保护，提高企业的积极性。下面用模型说明创新保护的重要性。

如图 4 所示，假设某一行业市场上存在许多企业，处于完全竞争状态，价格为 $P=c$，其中 c 为企业的单位生产成本。为简单起见，将单个企业的需求曲线设定为 aa。消费者得到的剩余是三角形区域 CS。假设某一企业在研发方面投资 i，将该企业的单位成本从 c 降低到 $c-x$。假设创新不足以使企业改变

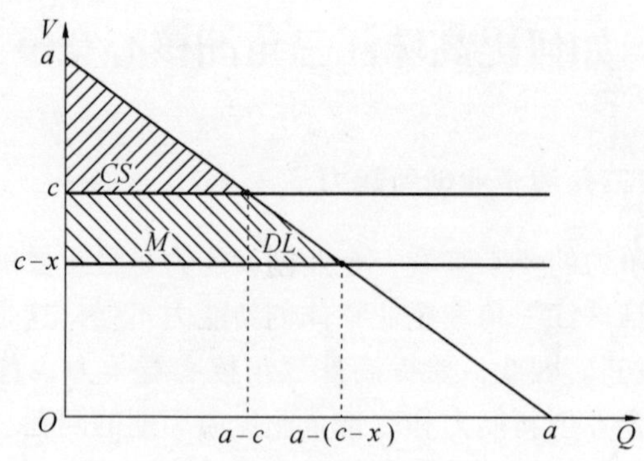

图 4　创新的专利保护与社会福利的关系

利润最大化条件 $\Pi = c$，因此，作为创新的结果是产出不会变化。易知图 4 中 M 区域表示创新企业源于创新的利润增加，而这一利润增加的实现必须依赖于其创新成果的被保护。否则，如果该技术天然保密性差，且创新成果不被保护，其他企业将获得同样技术，从而使创新企业的利润化为泡影。如果政府设立了专利保护并且执行，规定专利期为 T 期，那么在这 T 期内该企业将每期享受利润 M，从 $T+1$ 期起重新获得零利润。如果研发投入 i 小于新增利润贴现总额，企业将进行创新研发。图 4 中的 DL 区域表示由于企业拥有专利而产生垄断给社会带来的无谓损失（deadweight lost）。专利到期后，所有企业都能够获得该技术，均衡价格降到 $c-x$，其社会收益是 $M+DL$。从这里可看出，尽管专利保护在短期内会给社会带来一定的无谓损失，但它保护了企业创新的积极性；如果没有专利保护，创新根本就不可能发生，社会福利就没有机会得到提升。

第四，进一步加强珠三角企业创新能力和创新体系的研究要借鉴国外有关研究，对珠三角企业的创新能力、企业生命周期以及企业家队伍建设等问题进行进一步的深入研究，并且进行长期追踪研究，为珠三角企业创新提供科学的诊断和咨询。同时，从整体上看，要能够使政府对珠三角企业的实力和发展趋势，有一个准确、动态的把握和估计，以便从总体上推进企业创新进程，从而使珠江三角洲经济再上新台阶。加强对珠三角创新体系的研究，建设一个符合产业转移和产业发展的创新体系，为珠三角的现代化建设奠定坚实的基础。

（二）整合群聚大珠三角力量，促建统一市场

产业集群是一种世界性的经济现象，它是指大量的相关企业按照一定的经

济联系集中在特定的地域范围，形成一个产业群落。地理集中、专业灵活、创新环境、合作竞争是产业集群形成并保持其竞争优势的基础，同时通过多种途径，如降低成本、刺激创新、提高效率、加剧竞争等，可提升整个区域的竞争能力。为此，必须积极主动，有步骤、有计划地推进统一大市场的建设。

首先，发展和利用好广东珠三角已初步形成的小的统一市场，这是扩大和提高的基础。利用现有软硬件设施、制度创新、产业布局等统一市场基础，进一步发挥省级政府部门对产业布局、交通基础设施、科技教育资源、环境保护等方面的规范调控职能，统一部署，清除内部市场障碍，做到有序发展。

其次，加快推进"大珠三角"区域统一大市场建设。CEPA（Closer Economic Partnership Arrangement）的顺利签署为"大珠三角"统一市场的形成提供了条件和动力。CEPA 为消除内地与港澳之间资源要素和企业产品自由流动的门槛，逐步达到产品市场一体化和投资市场自由化提供了保障，这是我们构建区域统一大市场的最好机遇。要构建区域统一大市场，关键在于做好以下两方面工作：

（1）树立"共进共荣"意识，主动加强区域协调沟通，弱化"行政区概念"，强化"经济圈概念"。打破地域界限，统一布局和建设跨区域大型基础设施和公用设施，走区域经济、法律、政策趋同的道路，做到产业发展协调规划，从而加强区域资源整合力度和协同发展能力，解决各自为政、低层次竞争、重复建设、浪费资源等问题。

（2）以制度整合为突破口，扫清体制障碍。要加强规范、统一、透明的市场制度建设，确保市场安全，保障预期利益，减少交易成本。统一制度建设是区域协调的一个重要组成部分，也是统一市场的根本保证。目前长三角地区可预期的透明化的统一市场规则，已经构成其发展的核心优势。共同研究珠三角各城市之间及其与港澳之间统一公平的市场规则，是建立区域市场"共进共荣"的制度基础。

（3）在强化实施"珠港澳大三角"战略的基础上，将"泛珠三角"经济区建设提上议事日程，把"大珠三角"扩展为大华南经济协作区，使之成为东盟自由贸易区的核心区域，充分放大"大珠三角"的市场需求潜力。实施"珠港澳大三角"战略，既有深刻的历史渊源基础，也是"三地"面对中国加入WTO的严峻挑战，通过优势互补，共同增强竞争力，实现"三赢"的需要；同时也是构筑一个充满活力并具较强国际竞争力的"大珠三角"经济增长区域，与长三角和环渤海经济区一道合力推动中国现代化进程的发展需要。与珠三角一脉相承的香港是亚太地区的金融中心，拥有雄厚的经济基础和成熟的融资市场，一旦把它纳入珠三角的经济版图，建立华南自由贸易区，完全可以弥补珠三角的缺陷。同时，香港一旦与具有制造业优势和富裕消费群体激增的珠三角相结合，就会拥有一个非常强大的经济区域。

关于区域合作的好处，我们可以建立一个单期模型来进行分析。假设有两个原来是没有合作关系的区域，各自进行经济发展，以对外进行竞争。我们将区域看成类似于企业的决策主体，经济体（区域）i 在产品的世界市场价格 $P(Q)$客观决定的前提下，生产最优产品产量 q_i。假设该经济体的生产成本并不是给定的，而是依赖于该经济体降低生产成本的努力水平 x_i。经济体 i 的最大化目标为

$$\Pi_i = P(Q)q_i - [aq_i + 0.5(b - x_i)q_i^2] - 0.5x_i^2 \tag{17}$$

式中，a，b 为相关系数。限定 $b - x_i > 0$，其中 $aq_i + 0.5$（$b - x_i$）q_i^2 是直接的产品生产成本，$0.5x_i^2$ 是为了降低直接生产成本所进行的努力带来的额外成本。必须有

$$x_i \leqslant q_i^2 \tag{18}$$

否则进行额外的努力不能增加利润。设

$$q_i^* = \frac{P - a}{b - x_i}, \qquad x_i^* = 0.5q^2 \tag{19}$$

同样，对经济体（区域）j 的分析原理不变。现在假设两个区域开始进行经济和其他方面的合作交流，互相产生了协同效应，因此为降低直接生产成本上的努力效率得到了提高。其原因可以是利用了合作领域的某些资源优势，或者共同产生了某些规模效应等。经济体 i 的最大化目标变为

$$\Pi_i = P(Q)q_i - [aq_i + 0.5(b - x_i - \beta x_j)q_i^2] - 0.5x_i^2 \tag{20}$$

经济体 j 的努力水平影响经济体 i 的直接生产成本，$\beta > 0$。最优产出变为

$$q_i^* = \frac{P - a}{b - x_i - \beta x_j} \tag{21}$$

因为 $\beta > 0$，所以产出增加，最优努力水平不变

$$x_i^* = 0.5q^2 \tag{22}$$

可以看出，经济体 j 的努力程度对经济体 i 产生了两个作用，既使得其产出增加，又使得其单位生产成本下降，所以产生了正向合作效应。同理，经济体 j 也从经济 i 的努力中获得正效应。因此，区域合作能够增进参与地区的经济绩效和竞争力。合作效率越高，则 β 越高，得益越大。

（三）加强企业社会责任建设，促进可持续发展

叶祥松、罗海平（2006）认为，企业社会责任可以成为企业内在的核心竞

争力，那么社会责任的要素和领域自然就构成了企业核心竞争力的构成要素。没有企业社会责任的逐一实现，就不可能真正形成企业社会责任理念下的核心竞争力。而理念的转变和影响是珠三角核心竞争力重构中最重要也是最核心的部分，它与构建“以人为本”的“和谐广东”具有内在的一致性。

珠三角核心竞争力的提高离不开社会的和谐，没有社会的和谐氛围就不可能有真正的竞争力，同样没有竞争力的支撑就没有持久的社会和谐。而企业承担并切实履行自己的社会责任是和谐社会最终得以实现的保证。另外，加强企业社会责任建设是提高珠三角核心竞争力的途径和手段，且从核心竞争力的打造到提高无不建立在企业对社会负责的基础上。所以，加强企业社会责任建设和增强核心竞争力是相互依存、不可分割的统一体。

要切实做好企业核心竞争力与企业社会责任的结合，就必须实现广东省省长黄华华在省十届人大三次会议所作的政府工作报告中指出的“五个转变”和做好“五篇文章”。2005 年广东省部署了借国家进行宏观调控的机会，加快促进全省经济实现的“五个转变”，即经济结构由轻型、偏轻型向高级化、重型化的转变；经济增长方式由粗放型向集约型、循环型的转变；外源型经济由大向既大又强的转变；内源型经济由弱向强的转变；经济社会由追求经济高增长向促进经济社会全面协调可持续发展的转变。同时，应做好推进新型工业化的文章，做好发展现代服务业的文章，做好壮大县域经济的文章，做好加强区域合作的文章，做好建设和谐广东的文章。从整体来看，广东省部署的“五个转变”和“五篇文章”都是基于实现可持续发展、构建和谐社会的需要而提出的，这些既是实现“和谐广东”的目标，也是手段。同时，我们应该看到，加强企业社会责任建设已被融进了“五个转变”、“五篇文章”和“和谐广东”战略的打造之中。没有企业社会责任的强化，就不可能有“和谐广东”的实现。“五个转变”和“五篇文章”最终实现的主体无疑是通过千千万万的企业，没有他们在劳工保障、依法经营、质量保证等方方面面主动地承担并实现其社会责任，就不可能有珠三角的核心竞争力，就不可能有珠三角的持久的竞争优势，更不可能有“和谐中的可持续发展”。反过来，珠三角地区在打造珠三角核心竞争力中的系列部署，如推进工业产业结构调整，强化区域产业合作，加快服务业发展和改革，构建企业组织结构以及协调内外源经济发展等，又无不反作用于广东企业社会责任的建设和发展。企业核心竞争力增强了，整个珠三角核心竞争力也就强化了，珠三角的企业就用不着再靠牺牲职工的福利和权益来维持低成本的优势，劳工保障和劳工条件就会自然而然地得到改善，这样企业内部就有了稳定和谐的氛围。“仓廪足而知礼”，企业文化、企业核心竞争力中最内在的素质就会随着企业社会责任的强化而形成和发展，这无疑又强化了企业的核心竞争力。

前面已论述到企业的社会责任是一个内涵十分丰富的概念。企业应该承担的社会责任是多方面的，它包括企业对社会公益事业的贡献、依法经营、遵纪守法、环境保护、安全生产、质量保证、企业医疗卫生、社会保障以及企业在妇女、儿童保护等多方面的社会责任和职能。这些社会责任的建设和实现无不与珠三角企业或整个珠三角核心竞争力的构建、打造和提高紧密关联，没有这些社会责任的逐一实现是不可能真正形成珠三角的核心竞争力的。尤其是企业的依法经营社会责任、质量保证社会责任以及社会保障社会责任直接成为企业核心竞争力的构成要素，同样也扮演着目标和手段的双重角色。

质量保证是为了提供足够的信任表明产品或服务能够满足质量要求，而在质量体系中实施并根据需要进行证实的全部有计划和有系统的活动。可见，企业通过质量保证向社会传达了企业通过产品和服务质量向社会负责的信息，使公众和社会认为确保产品和服务质量是企业的社会职责。在以产品质量说话的今天，企业要赢得稀缺的市场，就必须抓好产品的质量保证，通过得力的质量保证措施来赢得客户的信赖，从而获得订单而带来效益。对于珠三角或者说整个广东企业来说，通过了 ISO 9000 系列标准要求的质量体系认证就将因此而具有明显的竞争优势，同时也就意味着企业可以打开更多的国际市场。所以，切实抓好质量保证社会责任建设，强化企业核心竞争优势，无论是对企业的所有者和员工，还是社会，都是有益的。

企业依法经营是企业的社会责任，依法经营作为一种特殊的企业社会责任通常都是通过企业文化和企业的经营理念表现出来的。同时，企业作为一个“社会人”在追求自身的赢利活动、实现自身价值的过程中，除了受法律的规范和制约外，也受社会道德和人文精神以及社会舆论的影响和约束。另外，在法律关系上企业不是仅仅被动地受法律的约束和规范，而是更多地表现为企业认同基础上的自我行为要求。在主要靠“异质性”来凸现企业市场竞争力和价值的今天，珠三角企业应该主动地把社会责任融入企业经营活动的范畴，把外在的约束转化为自我的要求和追求目标。

企业社会保障责任是企业必须承担的社会责任。随着我国市场经济地位的确立，建设企业社会责任、强化社会成员的保障工作，已不再仅仅是政府的职责，而是社会责任逐渐被微观化，逐步向企业内化，也即社会责任、社会保障的建设逐渐变成了企业的自身和自觉行为，成为企业经营行为之一，变成了企业必须承担和确保实现的职责和责任。社会保障的目的在于使生产得以持续，尤其是要保证劳动力的持续不中断，作为生产活动主体的企业为了使自身经营活动不中断，必须承担一定的社会保障责任。同时，企业社会保障责任的有力实现是整个社会保障的保障。所以，企业界要充分认识到自觉承担社会责任，使之成为企业经营行为的一部分，是企业社会责任建设的关键，是企业实现社会保障工作的重点。另外，我们发现企业核心竞争力的构建与企业社会保障责任的建设并不矛盾，也不冲突，相反，搞好企业社会保障责任更能增强企业的竞争力。因为企业社会保障一方面从整体上保证了企业生产经营活动不因劳动力的生存条件不能得到保证而中断，另一方面在市场的运作过程中，企业可以把社会责任当作标榜和凸现自身价值的手段，让其成为企业自我要求的内在素质和品质，进而成为企业在市场中战胜对手的竞争能力和手段。这也是市场经济由“无序”走向“有序”的一个必然过程。只有让广东的企业充分认识到市场经济下企业社会责任这么一个内涵式转变，并且自发地把企业的社会责任融入企业文化的建设中当作一个品牌、当作企业核心竞争力来经营，那么企业才能保持持续的竞争优势。

在企业核心竞争力的打造过程中，要充分调动人的优势，这是竞争力形成中最关键也是最基本的一环。而要切实调动人的优势，企业首先应做到认真履行劳动保护职责。所谓劳动保护，是指为了保护劳动者在劳动过程中的安全、健康和合法权益而采取的各种措施。劳动保护同样也是企业的社会责任之一。企业对劳动者的责任是多方面的，既包括在劳动法意义上保证劳动者实现其就业和择业权，劳动报酬获取权，休息、休假权，劳动安全卫生保障权，职业技能培训享受权以及社会保险、社会福利待遇取得权等劳动权利的法律义务，同时也包括企业按照高于法律规定的标准对劳动者担负的道德义务。任何一个企业忽视劳动保护社会责任，总是寄希望于通过裁员、降低雇员薪金、削减劳动安全保护和员工培训开支来降低企业的生产经营成本，或通过延长劳动者劳动时间来提高企业竞争力等，都是很难形成企业持久的核心竞争力的。为此，企业在追求利润的过程中尽可能兼顾劳动者的利益，这不仅是企业的社会责任问题，更是企业如何增强自身竞争优势的问题。

企业的其他社会责任，如对社会公益事业的贡献、遵纪守法、环境保护、安全生产、医疗卫生、社会保障以及在妇女、儿童保护等方面无不对企业在市场经济下核心竞争力的提高具有促进作用。同时，许多社会责任本身就是企业竞争优势的一部分。因此，通过加强企业社会责任建设来提高珠三角核心竞争力是很必要的，同时企业社会责任建设也不是一个孤立的过程，而是融入当前珠三角或整个广东企业具体的改革与实践中。只有这样，才能真正提高整个珠三角地区的核心竞争力。

参考文献

[1](美)彼得·德鲁克．管理的实践——德鲁克经典中的经典[M]．北京:机械工业出版社,2006．

[2]Prahalad C K, Gary Haml. The core competence of the corporation [J]. Harvard Business Review,1990,5(6):79-91．

[3]张维迎．妙谈企业核心竞争力[N]．市场报,2002-01-17(1)．

[4]叶祥松,罗海平．企业社会责任与珠三角核心竞争力的重构[J]．珠江经济,2006(3):33-37．

[5]赵琼．珠三角企业何去何从——珠三角企业创新能力分析[J]．广东经济,2001(5):38-41．

[6]叶祥松,罗海平．廉价的劳动力优势与企业社会责任．经济导刊,2006(4):78-81．

企业社会责任的法制化

企业社会责任概念提出后，便在西方发达国家得到了推广，随着经济全球化的深入，其理念得到了各国社会的普遍认可。我国作为一个刚刚走上社会主义市场经济道路的发展中国家，企业较为注重经济效益是在所难免的，但这并不等于中国企业可以忽视社会效益，甚至逃避承担社会责任。需要指出的是，我们主张企业社会责任并不是从根本上否定企业的赢利性质，而是认为企业在经营过程中除了追求股东利益最大化外，还应考虑其他利益相关者的合法权益，使企业的赢利性更好地为整个社会服务。再者，社会主义市场经济是社会主义和市场经济的有机结合，它要求社会平等和市场效益相一致，企业承担社会责任更是我们构建和谐社会的重要内容。因此，我们认为，我国应该积极借鉴西方发达国家在企业社会责任法制化实践中的宝贵经验，以制度化的形式把企业社会责任的观念贯彻于企业的经营和社会活动当中。这既体现了我国立法程序具有一定超前性的特点，又符合中国入世后法制上与世界接轨的需要，从而保证我国企业适应社会主义市场经济的发展要求。

一、倡导企业社会责任法制化的原因分析

企业既是市场经济的重要组成部分，又是在特定的社会环境下生存和发展的，因此，企业应该在公平合法的条件下规范经营，适应市场经济下的法制规则。法制是约束市场经济中各行为主体守法经营、规范运作的一系列规则。由于具有确定性、强制性和权威性的功能，法律不仅能够保障企业的利益不受侵犯，更能保护社会其他利益相关者的合法权益，因此，企业社会责任的法制化具有相当重要的意义。法律要求的分析方法可以简单地概括为：任何人在任何时候都应该遵守法律。在一个民主的社会中，法律可以说是代表了这个社会的基本道德标准，而这些基本的道德标准应可作为个体的人的本质并理解其价值。这种“严格守法，依法行事”的伦理分析方法有着古老的历史渊源。托马斯·霍布斯（Thomas Hobbes）（1588—1679）最早提出了人类惟一的道德责任就是遵守法律或遵从制定法律的最高政府权力机关。

（一）企业社会责任法制化是避免“政府失灵”的有效措施

由于垄断、信息不对称和外部性等因素的存在，再加上经济波动性和收入分配不均的原因，政府干预成为纠正“市场失灵”的必要措施。但是，政府在纠正“市场失灵”的同时，也会由于管治者的有限理性、信息偏差等的影响而导致“政府失灵”。法律是保证各市场经济主体规范运行的强制性调节手段，政府作为市场主体的一部分，其行为同样应该受到法律的约束。因此，为确保政府干预决策的科学性和准确性，防止“政府失灵”，迫切要求法律加以规制，尤其是企业社会责任更需要政府干预法制化。在过去计划经济年代，行政性负担使企业的性质和行为发生严重扭曲，“企业办社会”的现象比较普遍。在社会主义市场经济的今天，我们所面临的问题却是如何做到政企分开，明确界定企业和社会的功能和范围，并把企业社会责任纳入法制化的轨道。

在社会责任法制化之前，政府有可能迫使企业承担过多的社会责任，这样政府就可以少承担一些社会责任。但是，企业承担过多的社会责任对企业的发展是不利的，最终会损害整个社会的福利。通过立法明确界定企业和政府的功能，将企业社会责任法制化，就能够减轻甚至避免这种情况的发生。如图1所示，*STR* 曲线是企业承担不同社会责任规模时整个社会的总收益曲线，*STC* 则是社会成本曲线，对于整个社会来说，企业承担社会责任的最优规模是 q_0。但是，对于政府来说，*GTR* 是企业承担不同社会责任规模时政府的收益曲线，*GTC* 则是政府的成本曲线。根据公共部门经济学，政府尽管名义上代表社会，但实际上有着自身的利益，特别是对于在位者而言。对于政府来说，企业承担社会责任的最优规模是 q_1，政府有动力迫使企业承担更多的社会责任来最大化自身的利益。我们认为，只有通过合理的法制进行约束，才能抑制政府的这

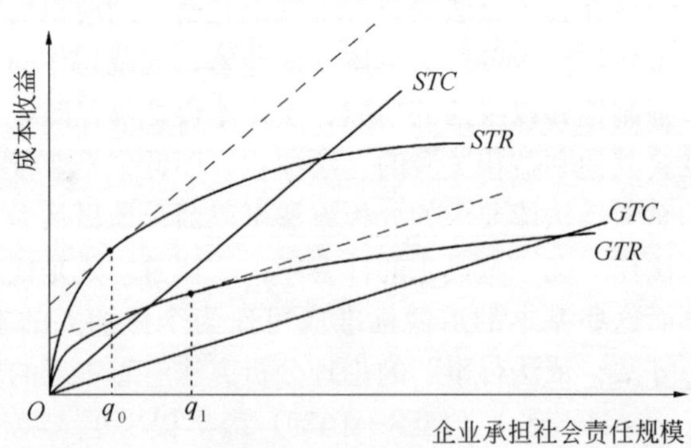

图1　企业承担社会责任规模与成本收益关系图

种“杀鸡取卵”行为。

（二）企业社会责任法制化是现代市场经济健康发展的必然趋势

现代市场经济是以价格机制为核心调节资源配置的方式，作为市场中具有生产性功能的经济组织，企业的运行及其绩效对经济、政治、文化等方面有着重要的影响，其责任范畴也必然影响整个社会的运作。再者，市场经济的核心是竞争，优胜劣汰的竞争原理是社会得以进步与繁荣的必要条件。但值得注意的是，并非所有的竞争都能如此，只有当存在与之匹配的法律制度时，企业间竞争才会增加其社会价值，社会的整体发展也才会健康和持久。因此，法律制度成为使市场经济朝着健康方向发展的最基本的制度环境，企业社会责任制度化更能在缓解劳资关系、保护消费者权益、提高产品质量等方面提供法律保障，从而促进市场经济朝着健康的方向发展。

（三）企业社会责任法制化是中国经济可持续发展的客观要求

从某种意义上讲，中国经济能否实现可持续发展的关键在于如何确保企业和社会的协调发展。若企业的社会责任过小，势必忽略社会利益，导致环境污染、自然资源过度开发等社会生态问题，从而间接影响国民经济的可持续发展；若企业负担的社会责任太大，必将损害企业自身的利益，直接影响国民经济的持续发展和体制改革的顺利进行。因此，企业社会责任法制化能够平衡企业效率和社会发展间的关系，协调企业的经济效益与社会效益的共同实现，是中国经济可持续发展的保障。

（四）企业社会责任法制化是顺应世界潮流

经济全球化、经济一体化已经成为世界经济发展的潮流。在经济全球化背景之下，美、德、英等发达国家已经兴起了以企业社会责任为导向的法律变革运动，他们号召企业遵守在人权、劳工标准和环境方面的社会责任守则。这些原则是国际社会对企业承担的社会责任的一种呼吁，它对我国如何加强企业社会责任具有重要的指导作用。尤其在我国加入世界贸易组织后，更应在这方面与世界接轨，加强企业社会责任的法制化建设，避免法律空白对我国造成影响。

二、我国企业社会责任法制化的现状

法律是落实企业社会责任的重要保证。虽然目前我国没有一部专门的针对企业社会责任的法律，但现行法律、法规对企业社会责任的一些内容作了规定。

（一）企业法的规定

我国现行的企业法是伴随着始于1978年的经济制度改革的不断深化而逐步制定的。迄今为止，已颁布了《全民所有制工业企业法》、《城镇集体所有制企业条例》、《乡镇企业法》、《私营企业暂行条例》、《中外合资经营企业法》、《外资企业法》、《公司法》、《合伙企业法》和《个人独资企业法》等法律、法规。从总体上看，这些企业法律、法规对企业社会责任的规定较为零散。具体而言，体现企业社会责任思想的企业法规定主要包括以下几个方面。

1. 关于职工对企业经营管理参与的规定

吸收职工参与企业的经营管理，在其他国家尤其是德国、荷兰等欧洲国家被视为维护职工合法权益以及企业对职工承担责任的一种重要方式。在我国，职工参与企业的经营管理也有着悠久的历史，并为现行企业法所肯定。全民所有制企业法规定，企业通过职工代表大会和其他形式实行民主管理；职工代表大会是企业实行民主管理的基本形式，是职工行使民主管理的权力机构；职工代表大会享有对依法应由厂长决定事项的审议并提出意见和建议的职权，而且对事关职工切身利益的事项享有审查同意或者否决的权力甚至审议决定的职权。在集体所有制企业法中，除职工的民主管理得到认可外，职工大会或职工代表大会还被规定为企业的权力机构。私人企业法和外商投资企业法则规定企业通过工会等形式实行民主管理。在公司法中，职工参与企业的经营管理相对而言规定得更为充分，除要求本公司在研究决定涉及职工切身利益的问题时应事先听取工会和职工的意见，并邀请工会或职工代表列席有关会议（《公司法》第56条、第122条）外，还规定了职工监事制度（《公司法》第52条、124条）、国有独资公司的职工董事制度（《公司法》第68条）、国有投资主体出资设立的有限责任公司实行职工民主管理的制度（《公司法》第16条）等。

2. 关于劳动保护的规定

劳动保护与职工参与一样，也是维护职工合法权益的一种重要措施，同时又是企业对职工应尽的一项社会责任。我国现行企业法律、法规对此作出了明文规定，如《全民所有制工业企业法》第41条、《城镇集体所有制企业条例》第22条、《私营企业暂行条例》第30条以及《公司法》第15条等，均要求企业执行国家有关劳动保护的规定，建立必要的规章制度和劳动安全卫生设施，保障职工的安全和健康。

3. 关于环境保护的规定

环境保护作为企业应尽的一项社会责任，在《全民所有制工业企业法》（第41条）、《城镇集体所有制企业条例》（第22条）、《私营企业暂行条例》（第45条）等企业法律、法规中作了规定。按照这些规定，企业应落实环境保护措施，做到文明生产。

4. 关于企业对债权人、用户和消费者负责的规定

作为企业社会责任的重要内容，企业对债权人的责任，至关重要的是必须切实履行依法订立的合同，确保交易的安全；对用户和消费者的责任，主要体现为保证产品和服务的质量。对此，《全民所有制工业企业法》（第35条、第38条）、《城镇集体所有制企业条例》（第22条）等企业法律、法规作了明确规定。此外，《公司法》还开宗明义，在第1条将保护债权人的合法权益规定为公司立法的宗旨之一。

5. 关于精神文明建设和遵守职业道德的规定

在企业法律、法规中，规定了精神文明建设和遵守职业道德的内容，这是我国企业立法的一大特色。精神文明建设和遵守职业道德直接涉及社会公共利益，与作为物质文明建设的赢利有联系，更有区别。企业进行精神文明建设和遵守职业道德可视为企业社会责任的内容。对此问题，《全民所有制工业企业法》（第4条、第5条）、《城镇集体所有制企业条例》（第22条）、《公司法》（第14条、第15条）等企业法律、法规均有明文规定。

6. 关于股份有限公司股份发行实行公开、公平、公正原则以及经营公示主义的规定

募集设立的股份有限公司是典型的合资公司，牵涉众多股东和潜在投资者及债权人的利益。为此，《公司法》规定股份发行实行公开、公平和公正原则（第130条），并实行向社会公开甚至公告其财务会计报告的经营公示主义（第176条），以确保股东和其他社会公众投资、交易的安全。

（二）税法的规定

为了对企业采取社会责任行动提供经济上的激励机制，同时兼顾企业和股

东的利益与社会公众的利益，与美国等发达国家的立法例相类似，我国现行税法对公益、救济性捐赠也实行扣减所得税的制度。按照《企业所得税暂行条例》(1993 年 12 月 13 日国务院发布)、《企业所得税暂行条例实施细则》（1994 年 2 月 4 日财政部发布）等法规和规章的规定，在计算企业应纳税所得额时，纳税人用于公益、救济性的捐赠，在年度应纳税所得额 3% 以内的部分，准予扣除。本着避免企业捐赠中的非理性，寻求企业和股东利益与社会公益之间的平衡的精神，上述法规、规章还特别强调，准予扣除所得税的公益、救济性捐赠，限于纳税人通过中国境内非赢利的社会团体、国家机关向教育、民政等公益事业和遭受自然灾害地区、贫困地区的捐赠；纳税人直接向受赠人的捐赠不允许扣除；非公益、救济性的捐赠，超过国家规定允许扣除的公益、救济性捐赠以及各种赞助支出，均不得扣除。以上规定，在一定意义上贯彻了企业社会责任的思想，其对企业社会责任的落实，无疑具有重要的作用。

（三）公益事业捐赠法的规定

为了鼓励捐赠，规范捐赠和受赠行为，保护捐赠人、受赠人和受益人的合法权益，促进公益事业的发展，1999 年 6 月 28 日，第九届全国人民代表大会常务委员会第十次会议通过了《公益事业捐赠法》，该法已于同年 10 月 1 日开始施行。该法适用于自然人、法人或者其他组织自愿无偿向依法成立的公益性社会团体和公益性非赢利的事业单位捐赠财产，用于公益事业的行为。此外，在发生自然灾害时或者境外捐赠人要求县级以上人民政府及其部门作为受赠人时，县级以上人民政府及其部门以捐赠财产的管理人身份接受捐赠的，也适用该法。按照规定，作为将充当捐赠人的企业，可以将其有权处分的合法财产，捐赠于下列公益事业：①救助灾害、救济贫困、扶助残疾人等困难的社会群体和个人的活动；②教育、科学、文化、卫生、体育事业；③环境保护、社会公共设施建设；④促进社会发展和进步的其他社会公共和福利事业。这就为企业实施公益性捐赠这一典型的社会责任行为提供了基本的法律依据。此外，为了鼓励企业对公益事业进行捐赠，该法还重申了税法关于公益、救济性捐赠享受扣减所得税待遇的立法精神。按照规定，公司和其他企业依法捐赠财产用于公益事业，按照法律、行政法规的规定享受企业所得税方面的优惠。《公益事业捐赠法》尽管并非是专门规定企业的公益性捐赠的法律，但因其适用于企业的公益性捐赠，故而其对企业社会责任的落实，仍然具有积极意义。

（四）合同法的规定

我国现行《合同法》虽然无意于涉及企业社会责任问题，但其中关于赠与合同的规定，因其适用于企业作为赠与人的情形而间接地为企业实施公益性捐赠这一典型的社会责任行为提供了依据和支持。借鉴德国和我国台湾地区的立法例，《合同法》第 186 条规定：赠与人在赠与财产的权利转移之前可以撤销赠与，但具有救灾、扶贫等社会公益、道德义务性质的赠与合同，不适用此项规定；第 155 条规定：具有救灾、扶贫等社会公益、道德义务性质的赠与合同，赠与人不交付赠与的财产的，受赠人可以要求交付。《合同法》的上述规定对企业社会责任的意义在于：首先，它为企业实施税法和《公益事业捐赠法》规定范围以外的其他公益性捐赠提供了法律依据。简言之，税法和《公益事业捐赠法》只适用于捐赠人向依法成立的公益性社会团体和公益性捐赠，而《合同法》不仅承认了企业可从事广泛的社会公益性捐赠活动，而且调整了企业的某些公益性捐赠法律。其次，《合同法》的上述规定将公益性和道德性赠与作为合成性合同对待，明确规定它们不能如其他赠与合同那样，而必须由赠与人于赠与财产的权利转移之前撤销赠与；同时，还特别强调，对于公益性和道德性赠与，若赠与人不交付赠与的财产，则受赠人可以要求交付。这就确定了公益性和道德性赠与较之其他赠与具有更强的执行力，从而有助于督促企业兑现其在资助社会公益事业上所作出的许诺，进而有利于企业社会责任的切实落实。

三、国外企业社会责任法制化实践经验的启示

20 世纪 50 年代中期以后，关于企业社会责任问题的争论一直都是西方经济学界和法学界的热门话题。但在美国、英国和德国等西方发达国家，已通过立法或判例的形式把企业社会责任固定下来。这些法制化的实践，不仅为企业社会责任在传统的公司法、税法、合同法和环境法等社会立法方面提供了强有力的保障和支持，而且使企业社会责任获得了新的法律依据。通过总结国外企业社会责任法制化实践所取得的成功经验，结合我国基本国情，我们至少可以得到以下几点启示。

（一）积极把企业社会责任付诸实践

在美国，企业社会责任及利益相关者理论一直受到主流企业理论的猛烈抨

击。诺贝尔经济学奖得主、美国著名经济学家密尔顿·弗里德曼（1962）在其著作《资本主义与自由》中认为："企业有一个并且只有一个社会责任——使用它的资源，按照游戏规则，从事增加利润的活动，只要它在一天，它就如此……如果企业管理者接受这种社会责任的观念，而不是尽可能地为股东创造价值的话，那就几乎没有什么倾向能如此彻底地破坏我们这个自由社会的基础了。"尽管如此，美国的立法和司法界还是坚持把企业社会责任以法律的形式使之固定下来。尤其在企业社会责任法制化实践中，美国经历了原来反对企业参与社会活动，到以"利益相关者"为理由为企业社会责任寻找合理的法律解释，再到为企业社会责任提供法律根基，最后使之成为具有强制效力的正式制度安排。此外，我们知道，关于企业社会责任的研究在欧洲仍相对薄弱，但英、德等国家还是根据实际需要，在法律上对企业社会责任作出修改。例如，英国的《公司法》和德国的《股份公司法》均承认企业社会责任对缓解劳资关系、保护消费者权益有一定的促进作用。因此，我们应该认识到，关于企业社会责任的争论甚至抨击不应成为实践中承认企业社会责任并使之纳入法制化轨道的障碍。尤其是在我国，对于企业社会责任的研究才刚刚起步，争论在所难免，但这并不意味着我们在该问题上就裹足不前，而是应该以一种积极和务实的态度把企业社会责任付诸实践。

（二）法律是企业社会责任建设的必要条件，伦理责任是重要补充

在国外，承担社会责任是企业的基本特征，它包括企业在法律意义上的社会责任、经济意义上的社会责任和道德意义上的社会责任。首先，法律责任是企业行为的前提，在社会责任系统中占据最高的位置。它要求企业积极遵守法律规定的各种标准，如劳工标准、质量标准、排污标准等，并应力争制定高于相应强制性标准的标准。当企业主动承担上述社会责任时，可减少企业行为的负面影响，树立企业的外部亲和形象，并收到良好的社会效益。其次，经济责任和道德责任作为补充。企业作为生产性经济组织，其基本功能是供、产、销活动，这是企业存在的根本宗旨。尽管 1991 年诺贝尔经济学奖获得者、现代企业理论和法律经济学的创始人罗纳德·科思（ Ronald H. Coase）曾在其名篇《企业的性质》中指出，企业的本质是对市场的替代。科思仅从交易的角度考察企业的性质，认为市场交易由价格机制来协调，而企业的交易由权威和命令来实现。企业通过内部化市场交易减少交易费用，从而成为比外部市场更具效率的交易管理机制，证明了经济责任是企业存在的基础。但该理论没有考虑企业自身效率增加给外部（包括社会发展和其他利益主体）带来的影响和影响的

反作用。国外的实践表明，随着企业数量的增多、企业竞争力的增强，企业与所处的社会环境存在密切的联系，不能抛开企业的生存环境空谈企业的使命和责任。事实上，企业在其经营活动中会跟相关的社会利益集团发生联系，如员工、消费者、政府、当地社区等，以满足社会的需要和要求。这些需求来源于法律和社会的愿望，以及社会发展中长期沉淀积累的诸多有约束力和正义感的社会文化、习俗和道德规范。因此，我国有必要在完善既有的企业对社会的法律责任的规范的同时，在法律制度中就企业对社会的道德和经济责任作出规定，以使企业履行、司法实践承认该责任有所依据。

（三）以“公司法人格否认法理”，强化企业社会责任

传统的公司法理念一直将企业视为股东获取利益的工具，且企业的赢利性特征，也决定了企业似乎只能为追求股东利益最大化服务。当论及企业行为的具体执行者的义务时，所强调的虽为增进企业的利益，实现企业价值的最大化，但股东作为企业的所有者，当然是企业利益的最大受益者，企业利益的增加就等于股东利益的增加。在企业发展初期，由于企业规模较小，因而企业主要为这一种目的而存在是可行的。但是，随着企业规模的扩大，企业在社会经济生活中所起的作用越来越大，以至于影响到与企业直接或间接相关的各个利益群体，影响到社会经济生活的方方面面，因此就不能再简单地将企业的责任仅归结为只是为股东的利益服务。尤其是在某些特定的场合，当企业股东滥用公司独立人格和股东有限责任损害企业债权人和其他利益相关者利益时，单靠实定法（如公司法、合同法、劳动法、侵权法、产品质量法、环境法、竞争法等）的规制，很难制裁股东的滥用权利行为，因而需要适用公司法人格否认法理。

“公司法人格否认法理”，作为一种股东滥用公司法人格和股东有限责任行为导致的不公平事实进行事后规制的手段，应是在实定法已无法完全救济受害的当事人利益时，为了公平、正义之永恒价值目标的实现，配合各种实定法而运用于不同的具体场合，从而发挥任何单一法律的调整都难以达到的最佳效果。例如，一些企业在利润目标的驱使下，以污染环境为代价获取超额利润，致使当地居民生活环境遭受严重破坏。根据公司法人格否认法理，就可以追究肇事公司背后的控制股东的责任，以更好地救济受害的当事人。因此，当控制股东干涉、造成企业合同不能履行而导致合同债权人受损害时，该法理可配合合同法的规定追究该股东的责任；当控制股东之操纵，使企业发生产品质量责任或其他侵权行为时，该法理可配合质量责任法或其他侵权行为法令该股东承

担必要的责任；当控制股东之故意或过失，使企业在追求自身利益的同时污染了环境，依该法理控制股东则有不可推卸的责任，等等。

由此可见，强化企业社会责任是现代经济对企业的客观要求，而滥用公司法人格和股东有限责任，将会直接影响企业社会责任的履行。我们应当积极向西方国家学习，引入公司法人格否认法理规制公司法人格的滥用行为，以保障企业社会责任的实现。

（四）对企业社会责任作出明确的法律规定

对企业社会责任作出明确的法律规定，始见于1937年的德国《股东公司法》。该法强调，企业的董事“必须追求股东的利益、企业雇员的利益和公共利益”。英国也在1980年修改公司法时，规定董事必须考虑雇员的利益。还有英国的《城市法典》第9条规定：“在董事向股东提供建议时，董事应当考虑股东的整体利益和企业雇员及债权人的利益。”最为引人注目的是美国法律研究所在1984年4月提供的一份关于《公司治理原则：分析与报告》的建议，其中2.01条关于“企业的目的和行动”的规定，显然扩大了企业的目的，使企业不仅具有追求企业利益和股东利益的经济目的，而且还要对社会负担一定的责任。那么，依照该条例，企业既是一种经济组织，又是一种社会组织，因此，它在追求赢利目的的同时，必须受社会责任或社会需要的制约。值得一提的是，美国的宾夕法尼亚州也在公司法中加入了企业管理者应当对企业的利益相关者负责的条款。规范企业社会责任的法律不仅局限于公司法，其他相应的法律都将考虑企业社会责任的需要而不断进行修改。当然，除了公司法外，合同法、劳动法、产品质量法、环境保护法、竞争法等，都对企业社会责任进行规制。综观国外企业社会责任法制化实践经验，不难发现，各国旨在落实企业社会责任的新努力，主要集中在企业法制度及与企业法制度密切相关的其他法律制度上，把企业社会责任写进具体的法律条款中。发达国家的这些做法值得我们借鉴。

四、将企业社会责任纳入我国法制轨道的若干建议

如前所述，企业社会责任法制化是我国社会主义市场经济发展的客观要求，在我国企业社会责任法制化现状的基础上，总结国外企业社会责任法制运动积累的成功经验，本文提出几点意见及建议。

1. 在法律上明确界定企业社会责任的范围，确保法律义务和道德义务相结合，为企业社会责任的法制化建设奠定基础

法律义务是法定化的且以国家强制力作为其履行现实和潜在保证的义务。这种义务在法律中不仅有具体的内容和履行上的要求，而且对于其怠于或拒不履行也有否定性的法律评价和相应的法律补救，因此，它实际上是对义务人的"硬约束"，是维护基本社会秩序所必需的最低限度的道德的法制化。道德义务是未经法定化的、由义务人自愿履行且以国家强制力以外的其他手段作为其履行保障的义务。这种义务的内容存在于一定社会的道德意识之中，通过人们的言行和道德评价表现出来。由于这种义务不以国家强制力作为其履行保障，而只能通过义务人的责任感以及教育、规劝、鼓励、舆论等非法律手段的促使来确保其承担，因而它实际上是对义务人的"软约束"。如对道德意义上的企业社会责任的义务对象的范围不可作出限定的话，则对法律意义上的企业社会责任的义务对象之范围作出适当限定则是必要的。与此不同的是，法律意义上的企业社会责任为企业法律上的义务，具有强制履行的性质，如果这种责任的负责对象不确定或过于宽泛，则势必造成企业的过重负担以及人人向企业伸手等弊端，这将导致企业消极对待社会责任的法制化建设。因此，对法律意义上的企业社会责任范围的界定，是我国未来企业社会责任立法中必然遇到的一个问题。

假设政府和企业之间展开博弈，政府的决策是指是否为社会责任进行立法，而企业的决策是在政府决定是否立法之后决定是否遵守相关的法规。具体的博弈树如图2所示。当政府不立法而企业不承担社会责任时，企业由于不需要承担相关的成本也不会遭到惩罚，得到的支付为2，而整个社会（除企业外）得到的支付为-1，即遭受了损失。当政府不立法而企业承担了社会责任时，企业由于承担了相关的成本，所以支付为1。虽然该企业承担了社会责

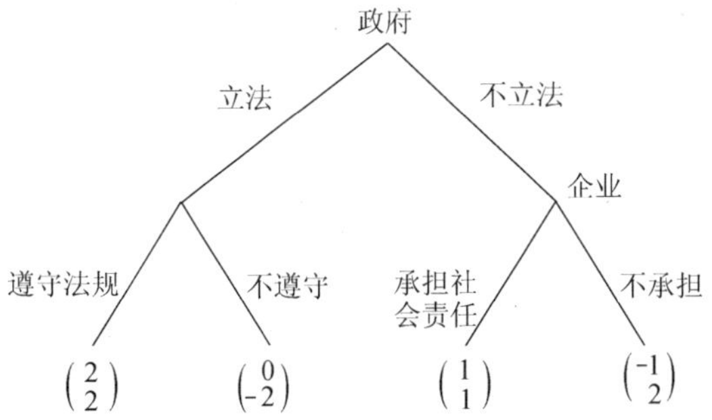

图2 政府立法与企业承担社会责任博弈效用图

任，但其他企业非常可能不承担社会责任，从而可能使企业处于竞争不利的地位，并且没有发生承担社会责任的协同效应，所以社会得益也只是1。在政府进行了立法并且企业遵守法规承担社会责任的情况下，企业的支付为2，社会得益为2。在政府进行了立法而企业却没有遵守法规的情况下，企业遭到处罚支付为-2，社会因为企业没有承担社会责任而遭受了损失，但从处罚企业那里挽回了部分损失，所以支付为0。很明显，只要政府是理性的并且是为社会福利着想的，它就会制定相关法律，因为在政府制定法规后，无论企业是否守法，社会的福利都好于政府不立法时的情形。一旦政府进行了立法，企业的最优决策就是遵守法规，承担社会责任。因此，对于一些明确属于企业执行范围的社会责任，政府应该通过制定和完善法规使企业主动自觉完成这些社会责任，以最经济的方式最大化企业和整个社会的收益。

2. 修改《公司法》，把企业社会责任写入公司章程，作为社会责任法制化的起点

我国《公司法》等企业法律、法规是在股东本位制这一传统理念指导下起草并实施的。因此，要实现企业社会责任就必须先修改《公司法》，把企业社会责任写入公司章程，作为企业社会责任法制化的起点。企业应承担的社会责任由公司章程固定下来，章程具体规定社会责任的内容。一是成立类似监事会性质的企业社会责任会，可以由副董事长分管，下设分会，由专人负责各部门工作；二是设立审计监督机构，由监事会执行其职权。如果一个企业在执行社会保障方面运行得当，审计将有助于评估其业绩差距。

3. 完善我国“公司法人格否认法理”，以巩固企业社会责任法制化建设

首先，要注重把握民、商法中诚实信用原则、公序良俗原则和权利滥用禁止原则等基本原则的功能特性，解决该法理的法律适用问题。这三项基本原则都具有强制法的功能，但具备强制法功能并非这三项原则独有的特性，其功能特性在于它们还具有解释的功能和补充法律漏洞的功能，以及这三项功能的统一。只有把握住这样的功能特性，“公司法人格否认法理”在我国的适用才有可能。

其次，采用判例制度解决“公司法人格否认法理”的适用手段问题。判例即为“判决先例”，是就目下须重为判断之同一法律问题，法院针对另一件事件已为决定之判决，或根据本院或上级同级法院已成的判例，于法律上及事实上受其拘束者。因此，判例具有约束力和说服力，并具有解释和补充法律的作用。

第三，应制定确认“公司法人格否认法理”的制度。显然，适用“公司法人格否认法理”可以促进法律制度的完善。就其稳妥性考虑，应在充分适用“公司法人格否认法理”并总结经验之后完善法律。

参考文献

[1]Keith Davis,Robert L. Blomstrom, business and society:environment and responsibility [M]. 3rd ed. New York:McGraw-Hill,1975.

[2]Joseph W McGuire.Business and society[M].New York: McGraw-Hill,1963.

[3]Friedman M. Capitalism and freedom [M]. Chicago: University of Chicago Press,1962.

[4]杨瑞龙,周业安．企业的利益相关者理论及应用[M]. 北京:经济科学出版社,2000.

[5]赵琼．"以人为本"是企业社会责任的核心理念[J]. WTO经济导刊,2004(5):34-36.

[6]张维迎．企业的企业家-契约理论 [M]. 上海:上海三联出版社,1995.

[7]陈宏辉．企业利益相关者理论与实证研究[D]. 杭州:浙江大学,2000.

[8]杨春学．利他主义经济学的追求[J]. 经济研究,2001(4):82-90.

[9]梁慧星．民法总则[M]. 北京:法律出版社,1996.

[10]卢代富．企业社会责任的经济学和法学分析 [M]. 北京:法律出版社,2002.

[11] Clarkson M.A stakeholder framework for analyzing and evaluating corporate social performance [J]. Academy of Management Review, 1995,20(1):92-117.

[12]Donaldson T,Dunfee T W.Integrative social contracts theory: a communitarian conception of economic ethics [J]. Economics and Philosophy, 1995,11(1):85-112.

[13]LaRue Tome Hosmer.The ethics of management[M]. 5th ed.New York: McGraw-Hill, 2006.

实践报告

广东企业环境保护社会责任建设分析

任何一个企业的生产活动都是直接或间接地从所依赖的环境中取得资源和能源，把它加工成社会需要的物质。因而，企业发展也就是一个不断开发利用资源并把资源变成物质财富的过程。在此过程中，一方面，由产品、物质及其生产工艺、技术所决定，企业在生产中必然会有一定的废气、废水、废渣和噪声向外排放，产生外部负效应，造成环境污染。加之，在市场经济条件下，企业作为一个以赢利为主要目标的组织，经常把赢得顾客、获取最大利润为最终目的，忽视了企业和环境之间的关系，淡化了其外部负效应——企业活动对环境的破坏，粗放型增长、盲目地生产和开发等经营行为导致资源枯竭、环境状况更加恶化。在造成环境污染的各项人类活动中，企业的生产活动起决定性的作用。企业发展过程中产生的污染是环境污染的主要来源之一，当今我们面临的环境污染，无论是废水、废气、废渣和噪声，还是热放射性和电磁辐射等污染，都是人类经济活动的直接或间接的结果。这些都是企业发展和环境不协调发展的缘故，也是人类活动违反大自然规律而导致自然对人类的一种“报复”。全球性的环境恶化趋势将使人类面临生存和发展的双重压力。生存是发展的基础和前提，发展则是在更高层次上求生存。

环境问题是随着经济和社会的发展而产生和发展的。人类和环境的关系是一对矛盾统一关系，且在不断运动和变化之中。环境问题除了纯粹由自然力产生的自然灾害之外，都是伴随国民经济和社会发展而产生的，与人类各种经济活动有着十分密切的、不可分割的关系。正如联合国人类环境会议（United Nations Conference on the Human Environment）1972 年通过的《人类环境宣言》(Declaration of the United Nations Conference on the Human Environment) 所指出的：“在发展中国家，环境问题大半是由于发展不足造成的。因此，发展中国家必须致力于发展工作，牢记它们的优先任务和保护、改善环境的必要。在工业化国家，环境问题一般是同工业化技术发展相关的。"[①] 因而，环境问题实质上是经济问题和社会问题。

一、广东企业走绿色发展道路的必要性

（一）广东面临经济增长方式的转变

改革开放以来，广东经济持续快速增长。持续 30 年的经济增长使广东省成为我国经济实力最强、吸引外国直接投资和进出口额最多的省份。2005 年，广东省 GDP 达 21701.28 亿元，比上年增长 12.5%，总量继续在全国各省、市、区中居首位，人均 GDP 接近 3000 美元。与此同时，城乡居民收入保持持续增长势头。2005 年，全省城镇居民人均可支配收入为 14769.9 元，比 2000 年增长 51.3%；农村居民人均纯收入为 4690.5 元，比 2000 年增长 28.3%。全省城乡居民储蓄存款突破 2 万亿元大关，达到 20267.76 亿元，比 2000 年增长 1.34 倍。外贸方面，出口实现了历史性突破，全年出口总额突破 2300 亿美元，占全国比例达 31.3%，连续 20 年稳居全国首位。2005 年实际利用外资达 126.77 亿美元，同比增长 26.6%。截至 2005 年末，世界 500 强企业中已有 176 家在广东设立企业[②]。目前，中国成了世界上最大的制造业国家，而广东又是全国最大的制造业基地。但也应该看到，广东省大多是劳动密集型企业，主要从事"三来一补"的加工贸易，广东相当部分的经济增长仍是靠高投入、高消耗、高污染来实现的，粗放型的经济增长方式没有得到根本改变。1980—2004 年，广东全省能源消费总量由 1566 万吨标准煤增至 15090 万吨标准煤，翻了 3 番多，比全国同期高出 4 倍以上。2004 年，全省能源综合消费量比上年增长 15.2%，电力消费量增长 17.5%，均高于同期 GDP 增速[③]。针对严峻的能源消耗问题，广东省开始积极应对。2006 年 7 月，由国家统计局、国家发改委和国家能源领导小组办公室共同发布的第一份能耗公报——《2005 年各省、自治区、直辖市单位 GDP 能耗等指标公报》显示，作为全国的经济发展大省，广东的能耗却创造了全国最低水平：每万元 GDP 仅消耗 0.79 吨标准

① 《人类环境宣言》，联合国人类环境会议，斯德哥尔摩，1972 年 6 月 16 日 .

② 广东 GDP 继续傲居全国之首 已超新加坡和香港 [N]. 第一财经日报，2006-01-26.

③ 广东经济突破能耗瓶颈，金羊网 .
http：//www.ycwb.com/gb/content/2006-07/05/content_1158757.htm.

煤，相当于全国平均水平的65%①。广东在“十一五”规划中提出了建立资源节约型社会的硬指标：万元国内生产总值（GDP）能耗降低13%。

粗放型的经济增长方式带来的严峻的环境与资源问题，已成为广东可持续发展的重要制约因素，如果仍然维持现有的增长方式，广东的经济社会发展将难以为继。广东废水排放总量从2000年的44.75亿吨上升到2005年的63.8亿吨。“十五”期间，全省城市酸雨污染有所加重，城市降水pH全省均值呈不显著下降趋势，年均下降0.06pH；酸雨频率呈不显著上升趋势，年均上升2.5个百分点，升幅较大。“十五”期间，全省城市空气综合污染指数呈上升趋势。主要污染物中，二氧化硫全省年平均浓度在0.020～0.031毫克/米^{3}之间，呈显著上升趋势，年均递增7.8%；二氧化氮在0.027～0.031毫克/米^{3}之间，呈不显著上升趋势，年均递增0.9%；可吸入颗粒物在0.061～0.080毫克/米^{3}之间，呈不显著下降趋势，年均递减5.0%；降尘在5.17～5.80(吨/公里^2·月)之间，呈不显著上升趋势，年均递增0.6%②。

（二）广东走绿色发展道路是社会经济发展的要求

从全国范围来看，我国单位GDP污染排放量是发达国家平均水平的十几倍。建国50多年来，我国人口从6亿增长到13亿，多了1倍，而可居住的土地由于水土流失从600多万平方公里减少到300多万平方公里，少了一半。2005年全国人均GDP 1703美元，广东人均GDP 2882美元，但出现了发达国家人均GDP 3000～10000美元期间出现的严重污染。按照目前的污染水平，15年后我们的经济总量翻两番时，污染负荷也会跟着翻两番。

从当前来看，我们是在用自己的资源替发达国家生产低级工业品，用自己的身体去承受污染，所赚取的不过是微薄的加工利润。广东省虽号称制造业基地，但在国际制造业的产业链上，广东省企业大部分处于中低水平。中低水平的制造业，必然以高能耗、高污染为增长代价，尤其是印染业，环境污染十分严重。也正是基于这种情况，根据“科学发展观”的要求，广东省委、省政府提出了建设“绿色广东”的口号。“绿色广东”是以科学发展观为指导，坚持以人为本，运用生态学和循环经济的理念，依靠科技进步，强化环境意识，有效保护和合理利用自然资源，促进经济增长方式的转变，从而实现人与自然的

① 广东万元GDP能耗全国最低 优于北京、上海——为全国平均水平的65%.人民网,2006-07-05. http://env.people.com.cn/GB/1072/4562077.html.

② 数据来源：广东省2005年及“十五”期间环境质量状况公报.

和谐发展，实现自然资源系统和社会经济系统的良性循环。“绿色广东”理念的提出，是过去发展战略的根本转变，具有重大的现实意义和深远的历史影响。

二、国际潮流迫使企业走绿色发展道路

（一）国际贸易中的“绿色壁垒”

在过去的50年中，世界经济增长了20倍，工业生产增长了50倍，使许多区域性、分散性的环境问题连成一片，如全球变暖、土地退化、森林锐减、水资源紧缺、臭氧层空洞和生物多样性减少等。世界卫生组织的最新报告显示，每年死亡的4900万人口中有3/4与环境恶化有关。环境的急速恶化导致西方环境政治的迅速崛起，“环境无国界”继“人权高于主权”之后成为国际最重要的政治议题之一。许多发达国家常常将环境问题同其他重大国际事务捆绑起来，干涉发展中国家的内政，一些国家已将人权与环保作为对外关系的两大基石。在贸易领域，发达国家利用环境概念设置了大量的绿色贸易壁垒。

绿色壁垒是指在国际贸易领域，发达国家凭借其经济技术优势，以保护环境和人类健康的名义，通过立法或制订严格的强制性技术法规，对发展中国家商品进入国际市场进行限制。绿色壁垒的表现形式主要有绿色关税、绿色市场准入、绿色反补贴、绿色反倾销、环境贸易制裁、PPM标准、强制性绿色标志和繁琐的进口检验程序等。初期，是全球绿色消费运动促成了绿色壁垒，因为84%的荷兰人、89%的美国人和90%的德国人在购买物品时都会考虑产品的环保标准。然而，后期的绿色壁垒逐渐演变成贸易保护主义的一种隐蔽制裁手段。发达国家通过提高国内市场的环境标准来设置绿色壁垒，以平衡自己在劳动力价格、运输和原材料价格等方面的劣势。据欧盟环保机构的一项调查，仅1998年，欧盟禁止进口的“非绿色产品”价值就达300亿美元，其中发展中国家的产品占90%，涉及数千种商品。2000年欧盟禁止进口的“非绿色产品”价值达350亿美元，比1999年上升了22.5%，其中发展中国家的产品占90%以上。

（二）“绿色壁垒”对广东经济的影响

作为发展中国家，中国的环境标准与发达国家相差甚远，绿色壁垒对广东外贸的制约将越来越大。其中，对广东省出口造成严重影响的标准主要是食品

中的农药残留量、陶瓷产品中的含铅量、皮革中的PCP残留量、烟草中有机氯含量、机电产品与玩具的安全性指标、汽油的含铅量、汽车排放标准、包装物的可回收性指标、纺织品染料指标和保护臭氧层的受控物质等。从行业上来说，纺织、服装、家具、机电是广东省出口的主干行业，也是广东省最容易遭受绿色壁垒的行业。在纺织业方面，我们的产品从纤维、纱线、面料一直到成衣，都有很大的优势，但在印染和后期处理过程中会对环境和人体造成危害。世界《生态纺织品标准100》对纺织品中的生态毒性物质作了明确的定量规定，这个标准正成为我国纺织品出口的重要障碍。据资料显示，广东省有75%的企业属于从事“三来一补”的劳动密集型企业，这些企业往往缺乏核心竞争力，企业的设计制造及环保检测水准比起发达国家还差得很远，仅机电产品出口一项，我国每年因绿色壁垒就要损失90亿美元。另外，欧盟颁布的《关于报废电气电子设备指令》和《关于在电气电子设备中限制使用某些有害物质指令》分别于2005年8月和2006年7月起施行。据中国机电出口商会估算，这两项绿色指令一旦实施，中国受到直接影响的机电产品将达317亿美元，占我国出口欧盟机电产品总额的71%。国际组织主要由发达国家组成，游戏规则主要由发达国家制定。国际贸易保护主义组织今后设置的绿色壁垒将越来越多。

我国企业因为受到绿色壁垒制约而遭受损失可以通过图1来进行分析。假设产品的世界市场价格是P_0，我国的企业在此价格下最大供应能力为q，此时产能得到充分利用。然而，世界市场对我国的需求曲线为AD_0，与我国的对外AS曲线交于A点，需求量为q_0，当小于q_0时我国企业得到的总收益为AP_0Oq_0。目前，由于我国部分企业达不到某些国外需求方的相关壁垒要求，国外需求方则转向其国内供应商或者其他国家供应商。所以，需求曲线左移到了AD_1，需求量下降为q_1，总收益损失了BAq_0q_1，产能遭受了更大程度的闲置。我国企业能否突破有关壁垒，充分利用产能获取最大利润，有待多方

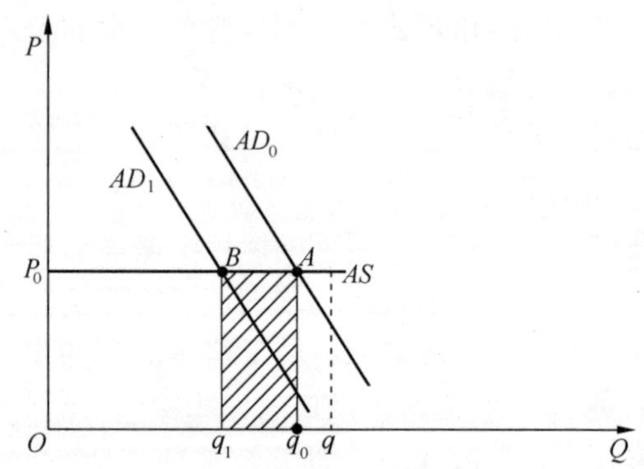

图1　绿色壁垒与产品需求关系图

共同努力。

21世纪经济的主旋律是绿色生态经济，包括绿色产品、绿色生产、绿色消费、绿色市场、绿色产业等内容，这是可持续发展理念对经济生活的具体要求。政府必然会采取更为严格的环保措施和环境标准加大企业的环境成本，也会出台一系列环境经济政策以鼓励企业进行绿色生产。综上所述，走绿色发展道路是世界大势所趋。谁提前采取绿色战略，谁就在未来的竞争格局中占主动地位。

三、社会责任要求企业走绿色发展道路

现代企业之所以存在，就是为了向社会提供某种特定的产品或服务，与此同时进行获利和再生产。但它必须存在于社会之中，存在于一个社区之中，与其他机构为邻，在一定的社会环境中生产，同时必须从社会上雇佣人员为其工作，因此不可避免地对社会产生一定影响。也就是说，经营活动对周围社区、广大的用户和环境产生着不容忽视的影响。所以，企业不能对社会问题熟视无睹，企业的活动应对社会负责。事实上，由于企业利益与社会利益在客观上的不可分割性，企业在履行社会责任时，其所采取的一些行为兼具自身与社会双重影响属性。因此，企业的社会责任要求企业必须超越将利润作为惟一目标的传统理念，强调再生产过程中对人的价值的关注，强调对消费者、环境和社会的贡献。

企业道德责任的核心内容之一就是保护生态环境。迈可尔·杰伊·波隆斯基、阿尔玛·明图·威蒙萨特等（2000）认为，生态环境问题直接影响企业经营活动，并促使企业将环境问题融入企业整个经营活动过程中。这就要求企业的经营必须与特定的生态环境动态化适应，并对企业行为方式进行相应调整，对企业经营意识、经营方向和经营方式进行重新定位。企业的环境经营行为体现在企业的每个经营环节中，包括各种资源的节约与综合利用；废气、废水、废物的治理；制订积极的回收利用计划；购买用部分回收材料制成的产品；放弃过时的产品管理框架以适应环境变化；进行环境友好型产品的生产和服务；产品包装的设计、生产与回收利用；开拓环境友好型产品的市场营销等。企业在经营中不能因为追求经济效益而污染环境，破坏生态，而必须从尊重自然、关爱民生的道德责任出发，以可持续发展为企业经营的指导思想，以正确处理人与自然的关系为企业发展的基本宗旨，在企业内部积极主动、卓有成效地开展生态环境教育，使广大员工树立维护生态安全的意识，并且外化为自觉的行

动，努力保护好周边的生态环境，积极参加保护生态环境的社会公益活动。在这个过程中，企业决策层起着关键的作用。企业在决策的过程中应该积极引进生态环境伦理的理念，对决策进行伦理分析和评判，用伦理标准检验决策行为。所有重大决策都必须符合保护生态环境的伦理要求，绝不能污染周边环境，破坏周围的生态，确实保证周围的公众能喝上干净的水，呼吸到清新的空气，有一个良好的工作和生活环境，真正形成人与自然和谐相处的良好局面。

环境保护与经济活动越来越成为经济学者关注的焦点。如瑟格林（Seglin J. L.，1999）认为，一些比较严重的问题包括自然资源的枯竭、全球变暖、污染（空气、水和土地）、工业事故以及有毒废弃物等，发达国家（经济强国）在过去半个世纪中的工业活动应承担大部分的责任①。海特（Hart S. L.，2002）通过各种报告表明，富裕国家在全球能源和资源消耗中所占比例超过了75%，并制造了大多数的工业废弃物、有毒废弃物和生活废弃物②。Worldwatch Institute（2000）关注一个令人担忧的情况：随着全球人口不断增长以及新兴国家更多地以市场经济为导向并富裕起来，全球环境问题可能会恶化。伊特娜（Christopher D. Ittner，1992）认为，一些问题乍看上去只与成本有关，但经过仔细研究和假设投资分析后，这些问题被证明是赢得竞争优势的机会。

我们建立一个模型来考虑企业关注环境保护时的行为。假设企业生产产品数量为 s，而产生的污染量为 x，因此，企业生产的成本 $c_s(s, x)$ 同时依赖这两个因素，污染量控制越低，则生产成本越高。企业的目标为

$$\max_{s,x}[P_s s - c_s(s,x)] \quad (1)$$

但是，作为社会来说，会因为遭受污染而受损。将社会假设为一个企业的形式，生产价格（影子价格）为 P_f 的产品 f，成本是 $c_f(f, x)$，可见污染水平使得社会生产广义产品的成本上升，社会的目标为

$$\max_{f}[P_f f - c_f(f,x)] \quad (2)$$

社会在一般情况下遭受了污染却无法自己控制污染水平，即污染企业对社会产生了负的外部性。企业的最优决策条件为

$$P_s = \frac{\partial c_s(s,x)}{\partial s} \quad 与 \quad 0 = \frac{\partial c_s(s,x)}{\partial x} \quad (3)$$

可见，企业会生产污染，直到生产多一单位的污染的成本达到0。社会的最优

① Seglin J L. It's not that easy going Green [J]. Inc. Magazine. 1999: 28-32.

② Hart S L. Beyond greening: strategies for a sustainable world [J]. Harvard Business Review, 1997, 75 (1): 66-76.

决策条件为

$$P_f = \frac{\partial c_f(f,x)}{\partial f} \tag{4}$$

我们现在来看企业关注污染水平对社会产生的影响时的情形。假设企业将社会利益考虑进来，目标变为

$$\max_{s,x}[P_s s - c_s(s,x) + P_f f - c_f(f,x)] \tag{5}$$

解其最优条件得

$$P_s = \frac{\partial c_s(s,x)}{\partial s}, \quad 0 = \frac{\partial c_s(s,x)}{\partial x} + \frac{\partial c_f(f,x)}{\partial x} \tag{6}$$

即

$$-\frac{\partial c_s(s,x)}{\partial x} = \frac{\partial c_f(f,x)}{\partial x} > 0 \tag{7}$$

与式（3）条件 $0 = \frac{\partial c_s(s,x)}{\partial x}$ 相比，可知现在企业将产生更少的污染，具体如图 2 所示。

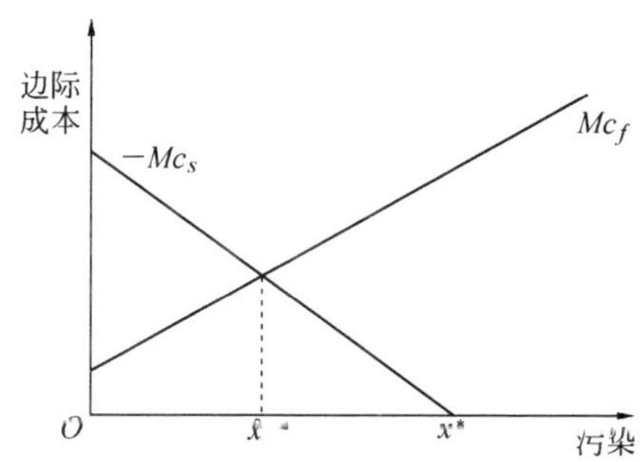

图 2　生产成本、排污成本与最优排污量关系图

社会责任能大幅提升企业竞争力。道琼斯分析师说，所有资产回报率最高的公司在治理污染和节约资源方面都同样优于竞争对手；所有充分考虑社会和环境影响的公司，其股票业绩都比其他公司好。杜邦公司就是凭着“环保理念”，从一个总资产仅为 3.6 万美元的火药小作坊成长为年销售收入 240 亿美元的跨国巨头。在国际上，是否履行社会责任正成为企业是否能进入全球市场的关键。近年来，沃尔玛、家乐福、雅芳、通用电气等超过 50 家跨国公司巨头开始在订单中加上社会责任的条款，要求企业必须通过社会责任的审核才能进入电子订单系统。值得一提的是，他们还在中国设立了社会责任部门。自 1997 年以来，我国沿海地区至少已有 8000 多家企业接受过跨国公司的社会责

任审核，许多企业因为不符合要求而被取消了供应商资格。

美国著名的经济伦理学家乔治·恩德勒（Georges Enderle，2006）提出，企业社会责任包含三个方面：经济责任、社会责任和环境责任，其中环境责任主要是指“致力于可持续发展——消耗较少的自然资源，让环境承受较少的废弃物”①。

环境保护是企业把节约资源、保护环境、有益于消费者和公众身心健康的理念融入企业活动的全过程和各个方面，转变企业生产方式，使企业与自然社会和谐统一，促进经济社会的可持续发展，同时实现企业自身的可持续成长，这也是企业承担的环境保护的社会责任所在。

从企业在社会经济发展中的地位来看，企业既是生产主体，又是有效利用资源和环境的主体，其行为贯穿了整个经济领域，贯穿了社会再生产的全过程。一方面，企业是资源和能源消耗量最大的社会组织，也是污染物排放量最大的社会组织，企业的经营行为对全球环境质量的好坏起着决定性的作用。另一方面，企业在各类社会组织中，最拥有解决环境问题的重要技术力量和技术开发能力，因而有能力承担环境保护与治理的责任。其在环境保护方面能够起到重大作用，是其他社会经济主体所不能替代的。因此，企业应为保护环境作出应有的贡献。退一步讲，企业作为社会组织之一，和其他社会组织一样负有保护环境的社会责任，在这一方面没有豁免权。企业必须承担其应有的环境保护责任，在任何情况下都要采取对环境负责的行为。

我国的经济发展速度虽然很快，但发展成果却分配不公。权力与财富向城市、东部地区和富裕人群集中，农民、西部地区和贫困人群在就业、教育、社保等方面成为二元结构的牺牲者。环境方面也是如此。某些人的先富牺牲了多数人的环境，某些地区的先富牺牲了其他地区的环境，环境的不公加重了社会不公，社会不公又带来了社会的不和谐。中共中央提出要构建和谐社会，而惟有人与自然的和谐才能促进人与人的和谐，惟有人与人的和谐才能最终达成人与社会的和谐。改革开放初期，我们实行了“让一部分人先富起来，先富带动后富”的政策，企业家就属于这部分先富起来的人。现在他们理应回过头来主动承担起弥合社会差距、创造和谐社会的责任。环境保护属于公共事务，关系着所有人的切身利益，最易达成社会共识和共赢，是实现社会公平与社会和谐的最好切入点。

---

① 公司社会责任究竟意味着什么——乔治·恩德勒教授在上海社会科学院的演讲［N］．陆晓禾编译．文汇报，2006－02－19．

四、对广东企业环境保护社会责任建设的建议

（一）全面落实科学发展观

要全面落实科学发展观，就必须提高全民环境保护与可持续发展意识。环境保护应当作为干部政绩考核的重要内容之一，同时应探索建立综合环境与发展的国民经济核算体系，公开环境信息，推进公众参与，对影响公众环境权益的政策和立法建议、规划与建设项目，要充分听取公众的意见。

（二）统筹规划人口、资源、环境与发展

打破行政规划的分割，进行全国一盘棋的战略规划。一是要在人口和经济密集、资源短缺、环境容量不足的地区，大力调整产业结构，发展低污染的产业，大力削减污染负荷，改善环境质量；二是要在有环境容量、资源较丰富、适宜发展的地区，合理规划布局，加快工业化和城市化进程，在发展的同时做好污染防治和生态保护工作；三是要在自然保护区和重要生态功能区实行保护优先，限制和禁止一切危害环境的开发活动，保护丰富的生物多样性和良好的生态。

（三）大力发展循环经济

广东省委、省政府提倡的绿色经济说到底是循环经济，其核心是减量、再用、循环的 3R（Reduce，Reuse，Recycle）原则。绿色经济是整个“绿色广东”概念的基础，是实现可持续发展的重要途径。绿色经济的首要要求是转变高投入、高能耗、高排放、低效益的经济增长方式，通过调整产业结构、优化产业布局、发展清洁生产，最大限度地提高资源利用率，使经济活动对自然环境的破坏和影响降到最低程度。按照“减量化、再使用、资源化”的原则，以提高资源利用效率、保护环境为核心，努力实现产业生态化、治理污染产业化。同时，不断转变和深化消费观念，实施绿色消费，选用绿色产品，减少垃圾产生，实现废物回收利用。

广东将着手编制循环经济发展规划，建立循环经济政策法规体系，探索绿色经济核算体系和评估机制，积极推进资源节约和综合利用，逐步构建节约型的产业结构和消费结构。

（四）加大环境管理力度

加大环境管理力度主要包括以下几项内容：实施污染物总量控制和排污许可证制度，强化环境准入，建立严格的产业淘汰制度，对造纸、酿造、冶炼、炼焦、印染、建材等行业中规模不经济、污染严重的企业或生产线实行强制淘汰。要加快重污染行业“统一规划，统一定点”工作，严格执行电镀、漂染行业的审批规定。

（五）健全环境监管体制

坚持和完善环保部门统一监督管理，有关部门分工负责的环境管理体制；建立健全“国家监察、地方监管、单位负责”的环境执法监管体制。同时，国家应加强对地方环保工作的指导、支持和监督，协调解决跨省域环境问题，督促检查突出的环境问题。地方政府也应对本辖区环境质量负责，组织完成污染防治和生态保护任务；法人和其他组织负责解决自身的环境问题。

（六）完善环境法制，创造较好的执法环境

进一步加强环境立法，加重对环境违法行为的处罚，有效解决“违法成本低，守法成本高”的问题。严格依法行政，严肃查处环境违法行为，切实解决地方保护主义干预执法等问题。实行严格的执法责任制和过错追究制，对执法人员不作为、渎职的要严肃处理。

（七）推进污染治理市场化

合理确定城市污水、垃圾处理收费标准，鼓励社会资本参与污水、垃圾治理等基础设施的建设和运营。同时，应鼓励污染治理产业化，促进专业化集中治污，培育市场化运作机制，以推进环境咨询服务业市场化进程。

在推进污染治理市场化方面，排污权交易是一个令人关注的制度创新。随着市场经济的转型、经济全球化的趋势以及加入 WTO，中国正处于急速的制度变迁时代，市场力量已经在社会经济生活中发挥越来越重要的作用。与此同时，同市场经济相适应的各种制度政策尚未完全建立起来。中国目前与未来的社会经济背景条件的变化，使得环境问题的解决，一方面要通过改善人类对自然的利用方式来实现，另一方面需要通过调整人和人之间的利益关系来实现，即进行制度创新。这就要求公共政策包括环境管理政策必须适应市场经济的要求，改变目前以命令控制型政策为主的政策体系，使中国的环境政策体系充分

体现经济激励手段与命令控制型政策相互补充完善的特征。因此，采用具有行为激励功能和资金配置功能的经济政策，是中国的环境管理体系特别是环境政策创新的必然要求。排污权交易正是这样一种充分利用市场机制配置资源的经济手段，它不仅有助于总量控制政策的实施，也是对现有宏观政策的必要补充。它在整个政策体系中属于微观刺激手段。之所以说它是微观的，是因为微观主体在排污权交易中比在以往任何一项政策中都要负有更大的责任，排污权市场的运行过程和运行结果也更依赖各个主体（包括企业、政府和环保组织等）的行为。因此，我国要形成一个比较完整的环境政策体系，排污权交易是必不可少的一项政策①。近年来，天津、江苏、浙江、上海、山西、河南、广西等省市先后开展了排污权交易试点工作，交易对象主要是二氧化硫排污权。其中，江苏太仓港环保发电有限公司与南京下关发电厂之间、天津大港发电厂与天津石化公司热电厂之间的二氧化硫排污权交易较为成功。但从总体上看，我国排污权交易的规模和程度还远远落后于环境保护的形势②。

关于排污权交易的好处，我们可以通过图形予以分析（见图 3）。假设一个行业中有两家企业（原理可以推广到多个企业情形），企业的生产会产生环境污染，对社会造成负外部性。两家企业的环境污染的边际治理成本曲线分别为 MC_1 和 MC_2，横轴代表企业的环境污染规模。假设政府将行业污染水平限制在横轴长度所表示的水平，不允许超过此标准。政府现在必须决定可污染量如何在两家企业中分配。要使得分配有效率，政府必须了解企业治理污染的成

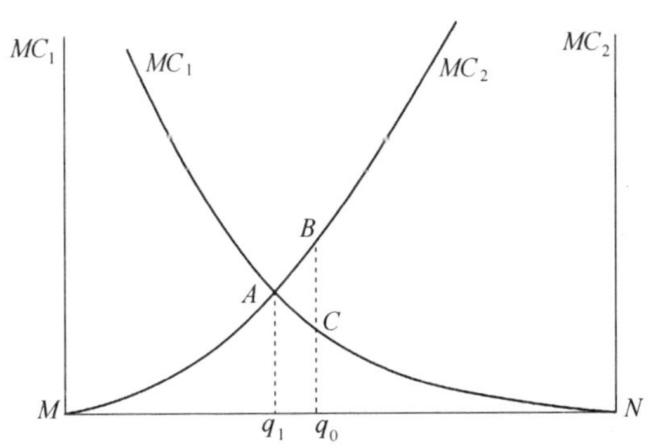

图 3 治污成本与排污量关系图

---

① 关于排污权交易的问题问答. 北京凯尔科技发展有限公司（服务与支持）网页 . http: //www.bjkaier.com/server/wentijieda.htm

② 积极推进排污权交易 努力构建环境保护新机制［N］. 经济日报，2006－03－13.

本的信息，而政府得到这些信息是需要不少成本的。一个可行的做法是，直接将可污染量平均分配到两家企业中，然后允许它们交易污染权。这种做法比直接的标准管制要好。如果是直接的标准管制，企业 1 的环境治理成本是 CNq_0，企业 2 的环境治理成本是 BMq_1。如果政府允许企业进行污染权交易，允许企业之间进行污染量的协调，由于企业 2 在 q_0 和 q_1 之间的边际治理成本大于企业 1 的边际治理成本，企业 2 有动机从企业 1 处购买部分的污染权。如果两家企业达成交易，企业 1 的污染量将是 Mq_1，企业 2 的污染量将是 Nq_1。此时，企业 1 的环境治理成本是 MAq_1，企业 2 的环境治理成本是 NAq_1。交易之后，总环境治理成本减少了 ABC，整个社会的福利由于制度创新增加了。

（八）健全环境经济政策

健全环境经济政策，一是要研究探索税收、价格、融资的新政策，鼓励循环经济、清洁生产以及其他可持续的生产和消费方式。二是要加快建立生态补偿机制，解决开发区域对保护区域、受益地区对受损地区、受益人群对受损人群以及自然保护区内外的利益补偿问题，上游对下游造成水污染损害的也要给予赔付补偿。

参考文献

[1] 迈可尔·杰伊·波隆斯基，阿尔玛·明图·威蒙萨特等．环境营销［M］．北京：机械工业出版社，2000．

[2] Miller W H. What’s ahead in environmental Policy［J］. IW，1999.

[3] Worldwatch Institute. Earth Day 2000：What Humanity Can Do Now to Turn the Tide. Web site for Worldwatch Institute（WWW.worldwatch.org），August 2，2000. Information from the Global Compact Web site（www. unglobalcompact. org），August 14，2000.

[4] Cohen J. Socially responsible business goes global［J］. In Business，2000.

[5] Solomon C M. Put your ethics to a global test［J］. Personnel Journal，1996.

[6] Christopher D Ittner. The Economics and Measurement of Quality Costs：An Empirical Investigation（DBA Thesis，Harvard University，Graduate School of Business Administration，1992）

广东企业社会保障与社会责任建设分析

广东是我国改革开放的前沿阵地，也是工业化程度最高、外向经济最强的地区之一，同时也是我国受国际企业社会责任运动影响的最前沿，是企业社会责任建设尤其是企业社会保障社会责任建设的重点地区。如何认识广东企业的社会保障社会责任，如何更好地加强和促进企业的社会保障社会责任建设，将随着广东经济的发展而显得更为重要。

一、企业社会责任与企业社会保障

（一）社会保障与企业社会责任

鲍恩（Howard Bowen，1953）将企业的社会责任定义为：“商人按社会的目标和价值向有关政策靠拢，作出相应的决策，采取理想的具体行动的义务。”[①]P·普拉利（Peter Pratley，1999）在其所著的《商业伦理》一书中认为：“在最低水平上，企业必须承担三种责任：①对消费者的关心，比如能否满足使用方便、产品安全等要求；②对环境的关心；③对最低工作条件的关心。”他又认为：“最低的道德要求意味着企业应为公众提供高质量的产品和服务，而不危及基本的公共福利和共同的未来。赚钱与接受一定限度的道德要求是可以结合起来的。”[②]

作为企业来说，在社会中有特定的职责，其主要职责是为社会提供产品和服务。托马斯·M·莫里根（Thomas M.Muligan，1993）认为：“企业的道德使命就是运用所能获得的想像力和创造性，为人类世界的更加美好而创造产品、服务和机会。这一使命比企业可能行使的其他任何职责都重要，这里包含两个观点：①企业人员有足够的道德判断力来评价他们能够提供的产品和服务，并

① Howard Bowen.Social responsibilities of the businessman［M］.1953：31.

② （美）P·普拉利．商业伦理［M］．北京：中信出版社，1999：98－99.

具体地确定哪些是具有道德价值的（即哪些能对建设更美好的世界作出显著的贡献）；②企业人员也应该努力创造和销售那些具有道德价值的产品和服务，而避免那些缺乏道德价值的产品和服务。"①

社会保障是指当社会成员因为年老、疾病、失业、生育、死亡、灾害等原因致使生活困难时，能够从国家、社会获得基本生活需求的保障。企业社会保障则指应该由企业承担的社会保障部分，它是整个社会保障的重要组成部分或者说具体实现形式。应该说，社会保障是社会应该承担的责任和义务，企业社会保障则是企业作为一个"社会人"所必须承担的社会保障责任和义务。企业社会责任具有丰富的内涵和外延，而企业社会保障社会责任则是企业社会责任的重要组成部分和实现形式，是应该由企业承担的社会保障的那部分社会责任。

（二）企业与企业社会保障责任

企业社会保障是企业必须承担的社会责任。随着我国市场经济地位的确立，建设企业社会责任、强化社会成员的保障工作，已不再仅仅是政府的职责，而是社会责任逐渐被微观化，逐步向企业内化，也即社会责任、社会保障的建设逐渐变成了企业的自身和自觉行为，成为企业经营行为之一，变成了企业必须承担和确保实现的职责和责任。社会保障的目的在于使生产能持续尤其是保证劳动力的持续不中断。作为生产活动主体的企业为了使自身经营活动不中断，必须承担一定的社会保障责任。同时，企业社会保障责任的有力实现是整个社会保障的保障。所以，企业界要充分认识到自觉承担社会责任，使之成为企业赢利经营行为的一部分，是企业社会责任建设的关键，是企业实现社会保障工作的重点。

同时，企业的社会责任尤其是企业社会保障责任与企业的"赢利动机"并不矛盾，相反，更能增强企业的赢利能力。企业社会保障一方面从整体上保证了企业生产经营活动不因劳动力的生存条件不能保证而中断，另一方面在市场的运作过程中，企业可以把社会责任当作标榜和凸现自身价值的手段，让其成为企业自我要求的内在素质和品质，进而成为企业在市场中战胜对手的竞争能力和手段。这也是市场经济由"无序"走向"有序"的一个必然过程。只有让广东的企业充分认识到市场经济下企业社会责任这一内涵式的转变，并且自发

① Thomas M Muligan. The Moral Mission of Business［M］//In Tom L. Beauchamp and Norman E. Bowie (ed), Ethical Theory and Business, 4ed. Englewood Cliffs, NJ: Pretice-Hall, 1993: 66.

地把企业的社会责任融入企业文化建设中，当作一个品牌和企业核心竞争力来经营，那么广东的企业社会责任建设才能真正搞好。这是我们企业的社会责任，更是企业社会保障社会责任建设的方向和目标。

我们通过模型分析说明企业社会保障工作的好坏对企业其他方面运转的影响，进而影响企业能否取得更大利润[①]。该模型涉及两个时期。一个企业在每个时期需要一个工人生产 y 单位的产出。在第一阶段，可以进行两种投资来增加第二阶段的生产力。首先，可以支付大小为 φ 的成本来采用一项新技术，并在第二期使用。第二，可以给工人提供一般性的培训，后者会增加工人第二阶段在任何企业的生产力。可以$c(\tau)$的成本获得 τ 单位的培训，其中$c(g)$是严格递增的凸函数，并且$c(0)=0$。假设培训和新技术具有互补性。如果不雇用经过培训的工人，新技术就不会增加产出，而只有在使用新技术的情况下，培训才有用。如果企业 j 投资于新技术，那么 $\gamma_j=1$；如果企业没有投资于新技术，那么 $\gamma_j=0$。如果具有培训 τ_i 的工人 i 在第二阶段进入企业 j，那么产出为 $y+\gamma_j\alpha\tau_i$，其中，γ，α 为相关参数，$\alpha>0$。只有当第二阶段采用了新技术的企业雇用了一个经过培训的工人时，产出才会增加。在一个有效的配置情况下，由培训和采用新技术所产生的剩余将最大化为

$$\max_{\gamma,\tau}\{\gamma\alpha\tau-(1+r)[(c(\tau)+\varphi\gamma)]\} \tag{1}$$

式中，第一项 $\gamma\alpha\tau$ 是培训和采用新技术所增加的产出，第二项$(1+r)[c(\tau)+\varphi\gamma]$是它们的成本（其中 r 是贴现率，这些成本在第一阶段就支付了）；如果 $\gamma=0$，那么最优水平的培训显然是 $\tau=0$。如果 $\gamma=1$，那么最优水平是 τ_1，它使得

$$\alpha=(1+r)c'(\tau_1) \tag{2}$$

进一步假设

$$\alpha\tau_1-(1+r)[c(\tau_1)+\varphi]>0 \tag{3}$$

即企业采用新技术并培训工人是最优的。但是，如果在第一阶段末期，企业中受到培训的工人离开该企业而进入其他企业工作的话，该企业将遭受损失，因为该企业培训工人付出了成本并且为采用新技术也进行了投资，却不能利用这部分工人来增加产出。如果这些工人所进入的新企业在第一期进行了新技术投资，并且能够节约部分培训费用的话，新企业将获得好处。但是，每个企业都像初始分析的企业一样面临着培训员工流失的危险，所以，企业如果要从新技

① 本模型取自 Pranab Bardhan. 发展经济学［M］. 北京：北京大学出版社，2002：155.

术中获益，必须重视员工待遇。工人社会保障是一个重要因素，它能够有效地减少工人的流失率。

二、我国企业履行社会保障责任的现状和问题

（一）私营企业社会保障责任意识不强

我国企业社会保障责任意识淡薄主要体现在私营企业和一些中小企业身上。1991年1月22日国务院颁布的《社会保险费征缴暂行条例》中，首次把私营企业纳入社会保障制度建设的范围。但是，一方面由于人们认识的偏差，另一方面由于当时私营企业的发展处于低潮，这一条例的实施不尽理想，私营企业参加保险的积极性始终不高。再由于1998年以来的“两个确保”政策，主要以国有企业的大量下岗职工为背景，并且其实施又主要在国有经济领域展开，使得私营企业的社会保障制度建设再度搁置。尽管1999年3月20日劳动和社会保障部颁发了［1999］10号文件，重申私营企业属于社会保险的征缴范围，但实践中存在的问题仍然相当多，突出表现在以下两个方面：

（1）企业参保率低。尽管目前我国政策上已要求不论什么所有制企业都必须参加职工的医疗保险、养老保险和失业保险，但实际运作结果却表明，私营企业的参保率仍然很低。据有关方面调查，目前，我国城镇养老保险的覆盖率约为80%，其中，国有企业已达96%，城镇集体企业为53%，其他经济类型的企业只有约32%。大多数私营企业、外资企业都未参加社会保险。同时，许多企业主在这一问题上“游击思想”严重，能逃则逃，应付了事，或利用年检突击参加保险等，在对养老保险的认识上存在严重的偏差。有的私营企业主甚至把缴纳社会保险费看做另一种形式的乱收费。

（2）企业投保范围窄。在参加投保的私营企业中，普遍存在少投、漏投的问题。或者只参加其中一项，或者只参加其中两项，而各个项目包括医疗、养老、工伤、生育、失业等都参加的就更少。另外，多数中小企业并非为其所有在册职工建立社会保障，有的仅为其骨干人员缴纳保险金，或仅为其亲属办理社会保险，还有的企业仅为企业所在地职工投保等，不一而足。

（二）企业社会保障制度的普适性不够

企业社会保障的社会性不强，许多保障只针对城市市民或国有企业正式员工。对于个体工商业从业人员、流动务工人员以及占人口大多数的农民的社会

保障力度不够，许多社会保障措施还仅仅处于试行阶段，无法进一步推广。

中国的改革是紧紧围绕国有企业来进行的，由此主导下的一系列关于改革发展的制度安排、制度设计也就主要着眼于国有企业，这使得我国一些制度带有明显的过渡性特征，反映到社会保障制度的改革同样如此。虽然目前广东“三资”企业、民营企业极具规模，但社会保障制度具有的机会均等、权利与义务平衡的原则却难以在制度设计上体现出来，这导致了多数非公有企业拒绝加入社会保障制度。正是由于我们的制度设计没有顾及非公有企业本身的特殊性，强制他们加入从逻辑上讲不通，从而导致私营企业主对这一制度设计持反感态度。比如，有关调查显示，许多私营企业职工的平均工资明明低于当地职工的平均工资，却又不得不按地方劳动社保部门核定的平均工资水平缴纳各种社会保障基金。这些脱离实际的做法使许多私营企业主相当困惑，并加剧了他们逃避社会保障的心理。

如图 1 所示，假设某一企业执行社会保障的边际成本曲线为 *MC*，社会边际收益曲线为 *SMR*，由于社会保障具有外部性等原因，企业不能完全获得执行社会保障的全部好处，企业的边际收益曲线为 PMR_1，低于社会边际收益曲线。同时，各个企业的管理完善程度不同，执行社会保障的企业边际收益曲线也会不同。企业管理越好，企业边际收益曲线越接近社会边际收益曲线。此外，政府设置的社会保障制度是否利于企业执行等因素也会影响企业边际收益曲线的高低。假设由于企业内部因素改善或者企业执行社会保障的外部环境改善，企业的边际收益曲线上升到 PMR_2，此时，企业的最优社会保障程度就从 x_1 加强到 x_2，更接近于社会的最优水平 x^*。

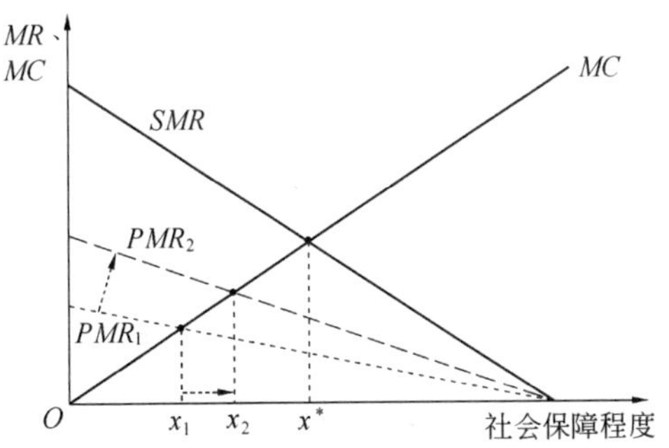

图 1　社会保障程度与社会成本、收益关系图

（三）企业社会保障形势严峻

中国的社会保障体系包括社会保险、社会福利、优抚安置、社会救助和住房保障等。社会保险是社会保障体系的核心部分，包括养老保险、失业保险、医疗保险、工伤保险和生育保险。为解决经济转轨过程中人民群众的基本生活保障问题，中国政府采取一系列有效措施，使2800万国有企业下岗职工的基本生活得到保障，800万失业人员得到失业救济，确保3600万企业离退休人员按时足额领到基本养老金，2200多万城市贫困人口享受最低生活保障。目前，社会保障范围已从国有单位职工逐步扩大到城镇各类经济组织的从业人员，并在一些地区进行农村养老保险、新型农村合作医疗、农村居民最低生活保障等社会保障试点，但这与以企业社会保障为主导的真正意义上的社会保障差距还较大。

中国完善社会保障体系的任务十分艰巨和繁重。中国人口众多，经济发展水平比较低，地区之间、城乡之间发展不平衡。据统计表明，目前中国60岁以上的老人达1.45亿，占总人口近11%。到21世纪30年代，中国的人口老龄化将达到高峰。我国老龄化已经提前来临，“银发浪潮”使养老保险问题成为社会保障体系中的一个突出难题。我国就业人员多元化趋势已经形成，国有企业、外资和民营企业的员工、民工、农民以及大量的城乡就业人员，能否实现、如何才能实现全民统一的劳动和社会保障标准，在我国当前仍然是无法越过但却不得不越的门槛。

另外，我国目前开始出现新的人口结构问题，在大量的独生子女家庭即“4+2+1”家庭结构中，如何分担独生子女赡养4个或更多老人的重担已经日益摆在社会保障工作的面前，并变得越来越无法回避。养老保险的社会化、全民化以及真正的保障化都是急需解决的难题。20多年来，我们享受了或者说正在分享着改革开放和市场经济给我们带来的甜蜜果实，但现在已经到开始承担改革成本和代价的时候了。在当前的经济体制下，支付改革成本的主要方式集中或者说惟一实现于社会保障工作中。社会保障体系在市场经济下将显得越发重要，在中国更是如此，在工业和市场化程度高的广东尤其如此。广东社会保障工作自身任务的艰巨，无疑将使广东企业社会保障社会责任建设的难度加大，社会负担加重必然最终体现在企业责任和负担的加重。

三、制约广东企业社会保障责任建设的因素分析

广东企业社会保障工作在2005年取得了良好的发展，社会保险覆盖面进一步扩大。全省企业养老、失业、医疗、工伤和生育保险参保人数分别达到1423.6万人、1130.7万人、1265.3万人、1605.1万人和419.4万人，社会保险基金累计结余1138亿元。各项社会保险保证按时、足额发放。“十五”期末，全省企业养老、失业、医疗、工伤、生育、保险参保人数和社会保险基金累计结余比“九五”期末分别增长了64.6%、51.1%、295.1%、67.1%、80.1%和332.6%，六项指标均居全国第一。[①] 但是，现阶段仍然存在影响和制约广东企业社会保障责任建设的因素。

影响和制约广东企业社会保障责任建设的原因是多方面的，需要有一个系统、全方位的把握。通常可以从以下三个方面考虑：①市场机制或工业化属性；②特殊国情；③特殊的广东省情。以上三个方面中涉及的具体影响因素往往相互交织，尤其是市场机制和工业化本身就是在特殊的国情和省情中作用和实现的，所以很难区分出究竟是国情、省情引起，还是机制本身内在原因所致。

（一）市场机制和工业化的“负效应”

1. 市场机制导致了贫富差距，增大了保障容量

市场的竞争机制决定了优胜劣汰这个企业的游戏规则。历史上任何一个市场经济无不与贫富悬殊、两极分化孪生。改革开放以来，人民的总体生活水平提高很快，但贫富差距却呈扩大趋势，学术界普遍认同中国基尼系数的真实水平已经达到0.5或以上。两极分化使一个庞大的社会群体无法分享经济增长的成果，被排除在社会发展之外，这无疑会增加企业社会保障的保障容量。社会主义市场经济要想保住“社会主义”这个质不变，就必然要实现在市场经济大环境下的社会公平，建立并实现社会的和谐。这一重大问题的解决无疑需要通过全民的社会保障来实现。因此，强化企业社会保障职能对于建设社会主义市场经济具有重要作用，是为市场经济保驾护航。

---

① 金羊网新闻专题：辉煌“十五”和谐广东——就业和社会保障工作成绩突出. http: //www.ycwb.com/gb/content/2006－03/05/content _ 1080851.htm

2. 市场失灵和负外部性影响加剧了社会保障的难度

市场的负外部性主要是由企业产生，企业在追求自身利益最大化时忽视了自身的社会责任，给其他社会成员带来了生存条件的恶化和收益的减少。比如，工厂污水或有毒气体的排放带来的环境污染使周围居民失去生活来源，那么按照企业社会责任的相关理论，企业是应该承担他人生活保障的社会责任的。目前市场失灵或企业行为的负外部性问题越来越突出，导致了不少人的生活条件的恶化，这些人的生存保障无疑是企业社会保障责任的一个重要方面。

3. 工业化中“机器吃人”问题

工业化的同时也是机器逐渐代替手工产生剩余劳动力的过程，在自然经济时代社会保障问题并不突出，相反，在工业高度发达的今天，社会保障问题却越来越突出，一个重要原因是机器化使得许多人“无业”，即失去生活来源。这些被工厂和企业“挤”出来的员工的生活保障无疑也是企业保障的一部分，但这已不是某个企业的责任问题，而是整个社会的责任问题。

工业化加上市场化使“机器吃人”问题进一步加剧，同时产生大量的其他社会问题，影响了人们的劳动生存环境和条件。工业化使员工生存条件的恶化主要体现在个体加工企业中，为了让机器能满负荷运转，许多企业无视员工作为人的特殊生理极限，让其超强度、超负荷、超限度地工作，严重影响了职工的身心健康。

由以上分析我们不难发现，从社会保障产生的原因来看，企业承担社会保障责任是由市场机制和工业化本身内在决定的，是企业无法回避也不可能避免的。企业承担社会保障责任的目的在于减少市场内在机制的负影响，保证遭受影响的社会成员的最低生活保障。市场机制本身的内在作用增加了企业社会保障的“待保容量”，也为企业的社会保障责任建设增加了难度和产生了新的问题。建设企业社会保障责任需要放在市场经济的大前提下来考察，从市场的属性来正确引导和解决社会保障中存在的新问题、新情况。同时，我国市场经济的取向也说明，建设企业社会保障责任是一个具有社会主义性质的长远战略，需要在市场经济的发展中不断促进和完善。

（二）我国特殊的国情

影响和制约企业社会保障责任建设的因素除了来自市场经济本身的属性外，来自我国特殊的国情也是不容忽视的。处理和对待企业社会保障建设中存在的问题，必须首先建立在特定的国情和现实基础上。

1. 人口众多，就业压力大

据预测，我国在今后的5—10年间，每年新增的适龄劳动人口不会低于1000万，加上现有的1400多万城镇下岗失业人员以及1.75亿的农村剩余劳动力，将构成巨大的就业压力。所以，“实现就业，增加就业机会”仍然是我国最大的社会保障。为此，在进行企业社会保障责任建设时不能盲目超前忽视这个最大的国情，不能一味给企业加压。在当前的国情下，企业能生存、能吸收劳动力，本身就是企业的一个很大的社会责任。

“十六大”报告把“千方百计扩大就业”作为全面建设小康社会经济建设和经济体制改革的重大战略部署之一，强调“就业是民生之本”。扩大就业、促进再就业，就是对工人阶级最大的社会保障，这是当前社会保障的特点，也是我国特定历史条件下的属性。当前“千方百计扩大就业”关系改革发展稳定的大局，关系人民生活水平的提高，关系国家长治久安，这不仅是重大的经济问题，也是重大的政治问题。所以，千方百计解决群众的就业问题，就是为人民办实事，就是贯彻“三个代表”思想的重要实践。我国人口众多，总体而言，全国工业底子薄、城市化水平低，这是我国的国情决定的。严峻的就业形势，决定了我国劳动和社会保障的重心仍然是如何最大限度地增加就业机会，这是我国安定民心、实现社会稳定的根本。因此，企业能够不断地吸收劳动力、最大限度地创造就业机会，仍然是企业首先需要承担和实现的社会责任。广东作为我国沿海开放地区、工业最活跃的地区，无疑承担了更为巨大的“促进就业、吸收劳动力”的社会责任，为全国分担了更大的就业压力。需要承担的就业压力过大，制约了广东企业社会保障社会责任建设，同时也使劳动和社会保障工作更为艰巨。

2.“三农”或者说“四农”问题影响着企业社会保障责任建设

我国目前仍是个农业国家，这个基本国情还没改变。农村人口过多、农业依然薄弱、农民生活水平不高、农民工生存条件差等“四农”现状日益成为制约企业社会保障社会责任建设的最重要因素。李昌平所反映的“农民真苦，农村真穷，农业真危险”问题并没有因为整体经济的增强而改善，相反却更加突出。搞企业社会保障不能丢掉这个重要的国情不顾，否则后果是难以想像的。

另一方面，这样的国情背景也为我国企业社会保障改革明确了方向和重点：通过推进城市化进程来扩大农村人口的企业社会保障面，从而让更多的企业肩负起农民社会保障的责任；通过统一的保障立法逐步扩大农民的社保福利，还农民“国民待遇”。

3. 国有企业改革是一个重要的制约因素

我国目前正处于由传统的计划经济向市场经济的过渡时期，这是一个特定的历史阶段。而这一阶段的重要特点就是一切涉及企业改革的立法都与国有企业相关联。显然，企业社会保障责任的改革也必然要求与国有企业的改革进程相适应。

国有企业改革对企业社会保障责任的影响和制约可以从两个方面概括：第一，国有企业的改革方向与进度，影响和制约着企业社会保障责任的改革方向与进度。因为国有企业改革是轴心，其他企业改革都受国有企业改革的制约。第二，国有企业改革的后果影响企业的社会保障责任。国有企业“减员增效”改革的推进以及企业经营市场化，从原国有企业或政府等事业部门释放出了大量体制内剩余劳动力，下岗失业人员总量居高不下，仍有近 1400 万人需要再就业，下岗人员的安置无疑为企业社会保障建设带来新的问题。

4. 特定历史发展阶段

我国正处于并将长期处于社会主义初级阶段，这是我国最大的国情。这样的国情说明了我国的企业社会保障责任建设仍然是一个长期的循序渐进的过程，我们不能跨越这个特定的历史发展阶段。既然还处于不断发展和变革的阶段，那么发展中的问题也只得靠发展来解决，企业社会保障社会责任也同样如此。

（三）广东特殊的省情

广东企业社会责任建设除了受市场机制内在作用和我国总的国情影响与制约外，更受广东自身特殊的经济“省情”影响。

1. 流动的经济

说广东经济是“流动的经济”一点也不假，它包括人才和产品的流动。经济的流动对企业社会保障责任影响最大的体现在劳动力流动上，而且是低层次劳动力的流动。广东作为我国最大、最活跃的经济体，20 多年来吸收了大量的外来工。在珠江三角洲的乡镇，外来人口成倍超过本地人口的现象早已司空见惯。东莞常住人口虽只有 150 万，但流动人口却高达 600 万。复杂的人员构成和人口的流动性过大极不利于企业劳动保障建设，使得统一的劳动保障法规难以向外来人员做统一要求，使得公司内部管理难度增加，同时也极不便于劳动保障的外部监督。

广东企业社会保障最突出、也最难解决的是“民工”的社会保障问题。社会保障制度须贯彻的一个原则就是公平，但是中国从二元户籍制度的制定起也相应地形成了二元的社会保障制度。各种保险、福利以及相应的公共服务都是与户籍捆绑在一起的。只有具备城市户口的人，才能享受城市所提供的养老、医疗、失业、工伤及住房、教育等相关福利。而农民工的户籍身份是农民，显然享受不到这些福利与服务。从社会保险来看，目前中国社会保险主要有养老、失业、医疗、工伤和生育五大类。据调查，农民工在这五个方面的参保率分别只有 33.7%、10.3%、21.6%、31.8%和 5.5%，至于企业补充保险、职工互助合作保险、商业保险的参保率就更低，分别只有 2.9%、3.1% 和 5.6%。所以，广东企业社会保障的总体水平受“流动的民工”“低保障”的“后拉”影响很大。

2. 外向型经济

广东的经济以外向型为主，沿海的有利地理位置强化了其外向经济的特色。截至 2005 年末，全省各类企业达 76 万家，其中外商投资企业 5.8 万家，比上年末增长 6%。以外资为主要企业构成的经济是广东经济的一大特色，也是一大优势。这种外向型开放经济铸就了广东企业社会保障责任建设的新特点，也使企业的社会保障建设难度增大。在我国计划经济体制下，国有企业大都有一套完整的劳动和社会保障体系。随着经济多元化局面的形成，用统一的法规来规范约束外来经济主体显得十分困难，至少当前还不具备统一劳动和社会保障标准的条件。这也是广东省外资企业劳资关系紧张、拖欠民工工资、侵犯民工人身权利事件突出的重要原因。外资企业建设企业社会保障责任面临的另一个问题是来自不同国家或地区的企业的社会责任理念不同，很难规范和约束。

广东外向型经济这一特点使得企业社会责任受他国制度影响和控制的风险增大。最典型的表现在广东企业遭遇国外的劳工保障标准即 SA8000 损失最大。跨国公司中的大买家通过将 SA8000 认证与订单挂钩，在我国沿海的劳动密集型企业中强制推行 SA8000 劳工标准，为我国外向型企业设置高的“劳工贸易壁垒”。企业为了生存和不至于丢掉订单，不得不去申报 SA8000 认证，而这一认证过程本身就是一个“烧钱”的过程，让大量的利润流入国外的认证机构。同时，为了能通过认证，企业需要在短期内抽出大量的资金用于劳动条件的改善和社会保障的提高。倘若企业因为 SA8000 而使得单位产品成本增加过大，企业过不了这个高门槛，必然导致大批力量单薄的企业无法继续生产而被淘汰出局。这在市场经济下本是再正常不过的事情，然而在我国当前的经济条件下，在我国当前严峻的就业条件下无疑是得不偿失。而高成本企业的产业转移也不是一朝一夕就能办得到的，产业转移的实现本身需要宽松的内外环境，在利润甚至血本被跨国公司吞噬的情况下无疑为企业的产业转移雪上加霜，企业的这种生存空间进一步缩小。企业的这种两难处境使得政府在保障社会成员的基本权益上也处于两难境地。如果使企业承担过多过重的社会责任，或者严格按照法定的劳工标准来要求企业，必然使企业的处境更加艰难，最后企业连分担就业压力这个最基本的社会责任也不能实现。无疑，当前的经济发展水平制约了我国企业社会责任建设的提高，妨碍了企业员工劳动和社会保障的真正实现，严格来说这不是一个法制或权益保障的问题，更不是人权问题，而是一个经济承受能力的问题。我国还不具备严格按照国际尤其是西方发达国家的劳工标准来执行工人特别是民工劳动和社会保障的物质基础。

3. 特殊的产业结构

广东产业结构与布局上的弊端和问题同样也是影响和制约广东企业社会责任建设进一步提高和推进的重要因素。广东是我国重要的出口地，但同时也是我国廉价劳动力的“吸收站”，是中国最大的低附加值产品输出基地。廉价的劳动力导致了廉价的劳动产品，同时也就产生了劳动者的低收入、低消费水平及“廉价”的劳动和社会保障，这是一个恶性循环。大量廉价的劳动力支撑了深受SA8000袭击和世界跨国公司排挤的劳动密集型产品。比如，我国出口到欧美国家的服装、玩具、鞋类、家具、运动器材及日用五金等产品都已受到SA8000的约束。靠减少工人福利和工资维持的低成本产品，在国外深受SA8000的打击。只顾眼前利益，长期以来死死抱住劳动密集型产业不放，将使珠三角逐渐失去竞争优势。比如，珠三角及东南沿海近期“民工短缺”，其中的一个原因正是20多年来民工的实际收入不升反降的低工资所致。这样的低工资连民工都吸引不了，怎么还能持久地维持这种低成本产品的生产呢？所以，需要通过增加员工工资和福利，改善民工劳动工作条件来提高劳动力成本，达到淘汰和转移一些无法承受高成本、没有竞争力的企业，以保持珠三角持久的竞争优势。这样既利于增强珠三角的整体竞争力，又利于维护和提高工人和民工的社会保障水平。

4. 特殊的“经济老大地位”影响了广东企业社会责任建设水平的提高

广东经济长期以来一直在全国处于领先地位，是名副其实的“经济老大”。但在全国总体发展水平还不高的情况下，这并不全是广东的发展优势，相反却可能不利于广东企业社会保障责任建设。“能者多劳”，广东有经济上的优势，必然分担更多的企业社会保障责任，从而影响自身社会保障力度的提高。在全国统一的社会保障立法和进程下，广东企业社会保障必然要兼顾到全国的总体发展水平，与“弱者过招”无疑不利于广东企业社会保障责任建设的长足发展。

四、广东企业社会保障责任建设思路

广东在改革实践中摸索出的先进经验为进一步完善和推进广东企业社会责任建设提供了样板，丰富了企业社会责任建设的思路。因此，应根据我们对广东企业社会保障责任建设的理论把握当前的新形势与新要求，切实抓好广东企业社会保障责任的建设。

（一）引导企业自觉承担社会保障责任

在前面分析企业的社会责任时已经指出，广东企业社会责任建设应逐步将主体由各级劳保部门转向企业本身，让企业建设企业社会保障社会责任成为其自觉行为和自我要求。要实现此目的，必须从以下方面入手：

（1）增强企业社会保障的社会意识，即让企业具备社会责任感，让企业人格化。通过各级劳动和社会保障部门与企业建立广泛的联系和合作关系，宣传国家的社保政策和劳动法规，以及国家建设和谐社会的决心和策略，通过舆论唤起企业的社会责任感，影响和制约企业内部劳动安全保障的规定。

（2）把企业的社会责任融入企业自身文化建设，通过政府为积极承担社会责任企业做形象宣传和给予优惠政策等奖励，让企业感受到企业社会责任建设的好坏是直接与经济利益挂钩的，从而把企业文化、企业社会责任建设当作企业的核心竞争力来经营。当前 SA8000 进入我国，从另一方面也促使企业意识到主动承担企业的社会责任是公司的赢利经营活动之一。

（3）强化企业员工自我保护和自我维权意识。企业员工自身维权意识的增强，对制约企业侵权行为具有最直接的作用。在员工中做定期的劳动保障权益宣传和相关知识的培训会起到立竿见影的作用。

（二）构建具有效率的企业社会保障责任执行机制

1. 建立企业社会保障模式的动力机制

为鼓励中小企业积极加入国家社会保障体系，政府应加快法律、法规建设，加大社会保障的宣传力度。同时，应采取更多的激励性政策，并予以政策和资金上的支持，对于参保并解决再就业工程中部分人员就业的中小企业可以对等减免一部分税收。对社会保障的支付可以从企业的税后剩余所得收益中支付，突出社会保障对中小企业所带来的经济附加值，使中小企业自觉形成社保要求。

2. 建立企业社会保障模式的运行机制

企业应建立与其经营特点和规模相匹配的多层次的、以社会劳动保险为主体的社会保障措施，选择适合自身发展和符合员工切身利益的社会保障水平，避免一刀切造成的不公及积极性不高的问题。首先，解决涉及劳动者切身利益（病、死、伤、残等问题）的基本保障。其次，建立中小企业新型收入分配制度。从一部分剩余收益中按规定提取向社会劳动保障机构交纳的最低保障金；职工个人可根据工龄长短和工资多少自愿向社会劳动保障专管机构投保，依据其缴费的多少和时间的长短享受不同的保障水平。第三，将投保的费用作为一种特别储蓄或委托社会保障基金管理部门进行投资，记入个人累计账户，由收益所得自动支付投保费用。

3. 建立企业社会保障模式的保障机制

为保障企业切实履行参加社会保障的义务，具体可从以下几方面入手：其一，加大法律、法规的建设，在规范企业经营制度的同时制定相应的劳动用工和劳动保护措施，增强企业参加社会保障建设的法律约束力；其二，加强工会的作用，工会与雇主就工资水平进行谈判时，应为内部员工争取相应的社会保障利益；其三，建立社区社会保障体制网络，企业就地加入社区社会保障网络体系，进行统一管理和监督，借以取得有效的参照对比，确保受雇员工的利益；其四，加强政府在企业参加社会保障体系中的引导、监督和约束作用，把企业参加社会保障的力度作为评估企业对社会贡献大小的一项指标，也作为政府奖励和扶持企业发展的一项重要考核内容。

（三）完善企业社会保障责任的建设环境

1. 推动全国统一大市场的形成

要素市场尤其是劳动力市场的人为分割严重地阻碍了劳动力的自由流动，给社会保障制度建设带来诸多不便。为适应 WTO 的需求，把劳动力、人才的流动建立在法治、有序的轨道上，取消有关私营企业用人、用工的种种限制，将有助于私营企业社会保障制度的规范建立。

2. 加快户籍制度的改革

种种迹象表明，现行城乡分割的户籍制度已远远不能适应经济进一步发展的要求。在私营企业建立社会保障制度过程中，人们议论最多的就是现行户籍制度。户籍制度是影响全国统一市场形成的重要因素。因此，改革现行户籍制度，建立以居民居住地、工作场所为落户标准的新型户籍制度对于推动全社会范围内社会保障制度的建立具有重大意义。

3. 加大宣传、教育、扶持力度

社会保障制度的建设是一项长期的系统工程，需要全社会方方面面的共同努力。就政府主管部门而言，实施社会保障制度应建立在广大私营企业主及其职工对社会保障制度的理解和认可上。因此，主管部门要完善相关的法律、法规，主要媒体对社会保障制度的宣传、报道应尊重事实，实事求是，对相关政策法规的解释、分析应做到准确、易理解。除此之外，国家还可配合地方主管部门在各地建立相关社会保障制度的咨询机构以答疑，同时财政上应对建立起完善的社会保障制度的私营企业以适当的补贴，以提高其他企业参保的积极性，由此推动社会保障制度建设的顺利进行。

（四）把企业社会保障责任建设纳入构建广东和谐社会发展战略

“三个代表”的重要思想是“十六大”的灵魂，劳动保障事业的方方面面，都是同先进生产力、先进文化和人民群众的根本利益紧密相连的。做好劳动保障工作，是实践“三个代表”重要思想最直接、最具体的体现。“十六大”报告对劳动就业、社会保障、收入分配等直接涉及劳动保障工作领域的问题作了重要论述。报告在提出我国全面建设更高水平的小康社会的奋斗目标时，把“社会保障体系比较健全”、“社会就业比较充分”作为具体目标，并把扩大就业、理顺收入分配关系、完善社会保障体系作为“经济建设和经济体制改革”的重要内容，同时提出了明确的目标任务和战略措施，是改革开放以来历次党代会报告对劳动保障工作最全面、最系统、最充分的一次论述，充分体现了劳动保障工作的重要地位和作用。党的十六届三中全会以来，党中央、国务院高度重视劳动保障工作，高屋建瓴，审时度势，作出了一系列重大决策，是劳动保障制度改革力度最大、进展最快的时期，是市场导向的就业机制初步建立和中国特色的社会保障体系框架基本确立的时期，劳动保障领域发生了一系列深刻的历史性变化。广东作为改革开放的前沿阵地，率先在全国进行了劳动、工资、社会保险制度改革，初步建立起适应社会主义市场经济发展要求的劳动保障制度。“构建和谐社会”在 2005 年的“两会”期间更成为亮点中的亮点，成为未来我国经济社会发展的基本要求。和谐社会的构建离不开人们的安居乐业，离不开所有社会成员的劳动和社会保障。在工业化时期，企业是人们获得生活来源的最基本场所，社会的和谐首先得有企业内部的和谐，为此，建设企业社会责任与构建和谐社会直接关联。党对劳动和社会保障工作的高度重视，为广东省建设企业社会责任建设带来了新的发展机遇。

如图 2 所示，假设整个社会原来的利润水平-工人社会保障程度可能性曲线为 aa'，如果沿用原来的生产管理方式和体制，要提高利润水平，就不得不绝对或相对地降低对工人的社会保障等各方面的待遇，因此，新的利润水平-工人社会保障程度可能性曲线变为 bb'。但是，只要我们通过改革和完善社会保障制度，采用更加科学的体制，就能够使社会的利润水平-工人社会保障程度可能性曲线全面外移，如外移到 cc'，从而整个社会的福利水平都得到提高。

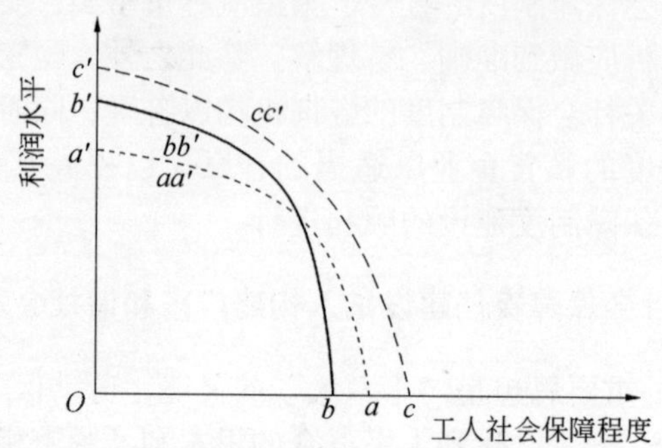

图2　工人社会保障程度与利润水平关系图

企业的社会保障责任建设是从微观来确保社会的安定和谐，构建和谐社会是把大社会的和谐融入企业的“小和谐”中去。企业的社会保障责任建设是和谐社会的基础和保障，通过“小和谐”的构建来实现“大和谐”。因此，实现社会保障或者说企业社会保障责任建设必须与特定历史时期的任务相结合，必须与经济体制改革相符合，必须能够促进和服务于经济改革的全局。这是广东企业社会责任建设所必须具有的高着眼点。

企业依法经营与广东企业社会责任建设分析

企业是社会的微观单元，是工业社会里最基本的构成要素。推动广东企业社会责任建设应首先从认识和规范企业依法经营社会责任开始，把企业依法经营的社会责任建设提升到构建“和谐广东”的大战略之中，同时把广东和谐社会的建设融入企业和自然人社会责任建设的培育中。

一、依法经营与企业的社会责任

（一）企业依法经营的内涵和外延

依法经营是指企业按照公司法以及各项法律、法规来安排和从事企业自身的经营活动。随着我国企业逐步成为自主经营、自负盈亏的独立法人，通过立法和颁布各项法规来规范、约束和引导企业经营行为，已成为建设企业社会责任的主要和根本方式。企业能否做到依法经营成为企业是否承担了法定社会责任的最基本判断标准，同时也是企业合法存在的根本前提。

随着外向型经济的发展，中国越来越多的产品通过国际市场实现交换价值，这样依法经营就不能仅仅体现在合乎本国法律、法规，更多地应是体现在满足贸易对象国的法律、法规，尤其是体现在 ISO9000 世界质量标准约束中，这是“法”在空间上的拓展。同时，企业社会责任也不仅仅围绕企业生产的产品及其质量展开，而是更多地体现在企业自我经营活动中，它包括企业生产经营活动涉及的有关外部环境和其他直接或间接对象，也就是通常所说的，企业需要对环境保护、劳工保障实现法律规定的责任要求。对此，广东企业感悟最深的恐怕要算国际环保标准 ISO14000 和有关劳工保障的 SA8000 在企业经营中“法”的约束。广东企业要想走向世界，就得在满足国内法规的基础上满足 ISO9000、ISO14000 和各种各样的企业社会责任守则。目前 SA8000 还未上升为 ISO，但在国际贸易被跨国公司垄断的今天，跨国巨头指定和认可的标准往往比通用标准更具杀伤力。因此，作为一个寻求发展和生存空间的企业，在依法经营社会责任的认识上更要按照以上的要求去拓宽依法中“法”的范畴，从而拓展其社会责任范围。当然，这些仍然属于企业必须承担的最基本的社会责任范畴。

（二）企业依法经营的必要性

市场经济的运行秩序主要由其内部机制支配，但内部机制功能的实现却需要由外部创造条件和维护。所以，从社会控制的角度看，市场经济又是法制经济，因为它需要法律来控制和规范市场秩序。克拉克（Clark，1999）认为：“如果公司都自愿遵守环境法，它们将会大大改善现代商业企业的重大负面外部影响；如果公司都遵守工作场所安全制度或药品检测制度，那么它们就可以减少商业行为的其他各类的负面影响；如果公司都自愿按照法院的诠释遵守反垄断法，就会更公正地处理经济利益在消费者和其他经营者之间的分配。”① 因此，在研究分析市场基本经济主体——企业在生产经营中应遵循的行为规范时，不能只强调价值规律、供求关系、竞争关系而漠视市场经济所需要的各种法律规范，必须将供求关系、竞争关系等全都纳入市场经济的规则之列，否则企业在生产经营中的供求关系、竞争关系等必然被扭曲，这样市场经济也会变形。因此，对于企业来说，要真正成为现代意义上的企业并有所作为，就必须在重视行政规范、道德规范的同时更重视法律规范，做到依法经营。

我们说法律是由统治阶级制定或认可，并由国家强制力实施的行为规范的总和，具有规范性和强制性等多个特点。正因为法律规范具有极大的权威和强制力等外在约束力的存在，才有可能从根本上有效地扼制、防范或减少企业的无规范和反规范的行为，并保证无论是故意还是过失，违法经营者都将为此付出一定的甚至是巨大的代价，从而有助于保护合法生产经营者的切身利益，有助于维护社会的公序良俗，同样也有助于保障社会主义市场经济的健康发展。

（三）依法经营与企业社会责任

伊凡·亚历山大（2000）认为，企业社会责任不是法律义务，因为法律明确规定应履行的义务是不需要争论的。“核心问题是一个基本问题，即公司仅仅是一个生产单位，还是除了生产单位外，它也是一个道德单位？例如，法国就认为公司拥有道德人格。由于公司在如此地改变社会，因此，它也对社会负

① ［美］克拉克．公司法则［M］．北京：工商出版社，1999：570．

有义务。"① 但是企业履行法律义务、依法经营，确实是企业应承担的基本社会责任之一。克拉克认为："公司和受其影响的个人或群体之间的每个重大关系，都要受庞大而错综复杂的法律原则体系和法律强制执行机制的调整。……公司对它们的顾客、供应厂商、债权人、雇员以及对环境、全体公众和为数众多的政府实体负有契约的、普通法的和成文法的义务。"②

市场经济给企业的本质定位是"赢利"，通过市场生产经营活动赚取利润是万古不变的铁律。但不是所有企业都能清醒地意识到因不懂法或不守法从事经营活动铸成经济损失也是效益（不过是负效益），也未必能意识到因积极运用法律保护自我、防止经济损失也是效益，以及创造一个良好的法治氛围、讲"信用"及维护正常的经济秩序和环境也是效益等相关道理。因此，作为一个现代企业和理性的现代经营者不能含糊和回避法律问题。随着我国社会主义市场经济体制的建立和完善，依法治国、依法治企已成为中国发展和壮大社会主义市场经济的时代要求。企业不能游离于法治社会之外，企业经济活动和其他社会活动都必须在法律规范的范围内进行，否则，就会因触犯法律而造成经济损失，从而偏离企业的"效益目标"。同样，企业经营遭到不法侵害而危害经济利益时，企业如果运用法律手段主动进行自我保护也可有效地防止经济损失，从而保证经济效益稳定提高。这两方面的法律运用产生的都是直接的经济效益。如果通过创造良好的法治环境维护正常的社会经济秩序，则会产生间接的社会效益。所以，"依法经营"不仅是企业的责任，维护市场秩序的社会责任更是企业"效益目标"要求。

随着改革开放的深入，我国社会主义市场经济体制日益健全和完善，企业都已变为面向市场、参与市场竞争、承担市场风险和法律责任的经济主体。对于企业来说，法律不但是一种行为规范，而且还能够产生显而易见的经济效益和良好的社会效益。法律也是效益，这已被许多企业的经营实践所证明。但由于各种复杂因素的影响特别是法制观念的淡薄，时至今日仍有不少企业特别是其经营管理者对此不甚了解或不以为然，对依法治企、守法经营重视不够，不讲市场"游戏规则"。这样不仅扰乱了市场经济秩序，而且使企业陷入困境甚至滑入破产的边缘，从而腐蚀了市场经济的信用基础。这种状况应引起我们的高度关注，重视并从法律的角度问诊企业的"缺法症"，以切实采取措施尽快予以改变，使企业循着追求"法益"的轨道健康发展。

---

① （英）伊凡·亚历山大．真正的资本主义［M］．杨新鹏译．北京：新华出版社，2000：114．

② （美）克拉克．公司法则［M］．北京：工商出版社，1999：564．

需要说明的是，企业依法经营是企业的社会责任，企业社会责任是一个内涵丰富、覆盖面广的概念。企业社会责任本身也并非全以“法”的形式表现，而是通过企业文化和企业的经营理念表现出来。同时，企业作为一个“社会人”，在追求自身的赢利活动实现自身价值的过程中，除了受法律规范和制约外，也受社会道德和人文精神以及社会舆论的影响和约束。另外在与法律的关系上，企业也不是仅仅被动地受法律的约束和规范，而是更多地表现为企业认同基础上的自我行为要求。在主要靠“异质性”来凸现企业市场竞争力和价值的今天，广东企业应该主动地把社会责任融入企业经营活动的范畴，把外在的约束转化为自我的要求和追求目标，只有这样，企业才能在众多的竞争对手中脱颖出来。

如图1所示，假设企业在为是否遵守某些法规或者是否承担某些社会责任作出抉择，设整个市场上遵守法规的企业的比例为 x，$x\in[0, 1]$。假设整个市场上不是全部企业都遵守法规或者都承担了社会责任的话，企业必须通过承担其他一些额外的成本来消除社会环境风险对企业的负面影响，设 c_1 为该成本曲线，随着 x 递减，最后等于0，原因是遵守法规或者承担社会责任的企业比例越高，社会氛围越好。假设企业决定不承担社会责任，则也会产生相应的成本，如可能会被社会公众发现或者被有关部门处罚等，设该成本线为 c_2，其大小与 x 大小成正比，原因是当越来越多的企业承担社会责任的时候，不承担社会责任的企业被发现和被处罚的概率越来越大，并且边际成本也不断上升。假设 c_1 和 c_2 曲线相交于 x_1，当 $x<x_1$ 时，企业选择不承担社会责任；反之则选择承担社会责任。假设现在社会处于 x_0 点，则企业会选择不承担社会责任，这时候政府和社会必须采取行动，迫使企业选择新的均衡，以达到对

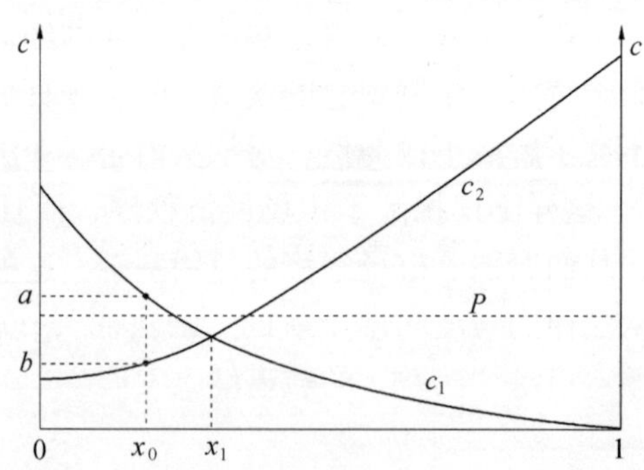

图1 承担社会责任的企业比例与成本关系图

社会有利的新均衡。

二、制约广东企业依法经营责任建设的原因

广东是我国开放最早、工业最发达的地区，同时也是最迫切需要加强和规范企业社会责任建设、强化企业依法经营意识的地区。近年来，侵占国家巨额财产，克扣工人工资，侵犯员工权益，制假、造假等严重违规、违法的恶性事件在广东企业中时有发生，尤其是珠江三角洲（以下简称珠三角）许多乡镇已成为企业违法经营的高发地带。目前广东企业依法经营责任建设中困难重重，问题繁多，究其原因是多方面的。总体来看，它是与广东所处的外部环境以及广东自身的经济社会特征分不开的，其原因主要包括以下几个方面。

（一）我国目前所处的经济发展阶段影响着依法经营责任建设的进程

改革开放以来，我国经济社会取得了极大的发展，社会主义市场经济的全面展开为我国经济注入了新活力，带来了新的发展机遇。但总体来说，我国还将长期处在社会主义的初级阶段，我国的工业化程度不高，还处于工业化的中前期阶段，这是无法改变的最大国情。尽管广东尤其是珠三角地区的工业化进程已远远走在了全国前面，但其发展却深受全国总体经济社会所处发展阶段的制约。最明显的表现是，虽然广东来自 SA8000 的压力很大，但对于内地外向型经济程度不高的省份来说，并不会有同样的感触。这就使得全国企业社会责任立法的迫切性表现得不如广东等东部沿海经济发达地区所实际感触到的强。在全国统一步伐下，这无疑推迟和延缓了广东将企业社会责任建设纳入法制规范化轨道的进程。

另一方面，广东作为最发达的经济体，需背负着其他欠发达地区经济社会的重负前进。比如，其他地方无法吸纳的大量外来农民工便纷纷涌入工业化程度相对高、经济相对发达的广东尤其是珠三角地区。廉价得几乎无限供给的劳动力无疑会给珠三角等发达地区带来感觉上的迟钝，导致对提升产业结构实现产业转移方面的压力感觉不敏锐，导致对劳工权益保障等法律、法规的漠视。如果仅仅从企业内部的生产成本核算来讲，企业便无法对改善员工的生活、生产条件形成自我要求。这无疑不利于广东企业强化企业社会责任建设的意识，也不利于激发企业增强其核心竞争力的动力。持久的局部优越感造就了企业的惰性和企业行为的短视，使得企业思进、思变的动力不足。

（二）广东经济的自身特点影响和制约了广东企业依法经营社会责任建设

1．广东工业产业特征的影响

目前广东仍然靠劳动密集型产业支撑，珠三角地区仍是劳动密集型产业加工基地。劳动密集型行业在珠三角地区的生存空间仍然很大，相对于国内来说很具竞争优势。比如，珠三角地区电子、医药、建材业产值居全国首位，纺织业居第二位，彩电产量约占全国1/2，电冰箱产量约占1/3，洗衣机产量占1/7,而且“广货”素以名优产品、驰名商标多而极具竞争优势。为什么这种靠劳动密集型产业支撑的优势反而成为广东企业依法经营的制约因素呢？因为国内优势无法成为赢得国际竞争的资本，相反却很容易使广东企业仅仅满足于国内优势，从而失去企业自我建设、依法经营社会责任的动力。另一方面的影响表现在目前广东仍然靠大量吸引内陆地区的廉价剩余劳动力维持低成本的竞争优势，仍然靠吸引寻求廉价劳动力的外国企业来引进外资。2003年底，在珠三角地区打工半年以上的外省农民工为1300万人，到2004年底，增至1600万人,2005年已经超过2000万人。大量的外来工和流动人口为企业的劳工保障和依法经营带来了隐患。

2．广东经济的外向型特征的影响

20世纪80年代，广东借助改革开放政策和毗邻港澳的优势，借对外开放先机，依靠引进外资和开展加工贸易，率先实现快速发展。珠江三角洲的低成本生产和委托加工贸易制度给广东赢得了相对国内的竞争优势，产品出口比例高，出口额占全省出口总额达70%以上，形成了以国际市场为导向的外向型经济格局。珠三角作为我国加工贸易最发达的地区，2005年加工贸易出口额约为1500亿美元，超过全国加工贸易出口总额的1/3，成为全国重要的出口创汇基地①。同样，外向型经济在构成了广东优势的同时，也把广东经济推向了浪尖，这也就是SA8000劳工标准对广东影响最大的根本原因。

3．广东企业构成特征的影响

在广东企业中，中小私营企业为数众多，其中又以“三资”、民营企业为主，这样的企业构成对建立企业依法经营社会责任并不全是“利好”。相反，由于三资企业文化和法律本身的差异，按照中国的企业法律、法规来规范约束

① WTO规则约束下珠三角调整加工贸易产品结构的途径与政策．WTO/FTA咨询网，2006－07－12．

http：//chinawto.mofcom.gov.cn/article/j/al/200607/20060702630524.html

会存在依法经营技术上的问题。而民营企业和大量的中小私营企业在我国发展还不够成熟，许多企业还没有建成规范的企业内部约束机制，依法经营的意识相对于大型国有企业来说差距还很大。

（三）企业经营者依法经营的意识淡薄的影响

企业要做到依法经营，首先要看企业主或企业的经营者是否做到了遵纪守法。因为企业主是企业行为的决策者，企业主或经营者的依法经营意识或者说法律意识直接反映出企业能否真正做到依法经营。在广东企业层次各不相同，同样企业主依法经营的意识也参差不齐。目前许多企业尤其是中小个体和私营企业经营不规范，跟企业主法律意识淡薄有很大的关系。依法经营意识差的企业主要是一些私营企业和效益不好及改制的公有企业，且“违法”最突出表现在雇主拖欠、克扣、压低劳动者的工资，几乎每年都有雇主拖欠、克扣、压低劳动者工资的恶性事件发生，而这些事件的发生最终反映出来的却是企业的非法经营行为。

（四）员工的维权意识差影响了广东企业依法经营社会责任建设

员工的维权意识是企业依法经营社会责任建设的一个重要影响因素。没有员工维权意识的增强，要使企业实现并强化依法经营的社会责任是很难的。广东企业员工的维权意识淡薄最突出的仍然体现在外来工上，农民工缺乏自我维权和依靠工会、法律等途径维权的意识。大量刚刚进入私营企业的农民工（包括外来工）缺乏维护自身合法权益的意识，这种现象在县及乡镇更是广泛存在。根据政府部门和省工会的调查显示，私营企业的劳动者特别是外来工，对合同、权利等用于保护自身权益的手段毫不在乎，许多员工关注的仅仅是现金工资支付，在关注层次上也基本上是先工资支付，其次才是合同，再次是社会保障。由于员工尤其是农民工是弱势群体，即便注意到了自身权益保护，也没有能力通过合法、合理、合情的手段去维护自身权益。另外，在寻求保护的途径上农民工往往很难借助工会或其他组织来保护和维护自身权益。这样，便为企业或企业主侵犯其权益的违法经营创造了条件。

如图 2a 所示，假设工厂和农民工之间进行博弈，工厂首先决定是否损害农民工的正当利益。如果工厂没有损害农民工的正当利益，博弈结束；如果工厂损害了农民工的正当利益，农民工决定是否寻求相关途径去争取自己的正当利益。在工厂不损害农民工正当利益的情况下，工厂的收益为 2，农民工的收益为 1。在工厂损害了农民工的正当利益而农民工不去寻求相关途径争取自己

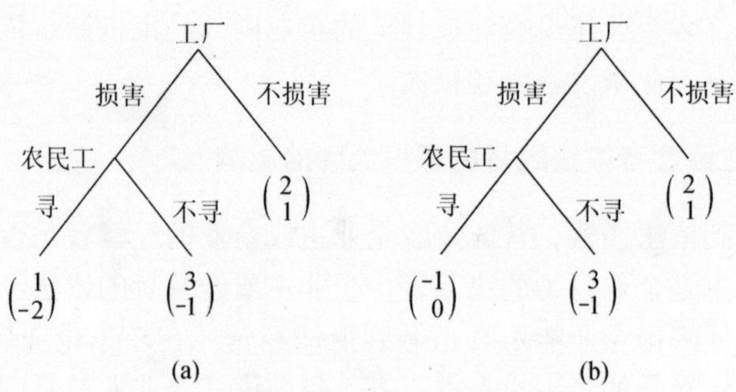

图2　企业损害农民工权益与农民工维权博弈图

的利益的情况下，工厂得益为3，而农民工得益为-1。然而，当工厂损害了农民工的正当利益后，即使农民工寻求相关途径去争取自身的利益，最后的收益为-2，小于不争取时的收益，原因是农民工本身相关知识缺乏，势单力薄，要进行反抗，成本非常高昂，即使最后争取回了原有利益，最终也得不偿失。而工厂因为相关农民工的反抗不得不采取一定行动来应对，并且可能要赔偿，所以最终收益为1。因此，在工厂损害了其利益的情况下，农民工的个人最优反应是不寻求反抗（此处不考虑因为反抗而引起轰动效应的可能性），工厂意识到这种情况后，最优策略是不惜损害工人利益来最大化自身利益。因此，政府和社会需要帮助农民工改变这种弱势地位，引导农民工争取自身的正当权益，减低其争取权益的成本。如果博弈树变为图2b，则在正当权益遭到损害后农民工的最优反应是进行反抗，所以，理性的工厂最终会选择不损害农民工的正当权益，此均衡对于整个社会来说是最优的。

农民工维权意识的缺乏，具有很顽固的经济社会原因。在二元经济结构的框架中，进入私营企业打工的农民工仍然与土地和农耕生活方式保持着密切的联系，这种联系成为农民工的生存底线和社会保障底线，也成为他们衡量打工收入的一种最原始的标准。这就限制了他们与雇主的矛盾和冲突的发展水平，限制了他们的维权意识和组织意识的发育。同时，这种联系形成的比较利益机制还成为劳资矛盾的平衡器。因为，即使打工得到的工资等于或低于最低工资线，他们的打工收入也可以提高个人和家庭的总收入水平，改善总收入的结构，改善家庭的现金流状况，从而提高收入的增长幅度，缓和日趋紧张的人-地关系造成的收入递减状况，解决家庭富余劳动力的出路问题。

三、广东企业依法经营责任建设的构成要素

（一）企业诚信建设

首先，需要明确的是，依法经营本身就是企业诚信的表现。按照“守法精神”的定义，依法经营不仅包括守法、服从法律，还包含道德自律、重视社会信誉等内容。因此，把企业诚信作为依法经营社会责任的构成要素和重要组成部分是符合市场经济的本质特性需要的。

诚信是企业的根本，也是企业自觉实现依法经营所必备的修养。在我国加入 WTO 以后，遵守规则、讲诚信尤其重要。“质量好是信誉，守法经营也是信誉”，与社会主义市场经济背道而驰的不守信誉的逆流在不少企业中存在，对此有必要进行认真、深刻的反思。信用是现代市场经济的灵魂，诚信原则是现代民商法的基本原则。信用的缺失必然带来“法益”的流失，严重时会导致现代市场经济的不规则发展，并最终导致社会政治腐败和社会效益的重大损失。如果企业不守法经营，缺乏信誉，就会导致他人对其产生一种不信任感。信誉不佳的企业的生存和发展无从谈起，其结果只能落得个“偷鸡不成反蚀把米”的下场。因此，企业应在经营中培育守法精神，在经营中将守法经营作为提高信誉的关键来抓，以确保企业及产品信誉在守法经营支持下不断提升。

另外，诚实守信是企业的社会道德准则，也是企业依法经营社会责任最核心的部分。诚信是企业的修养，是企业依法经营的保证，所以把诚信作为企业依法经营社会责任的重要构成要素是十分必要的。培育广东企业的诚信素质，需以市场中明星企业作为行为的向导和楷模，更需要政府和工商部门通过全国或全省倡导诚信活动来引导。比如，通过不同层次和级别的“文明市场”、“驰名商标”、“守合同、重信用企业”的评比，以标示企业的价值取向，引导企业主动承担依法经营、诚实守信等社会责任。

（二）企业内部管理制度的完善和改进

企业内部的守则、纪律、条例虽然不具有法律的效力，但却是企业依法经营的有力保障。为此，把企业内部管理制度条例的完善和改进作为企业依法经营社会责任建设的构成要素是很必要的。

企业内部管理制度的完善和改进通常表现在两个方面：一是制度的自身设计；二是制度的执行。企业在制订企业内部规章制度即制度设计时，要紧紧围

绕企业所要遵循的法律、法规展开，关键是要订立生产经营所需的严格的法律制度，尤其是在可行性论证、经营决策、生产安排、市场营销等方面都要严格遵守制度，履行法律规范和监督程序。这样，既有利于防止违法经营现象的发生，也能及时有效地保护企业权益不受侵犯，从而不断提高经济效益，确保企业社会效益。在执行中要对不遵法、不守法、不用法，惟利是图，对企业造成损失的企业经营管理人员依法追究其相关法律责任，当然也包含经济责任。这是依法治企、守法经营，搞好企业依法经营社会责任建设的关键所在。

（三）经营者的遵纪守法

一个企业的兴衰，关键在经营者。一个好的经营者可以把一个不好的企业搞好，一个不好的经营者也可以把一个好的企业搞垮。这已被许多事实所证明。企业经营管理者的知法和守法是企业依法经营的保障，没有企业经营者的依法办事就不可能有企业的依法经营。让企业主或者说经营者做到遵纪守法是经营者自身的责任和义务，更是企业必须承担的社会责任。它既是企业依法经营社会责任的基本构成要素，同时也是企业实现社会责任的手段。

企业在成为市场独立经营主体后，企业的经营者应克服“人治”、权大于法的封建特权观念，以及计划经济条件下单靠行政命令实行管理的思想方法和管理方式，树立“法治”的权威性和效益观。要充分认识到现代企业不是要不要法及如何认识法的作用问题，而是企业应如何依法经营，加强和保护自身合法权益，创造法治环境，并作为保障生产经营健康发展，提高经济效益和社会效益的重要措施来抓的问题。为此，在企业经营者的选择上，不仅要看他是否懂得经营之道，更重要的是看他是否懂得做人之道。作为经营管理人员自身要努力学法、用法，提高法律素质，即对内要熟悉与企业管理有关的法律知识，对外要了解企业经营的法律环境，严格依法制定重大经营管理决策和处理经济纠纷，同时要把学法、用法与解决本企业的突出问题结合起来。

我们假设一个企业存在违规行为或者不符合社会责任准则的行为，当期生产 x 件产品，每件产品可以获得净利润 π，则当期可以获得净利润 πx。然而，企业违规行为每期都有可能被有关部门发现、曝光并予以惩罚，假设该概率为 $1-P(e)$，则企业逃脱的概率为 $P(e)$，其中 e 为外部监管部门的监管强度指数，该指数越大，$P(e)$ 越低。因此，企业被发现之前能够运营 $\frac{1}{1-P(e)}$ 期。企业被发现违规后，相关部门对其进行经济处罚 $k\pi x$，即企业单期利润的 k 倍，k 表示处罚的严重程度。假设极端情况，企业被发现违规并曝光后，消费

者会放弃购买该企业产品，企业不再运营，则企业总利润为

$$\Pi = \pi x + \delta\pi x + \delta^2 \pi x + \cdots + \delta^{(\frac{1}{1-P}-1)} \pi x - \delta^{(\frac{1}{1-P}-1)} k\pi x$$
$$= (1 - \delta^{\frac{1}{1-P}})\frac{\pi x}{1-\delta} - \delta^{(\frac{1}{1-P}-1)} k\pi x \quad (1)$$

假设企业不违规的话，当期只能获得零利润，由于受到融资等约束，企业无法改善运营状况，在此后也只能维持经营现状，一直获得零利润，所以，只要违规时 $\Pi>0$，企业就有动机违规。因此，社会监管部门应该努力控制$P(e)$使$\Pi<0$。很明显，要使

$$\frac{1-\delta^{\frac{1}{1-P}}}{1-\delta} < \delta^{(\frac{1}{1-P}-1)} k \quad (2)$$

$P(e)$越小越好，代表处罚严重程度的 k 则越大越好。同时，我们应该改善企业经营条件，提供融资便利等各方面的帮助，使企业能够通过改善经营条件、提升管理水平来获得正当利润，从而减少违规和逃避社会责任的可能性。

四、如何推进广东企业依法经营社会责任建设

（一）进一步理顺和明确企业社会责任的范围

理顺和明确企业社会责任范围，是规范和实现企业依法经营社会责任的必要前提。只有明确了哪些责任是企业必须负担，哪些是企业的自我要求，哪些是企业可以承担也可以不承担的，哪些是我们鼓励企业承担的，才能对企业的社会责任有一个统一的衡量标准，也才能使企业对自身社会价值有一个评价的标准。

在国有企业日益成为独立经营、自负盈亏市场主体的情况下，“企业办社会”、“政企不分”已成为过去时，当前对国有企业社会责任的边界更应该明确。为国有企业减轻不必要的社会负担，让其轻装上阵，这是国有企业改制的方向，同时，也是企业社会责任建设必须把握的总体原则。把大量的企业社会责任社会化，把剩下的企业社会责任法制化、强制化。同时，鼓励有能力的企业将部分不属于法定的社会责任纳入企业文化的构建、当作企业核心竞争力来经营，从而在市场竞争中凸现其异质性，增强其竞争力。

（二）建设现代企业制度，优化公司治理结构

公司治理结构的设计和优化主要体现在对公司的内外部监管上。外部监管

主要包括以下三个方面：对公司的设立和一般经营活动主要由工商行政机关监督；公司的股票、债券部分由证券管理机关监督；公司的财务活动由财政税收主管部门监督。从法制现状看，我国对公司的外部监管倚重权力，即主要是行政权力的监管。但是，行政监管的效力是有限的，鉴于此，在社会主义市场经济体制下，应充分发挥权益人监管和民间监管的效应。公司内部监管依照我国《公司法》的规定，公司内部的监管职责由监事会承担，此外股东也可通过行使诉讼权的方式对董事会予以一定的监督。但因为《公司法》中这两种监督权的规定都存在很大的欠缺，所以实践中很难发挥有效的监管作用。

近年来，公司制度已被国内企业广泛采用。但是，实践中无论是国有企业还是私有公司都存在着操作经营不规范的弊病，股东利益尤其是小股东利益得不到有效保障。更重要的是，在我国加入 WTO 后，面临着全球企业的竞争，这种不规范性进一步损害了公司的信誉，阻碍了公司成长为具有市场竞争力的优秀企业，同时也是对我国国民经济的整体损害。因此，规范公司的经营行为是一件刻不容缓的大事。要规范公司的行为，就必须建立有效的监督体制，设置适当的法律责任。法律责任的设置是《公司法》得以全面实施的重要保证，法律责任设置不当会导致有法不依、权力滥用。健全的监督体制是法律责任实现的保障，没有有效的监督，法律责任将形同虚设。

（三）强化公司内部监管作用

1. 严格员工考核制度

公司员工的廉洁自律和遵纪守法是企业依法经营的保证，建立严格的员工考核制度是保障中的保障。为此，可以通过建立员工廉政档案、组织员工学习党风廉政法规、观看反腐倡廉警示教育片等方式，加强党性、党风、党纪和廉政教育等方式，从思想上增强员工的自我约束能力。

2. 严格企业资产管理制度

企业违法经营的一个重要表现就是企业侵占国有财产或企业资产的非法流失。为保证企业资产不流失，达到增值保值的目的，企业需制定一系列的管理规定和措施来确保资产的动态监控，完善企业资产管理制度，并建立严格的惩罚制度。对违反规定者，视情节轻重给予相应的处罚，以严肃法纪。

3. 严格财务监督制度

杜绝企业经济腐败的一个重要措施就是严格财务监管。而财务监督制度要真正发挥作用，则需要财务人员具有较高的业务素质和较强的法规意识，因此，可以通过对企业财务人员的业务考评以及企业财务人员聘用上的重重把关和精心筛选，保证财务人员的业务素质和法规意识。另外，在制度设计中要不断健全企业财务制度和会计核算制度，同时应保证各项制度都能充分调动财务人员的监督职能的发挥。

4．严格审计监督制度

要减少企业内部违法经营行为尤其是经营者违法乱纪、侵占国有或企业资产等行为，必须充分发挥审计监督的作用。审计的作用并不在于“秋后算账”，更重要的是发挥监督功能，达到“防微杜渐”的作用。而我国在审计制度设计上，主要侧重于经营者离任审计，往往忽视了审计的监督职能。因此，在企业依法经营社会责任建设中要进一步建立、完善经营者任期责任审计制度，变“事后审计”为“事中审计”，强化约束机制。

（四）充分发挥企业外部监管作用

企业依法经营社会责任建设，在目前还不能完全依靠企业的自觉行为来实现，要充分发挥第三方的科学监管作用。所谓科学监管，就是按照市场运行的客观规律，在合理的监管机制和制度体系下，以最低的管理成本和最高的工作效率，达到最大限度地优化配置各项管理资源的目的。

企业外部监管主要体现在各工商行政部门的监管职能上，市场监管和行政执法是国务院赋予工商部门的基本职能，是对工商部门权力和责任的准确定位。充分发挥这一职能的作用，集中精力解决那些严重扰乱市场经济秩序的问题和矛盾，为广大创业者、经营者和消费者营造公平、公正的市场经济秩序，这是国民经济发展的客观需要，也是工商部门的职责所在。

企业依法经营责任建设的外部监管作用的另一个重要方面就是行业协会作用。随着社会主义市场经济体制在我国的建立和不断完善，以及政府机构改革的不断深入，政府职能开始发生转变。同时，政府管理经济的角度也从微观管理转向宏观管理，从直接管理转向间接管理，从部门管理转向行业管理。对行业管理而言，行业协会作用逐步凸现出来。自我国加入 WTO 以来的实践表明，按照国际惯例，行业协会在保护产业、支持企业、增强国际竞争力等方面有多项重要职能，其肩负着行业之间的价格协调、行业利益维护、组织和帮助企业开拓国际市场等职责，同时，也可协调国际纠纷以及作为反倾销、反补贴申诉的提诉人或应诉人。行业协会在企业依法经营社会责任建设中要起到规范和约束企业经营行为的作用，把企业行为纳入法制化轨道，以保护行业内员工的利益。

（五）建立并完善企业法律顾问制度

建立企业法律顾问制度的重要意义在于，通过提高经营者的法律意识达到企业的依法经营。能否提高经营者的法律意识是评判能否开展企业法律顾问工作及工作是否到位的关键，也是企业能否实现依法经营管理的重要保证。提高经营者的法律意识，既要靠对经营者的培训，也要靠经营者对市场经济内在规律的理解和觉悟，更重要的是加快企业改革步伐，尽快将企业塑造成为真正的法人实体和市场竞争主体。这样，才能从根本上解决企业对政府的依赖，自觉地寻求法律的规范和保障。

企业法律顾问由企业内部职工组成，从事的是管理工作，所以应该赋予他们相应的管理职能和权限，保证有权力也有能力做好事前的法律预防，这是法律顾问职能实现的保证。同时，不能仅仅将企业法律顾问当作“救火队”，出现纠纷时才想到他们，这不利于企业法律顾问工作的健康发展。另外，建立企业法律顾问制度需要培养一支高质量的企业法律顾问队伍，企业法律顾问是法律和管理的复合型人才，需要具备较高的素质。目前，我国的企业法律顾问人员数量不足，整体素质还不够高。发展和壮大企业法律顾问队伍，需要社会各方面的努力。企业要重视从现有的管理人员中去挖掘和培养。同时，应吸收一批高素质的企业法律顾问进入经营者队伍，改善我国经营者队伍的结构，以适应市场经济和依法治企的要求。

五、结　语

社会主义市场经济是法治经济，在市场经济体制下企业经营管理须臾离不开法律的调整和规范。企业只有做到依法经营管理，才能成为真正的市场主体，才能建立规范有序的市场秩序。我国早已正式加入世界贸易组织，我国企业已经完全置身于同国外企业按照同一规则进行平等竞争的空间，企业要在复杂激烈的市场竞争中赢得主动，必须在法律提供的空间内施展自己的经营策略。目前，正是我国建立比较完善的社会主义市场经济体制和加快现代化建设的关键时期，也是我国企业在更大范围内和更深程度上同国外企业按照同一规则进行竞争与合作的新时期。按照“三个代表”重要思想，大力开展企业普法和依法治理工作，推进企业讲信用、依法经营，讲制度、依法管理，推进企业依法改制，建立现代企业制度，依法处理经济纠纷，维护自身合法权益，对于贯彻依法治国基本方略，完善社会主义市场经济体制，适应加入世界贸易组织的要求，促进企业健康稳定发展，都具有十分重要的意义。

广东工会在企业社会责任建设中的维权作用分析

一、珠三角“民工荒”的产生与劳动关系

广东省依靠其毗邻港澳和全国第一大侨乡等优势，在20多年的改革开放中，依靠“三来一补”的加工贸易发展外向型经济，经济实力迅速增长，人民富足，现已成为我国经济第一大省和中国制造业的“心脏”。但我们也应该看到，依靠“三来一补”起家的广东省，这么多年的发展实际上一直没有走出“高技术产品，低技术制造”的怪圈。

目前，广东企业中劳动密集型企业还占有较大的比例，这些劳动密集型工业主要有三种企业：一是外商独资企业；二是中外合资企业；三是典型的来料加工企业。前两种由于拥有自己的技术设备和研究开发能力，集约化程度高，产品附加值高，员工的工资待遇都不错。第三种企业则不具备这些优势，用工人数却占了整个广东省的75%以上。

自2004年以来，广东珠江三角洲（以下简称珠三角）地区的一些企业出现了前所未有的“民工荒”现象。一些企业的重、苦、脏、险工种出现了用工紧缺的情况。据中国劳动与社会保障部的报告显示，2004年珠三角地区缺少民工200万人，缺工比例为10%，其中深圳缺工40万人，东莞缺工27万人。2006年，“民工荒”现象仍未消退，珠三角企业用工形势严峻，工人缺口在150万人以上。不少专家学者认为，“民工荒”现象的出现与广东省近几年不断恶化的劳动环境密切相关。

据调查，在珠三角地区，12年来民工的平均月工资只提高了68元。例如，在佛山不少企业外来工月工资在10年前就达到了600～1000元，到目前仍然维持在这一水平。在深圳市的一次企业工资发放情况大检查中，发现欠薪企业653家，占被查企业总数的40%以上，涉及员工10多万人次[①]。

广东省企业多，外来打工人员多，劳动争议案件也多，当前已占全国的

① 广东外来工“白皮书”：12年来工资只提高了68元[N]. 羊城晚报，2005-01-20.

1/4 左右。2004 年广东全省劳动保障监察的案件比上年增长 24%，集体劳动争议案件增长 52%。全省 30 人以上的集体事件中，珠江三角洲 8 个市占了 91.4%，而且还发生了由劳资纠纷引发的千余人参加的群体事件。2005 年广东立案受理劳动争议案件达 6.12 万件，劳动关系形势不容乐观[①]。

二、和谐社会与劳动关系

和谐社会的内涵主要是指社会成员之间以及人与自然之间各类关系的和谐。生产活动是人类社会存在和发展的基础，生产关系是社会关系中最基础的关系，而劳动关系是生产关系的主要内容。劳动关系是指劳动者与用人单位（包括各类企业、个体工商户、事业单位等）在实现劳动过程中建立的社会经济关系。在企业的生产过程中，劳资双方均有独立的利益，双方的利益既有一致的一面——企业经营好，投资经营者和职工的收益才有保障并有所增加，但也有矛盾的一面——在市场竞争中，企业总是千方百计地降低成本，以追求利润最大化，而职工则追求工作稳定和收入最大化，这就不可避免地产生了相互间权利和利益上的矛盾，并可能引发劳动争议。通常引发劳动争议的因素有工资报酬、社会保险、福利待遇以及下岗、失业等。由于投资和劳动是收益的来源，劳动关系不仅影响劳资双方的关系以及由此决定的其他社会关系，而且还影响到家庭其他人员的生存和发展。因而在社会成员各类关系中，劳动关系是最基本也是最重要的关系，劳动关系不稳，则社会不稳。

在"民工荒"背后，是保障民工的"权益荒"，进一步地说，也是企业技术含量提升凸显出的低素质进城务工人员越来越不适应需要的"教育荒"。"民工荒"显现了工会维权缺位及其维权的紧迫性。

"民工荒"现象的出现，说明广东省劳动环境或劳动关系还存在一些问题，要实现广东省委、省政府提出的构建"和谐广东"目标，首先就是要构建和谐的劳动关系。广东省作为全国改革开放的排头兵，劳动关系已发生了深刻的变化。一是用工制度改革和劳动力市场的形成，使劳动关系市场化、契约化；二是以公有制为主体、多种所有制经济共同发展格局的形成和公有制企业的改革，使劳动关系多样化、复杂化。面对新情况、新问题，我们进行了一系列改革，采取了众多措施，虽然保持了劳动关系的总体和谐，但是还存在局部不和谐和局部不稳定的现象。

---

① 建设和谐社会须把构建和谐劳动关系放在突出地位［N］. 工人日报，2006－03－27.

三、企业社会责任建设与工会维权

和谐的劳动关系是企业社会责任建设的重要内容。工会的一个重要职能就是保障和维护劳动者合法权益，协调劳资关系，为此，积极推进企业社会责任建设与加强工会维权在许多方面是一致的。正如彼得·德鲁克（Peter F.Drucker）所说："工商业企业是社会的一种器官，工商业企业并不是为着自身的目的，而是为着实现某种特别的社会目的，并满足社会 、社区或个人的某种特殊需要而存在的。"[①] 工会维权正是维护员工正当权益的"特殊需要"。

但是现阶段，我国的企业工会由于没有与经济社会发展同步，在维权方面出现一些缺失[②]。

第一，我国不少工会的主要领导是由上级直接任命的，工会长期以来行政色彩浓郁。工会只是在一些细小的事情上服务职工，很少在维护职工权益方面有所作为。甚至当职员和企业发生矛盾时，工会还常常站在企业的一边说话，不能摆脱企业的"领导"为职工说话，导致工会在劳动者心目中的"分量"不足。在这种情况下，员工自愿组建工会的积极性并不高。

第二，如果跨国公司里的员工自愿要求组织工会，他们就有可能遭到打压甚至被解雇。在目前就业形势尚且严峻的情况下，员工们是不愿意付出这样的代价的。

第三，现行法律不能有效保护要求组建工会的员工的权益，也不能对资方打击、报复员工的行为作出有力处罚。比如，《中华人民共和国外资企业法》第 13 条规定："外资企业的职工依法建立工会组织，开展工会活动，维护职工的合法权益。外资企业应当为本企业工会提供必要的活动条件。"但法律对于外资企业违反规定应该如何处罚，却没有规定。

有学者认为，工会生存的基础遭到了严重威胁。林燕玲（2002）认为："跨国公司国际经营的承包制度和转包体制，使产业关系进一步复杂化。对于这种跨国性的产业关系和劳工问题，传统的集体谈判方式的局限性凸现出来。于是，有些国家取消全国、地区一级集体谈判，由企业工会和企业主自行谈判；有的甚至取消集体谈判，由工人个人自行同雇主谈判。组织效率的下降和

① 周祖诚，管理与伦理［M］．北京：清华大学出版社，2000．

② 王杰．工会力量严重缺失 跨国公司拒建工会的底气在哪［N］．上海证券报，2006－04－06．

工会权利的削弱严重威胁着工会生存的基础。"①

因此，各级工会要积极发挥在维护职工权利中的作用。第一，要加大和改善职业安全卫生管理，加强劳动保护的检查力度，积极改善国内企业的劳动环境和生产条件，以迎接来自国际上的各种复杂的形势和挑战。第二，要加大企业社会责任体系的研究力度，使企业了解这个标准内容以及所带来的挑战，树立危机意识。同时，应立足于我国企业的实际状况，如我国劳动密集型企业在推动经济发展、吸纳就业人员和保持社会稳定等方面发挥了积极作用。但其中不少企业目前并不具备 SA 8000 所要求的条件，如果按照 SA 8000 的标准要求，这些企业原有的劳动力人格优势势必丧失，企业劳动者利益也将相应地受到损害，所以，在应对 SA8000 的挑战时，应根据不同类型的企业有不同的要求，而不是一味盲目地顺应。第三，要积极配合政府，以此为契机，检查和治理拖欠农民工工资的问题。各地政府要落实最低工资制度，对于使用童工、违反工资和工时规定、存在严重职业安全的企业处以重罚。

四、近年来广东省总工会在构建和谐劳动关系方面取得的成绩

广东省总工会是承担广东省维护职工合法权益的职能部门。回顾过去的工作情况，主要有以下几方面的成绩。

（一）依法维权工作取得新进展

（1）在立法方面，积极参与劳动就业、社会保障、安全生产、工资分配、法律援助、住房和医疗改革等一大批法规、政策的制定，如《广东省工会劳动法律监督条例》、《广东省厂务公开条例》、《广东省实施〈中华人民共和国工会法〉办法》先后通过施行。在执法方面，积极配合全国人大、省人大开展了《工会法》、《劳动法》、《广东省厂务公开条例》、《广东省社会救济条例》执法大检查。在普法方面，采取送法上门、组织职工学法等有效形式，广泛宣传涉及职工切身利益的法律知识，提高了职工的法律意识。

（2）维权机制不断完善。省、市、劳动关系三方协调机制和工会与政府联席会议制度已经建立，在解决拖欠工资、协调劳动关系等方面发挥了重要作

① 林燕玲．经济全球化对国际工人和工会运动的影响［N］．工人日报，2004－12－11（7）．

用。积极探索非公有制企业民主管理的新途径，构建了新型的“区域性（行业性）企业职工代表”两级民主管理网络。国有、集体及其控股企业职工董事、职工监事制度不断健全，厂务公开工作进一步深化。行业性、区域性集体合同工作取得较大进展，专项集体合同正在积极推广，工资集体协商工作取得初步成效。到2005年底，国有、集体企业及其控股企业的厂务公开进一步巩固提高，非公有制企业厂务公开取得明显成效。全省已实行厂务公开、民主管理的企事业单位共15.6万家，已建工会的非公有制企业有74.5%实行了厂务公开①。

（3）维权平台日益拓宽。在省、市总工会设立职工热线电话的基础上，根据中华全国总工会的要求，开通了“12351”工会职工热线电话，结合省总工会与邮政部门开通的“11185”工会维权热线，共同为职工提供24小时的咨询服务。工会劳动法律监督委员会、职工法律援助中心、劳动争议调解组织进一步建立、健全。省总工会与省高院建立了沟通联系制度，与《南方日报》合办了“外来工维权在线”栏目，促进了劳动关系的和谐稳定。工会劳动保护安全生产工作不断加强，全省参加“安康杯”竞赛活动的职工达682.2万人次。

（4）侵权事件得到妥善处理。旗帜鲜明地及时介入处理了一批侵犯职工合法权益的重大事件，在全省乃至全国产生了积极影响，有效地维护了职工队伍和社会稳定。

（二）困难职工帮扶工作迈上新台阶

（1）切实帮扶困难职工效果良好。一是开展送温暖活动取得明显成效。5年来，共筹措送温暖资金4.7亿元，为2.9万多家困难企业和101.5万户困难职工、劳动模范送去党政和工会的关怀。送温暖活动已经成为工会工作品牌。二是创建完善送温暖回访落实制度，认真落实好各级领导在春节送温暖活动期间交办的事项。在2005年元旦、春节的送温暖活动中，全省21个市共慰问困难企业4348家、困难职工17.9万户，筹集慰问款1.1亿元，督办落实了省领导交办事项26项。工会心系广大职工，认真抓落实的作风受到各级领导的高度评价。三是困难职工帮扶中心建设取得突破性进展。全省333个困难职工帮扶中心为困难职工做了大量的实事、好事，共接待来访困难职工48525人次，累计发放救助款1887.7万元。同时，还开展了“金秋助学”活动，为1万多

---

① 汤维英.扩大覆盖面　增强凝聚力　团结动员全省广大职工　为实施广东省“十一五”规划建功立业——在广东省总十一届二次全委会上的工作报告.2005－12－27.

名困难职工子女发放助学款1013万元。职工工伤探视扶助制度的建立较好地为工伤职工排忧解难。省总工会筹集了124万元的救灾款，并慰问了遭遇超百年一遇特大洪水的职工家庭[①]。

(2) 实施民心工程扎实有效。为了贯彻落实广东省委、省政府10项民心工程，省总工会制定了为职工办10件好事和为外来员工办5件实事的工作意见，在实施中取得初步成效。各级工会广泛开展智力扶贫助学活动，资助品学兼优的特困职工子女非义务教育阶段的学费，共发放助学金401.2万元，资助6769人次。省、市工会每年帮助1000名以上品学兼优的困难职工子女解决高中和大学的学费。积极协助党政做好下岗失业职工再就业工作。

(3) 推进社会保障制度进一步完善。积极配合党政落实"两个确保"和"三条保障线"的政策，对"低保"对象进行调查，完善"低保"对象家庭收入计算方法，促进应保尽保。发挥职工医疗互助保障计划拾遗补缺作用，帮助职工解决看病难问题。全省参加职工医疗互助保障计划和女职工安康保险计划的职工已超过100万人次，共支付医疗赔付金近2000万元。在抗击"非典"的特殊时期，及时将"非典"疾病纳入职工医疗互助保障计划中的重大病症范围。

(三) 工会组织建设实现新突破

(1) 提前超额完成全国总工会下达的3年工会组建任务。广东省总工会结合实际，提出"有一家纳税企业，就建立一家基层工会；有一份劳动合同，就发展一个会员"的非公有制企业工会组建工作长效机制，创新组建工作思路、工作方法和组织体制，开展了大规模的非公有制企业工会组建工作，有效提高了工会组建率和职工入会率。同时，及时重建和巩固国有、集体改制企业工会。2005年初，全省工会组织已经覆盖29万家企事业单位，工会会员达到1100多万人，其中大部分为外来员工。

(2) 工会组织基础进一步夯实。广东省工会在全省开展了争创"十百千"先进单位活动，在珠江三角洲地区33个单位进行了"固本强基"试点工作，树立了一批市、县（区）、镇（街道）、村（社区）、开发区（工业园区）、行业、企业工会等不同类型的先进典型，总结了一批工会组织建设、集体合同、民主管理、厂务公开、权益保障等方面的先进经验，制定了非公有制企业、国

① 广东省总工会公告.
http://www.gdftu.org.cn/Articles/6/20063617125221685.htm

有集体企业、机关事业单位不同类型的基层工会建设职工之家的标准。通过深入开展固本强基建设职工之家活动，全面推进了基层工会的制度化、规范化建设。

五、当前广东工会面临的挑战

我国正处于改革发展的关键阶段，国民经济平稳快速增长，社会生活深刻变革，社会矛盾相互交织，社会问题层出不穷。广东省作为改革开放的先行省份，在经济发展和社会进步取得举世瞩目成就的同时，许多社会矛盾和问题往往是最先暴露出来的。工会工作的环境、对象和任务也发生了深刻变化。随着社会主义市场经济的不断发展，社会经济成分、组织形式、就业方式、利益关系和分配方式日益多样化；随着工业化、城镇化进程的加快，大量农民脱离第一产业，进入第二、第三产业就业，工人阶级队伍的数量不断壮大；在企业改制重组过程中，大量职工离开国有、集体企业，进入非公有制经济组织，工人阶级队伍的流动日趋频繁；知识分子在工人阶级队伍中的比例越来越大，工人阶级队伍的整体素质普遍提高；广东省职工人数多，非公有制企业多，外来务工人员多，劳动关系更加复杂，维护职工合法权益的任务更加繁重。

我们通过博弈树来分析在企业内建立工会与否对于职工与企业主的得失，注意博弈中的支付都属于事前双方的预期支付。如图1所示，如果工人不建立工会，维持现状，工人得到支付为0，企业主此时不会有压力提高待遇，维持现有支付为2。如果工人通过各方努力建立了工会，企业主会考虑是否提高待遇，假设企业主认为如果不提高待遇自己收益仅为0，而职工则因为与企业主的矛盾支付变为-1；如果企业主积极提高待遇，则可以得到支付1（之所以比2小，是因为企业主认为提高待遇减少了眼前利润），而工人得到支付也很高，为2。但是，企业主一开始就发出威胁，如果职工建立工会的话，将坚决

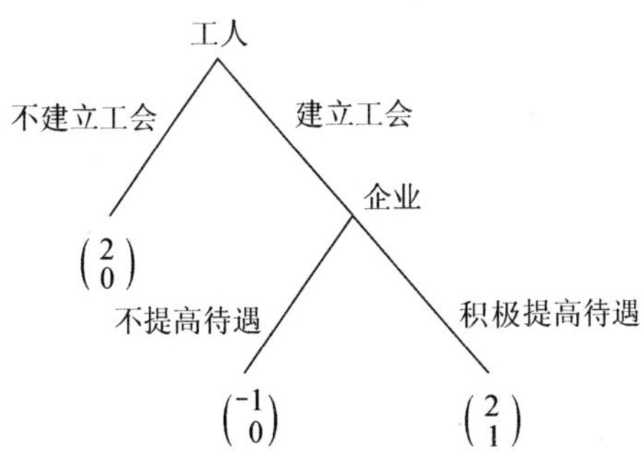

图1　企业建立工会博弈树分析

不提高职工待遇。然而，我们可以看出这个威胁是不可置信的，原因是一旦工人建立了工会，企业主的最优反应必然是提高职工待遇。所以，不管企业主是否认识到提高职工待遇对企业发展赢利的好处，工人都应该努力地组织起来建立工会，更加有力地维护自身权益。

同时，从2004年至今珠三角地区出现的“民工荒”表明，广东省劳动关系仍存在一些问题，工会是社会经济矛盾，主要是劳动关系矛盾的产物。在社会经济转型过程中，我国劳动关系日益复杂多变，由行政化的利益一体型通过利益分化向市场化的利益协调型转变。劳动关系的重大变革客观上要求工会工作进行适时的调整，确立切实可行的工作目标。

面对新挑战，我们必须认真思考和探索解决好以下几方面的问题：①如何正确处理好履行维权职能与维权改革发展稳定大局的关系，促进社会和谐；②如何最大限度地把职工组织到工会中来，增强党的阶级基础和扩大党的群众基础；③如何适应完善社会主义市场经济体制的新要求，进一步推进广东工会的体制创新、机制创新以及工作方式、方法创新等。

六、广东工会构建和谐劳动关系的思路

（一）全面落实科学发展观

（1）全面落实科学发展观，坚持“以人为本”做好工会工作。坚持“以人为本”，必须把维护职工的合法权益、促进工会工作的全面开展，作为工会一切工作的出发点和落脚点。应着力解决关系职工群众生产、生活的突出问题，尊重和保障职工的政治、经济和文化权益，提高职工的科学文化素质、思想道德素质和健康素质，动员广大职工为广东省改革开放和现代化建设作出新贡献。同时，让广大职工共同享受改革开放和现代化建设的成果。

（2）全面落实科学发展观，促进工会工作新发展。我们既要突出履行维权的基本职责，又要全面履行其他各项社会职能；既要促进地方工会突出重点，务求实效，实现工作全面开展，又要鼓励工会结合实际，创造性开展工作，形成产业特色；既要推动珠江三角洲地区工会工作抓住机遇，加快发展，又要支持东西两翼和粤北山区工会工作，为其工会工作创造条件。

（二）突出工会的维权职能，促进建立和谐稳定的劳动关系

工会是我们党领导的职工自愿结合的工人阶级群众组织，是党联系职工群

众的桥梁和纽带，是国家政权的重要社会支柱，是会员和职工利益的代表者和维护者。维护职工合法权益是工会的基本职责，也是工会存在的基础。工会作为劳动关系中劳动者的代表，对于社会转型中出现的涉及职工劳动经济权益保障的问题，要冷静地进行全面分析，通过参与权、缔约权、监督权和调处权等权利，坚决维护职工的经济利益。同时，工会作为党联系职工群众的桥梁和纽带，必须时刻牢记“在维护全国人民总体利益的同时，代表和维护职工的合法利益”。在改革向纵深发展之时，保持长期和谐稳定的社会环境是完成改革和发展的繁重任务的重要保证，也是维护职工合法利益的最基本前提。因此，工会组织应更加重视宏观参与，积极通过政府、工会和企业的三方协调机制，对涉及劳动关系的重大问题进行沟通和协商，对拟订有关劳动和社会保障法规以及涉及三方利益调整的重大改革方案和政策措施提出建议，协助政府更好地把改革的力度、发展的速度和社会可承受的程度统一起来，从而更有效地在改革、发展、稳定中建立和谐稳定的劳动关系，维护职工合法权益。

建立健全劳动关系协调制度，努力建设和谐广东。一是要推动劳动关系三方协调机制和工会与政府联席会议制度的建立和完善，发挥这两项制度在建立稳定和谐劳动关系方面的重要作用。二是要坚持和完善企事业单位职工代表大会制度，进一步强化职工代表大会在国有企业改革、改制中的监督作用，认真落实职工代表大会的各项职权，积极探索非公有制企业员工民主参与的有效途径，大力推行区域性、行业性职工代表大会制度，推动社会主义民主政治建设。三是要认真贯彻党中央和省委关于厂务公开意见的精神，进一步规范国有企业实行厂务公开的内容、程序和方式，加大非公有制企业厂务公开工作力度。四是要积极宣传贯彻新颁布的《集体合同规定》，大力推广专项集体合同和区域性、行业性集体合同，积极推行工资集体协商办法，提高履约率，增强实效性。通过不断建立、健全劳动关系协调制度，既依法维护职工的合法权益，又坚决维护社会稳定。

切实维护外来务工人员的合法权益，解决好侵犯职工合法权益的突出问题，促进社会公平与正义。目前，广东省外来务工人员已超过2000万人，维护他们的合法权益是一项重要任务。要密切配合政府有关部门，重点解决好无故拖欠克扣职工工资、随意延长劳动时间、漠视安全生产和劳动保护、侵犯职工人身权利等突出问题。对那些严重侵犯职工合法权益的事件，不仅要依法查处，还要在坚持有基本事实、有法律根据、有处理措施的前提下进行新闻曝光，努力推进社会公平和正义。要健全完善工会法律监督组织和劳动争议调解组织，努力把问题解决在基层，化解在内部，消除在萌芽状态。

（三）推进完善劳动法制建设，加大劳动执法监督力度

世界各国的经济发展表明，完善的市场经济必须以健全的法制体系作为保证。近年来，社会经济关系和劳动关系日益复杂多变，一些地方漠视和侵犯职工合法权益的事件屡见报端，已经引起了社会各界的广泛关注。党和政府高度重视，采取有效措施，努力保持社会政策与经济政策之间的适度平衡关系。

毋庸置疑，今后几年，我国的劳动立法步伐会大大加快，相关的经济社会立法及配套的法规、政策措施也会陆续出台。近 5 年来，工会参与国家立法 100 多项，参与制定涉及职工切身利益的法律法规和政策 1264 件[①]，今后更要积极推进有利于调节劳动关系的相关法律制度建设。

第一，要推动和参与制定《劳动关系法》、《劳动合同法》、《集体合同法》、《劳动监察法》、《最低工资法》、《社会保险法》、《劳动诉讼法》、《劳动争议仲裁法》、《就业促进法》和《劳动标准法》等，这就需要工会认真研究现实生活中的劳动关系问题，从而促使相关法律、法规在内容条款上更具针对性，尽可能具体可行，增强可操作性。

第二，要认真研究国际劳动立法和其他 WTO 成员国的劳动立法。这样不仅可以借鉴国际社会的有益经验和成功做法，完善本国立法，而且也有利于在涉外企业中维护职工合法权益。

第三，要加大工会对劳动执法的监督力度。工会应积极建议劳动部门建立举报制度，并定期进行监察活动，及时发现问题，解决问题。

第四，工会应把握好劳动关系双方的经济利益平衡点，以利于切实有效地维护职工的经济利益。

从本质上讲，劳动关系作为劳动者和用人单位双方的社会经济关系是既对立又统一的。在市场经济条件下，凡有投入都力求获得最大的收入。资本（生产资料）和劳动力作为企业生产的两个最基本的生产要素，其投入也是遵循这一原则的。其人格化的表现就是：企业投资生产经营者力图获得最大的利润产出，劳动者则力图获得最大的工资收入。因此，从企业的收入分配看，“劳”、“资”双方在经济利益上存在着此消彼长的对立关系。然而，不应忽略的是，资本要素和劳动力要素只有有机地结合起来，相互协作，才能最终创造财富。因此，从企业创造产品、提高经济效益角度看，“劳”、“资”双方又存在着利

---

① 中华全国总工会. 2002 年中国工会维护职工合法权益蓝皮书［M］. 北京：中国工人出版社，2003.

益协调的统一关系。

假设在一个企业中，工资和岗位数量存在此消彼长的关系。如图 2 所示，一开始工资 - 岗位可能性前沿曲线为 MM，在 w_2 的工资下，工厂提供 q_2 数量的工作岗位给工人。假设现在工会想争取提高现有工人的工资到 w_1，但由于已达到前沿曲线，要提高工资到 w_1 必然导致工厂提供的工作岗位数量下降到 q_3，现有工人中将有部分失业，这是工会和工人都不想看到的结果。但是，如果工会将目光放得更远，致力于促进工人与企业主的良好关系，争取工厂提供能够提高工人工作能力和劳动生产率的培训，协助企业主搞好运作管理，工厂的工资 - 岗位可能性前沿曲线将向外扩张，例如扩张到 NN。此时，一个可能的结果是，工人的工资上升到 w_1，同时整个工厂提供的岗位数量上升到 q_1，工厂、工人、工会和社会福利都得到了改善。

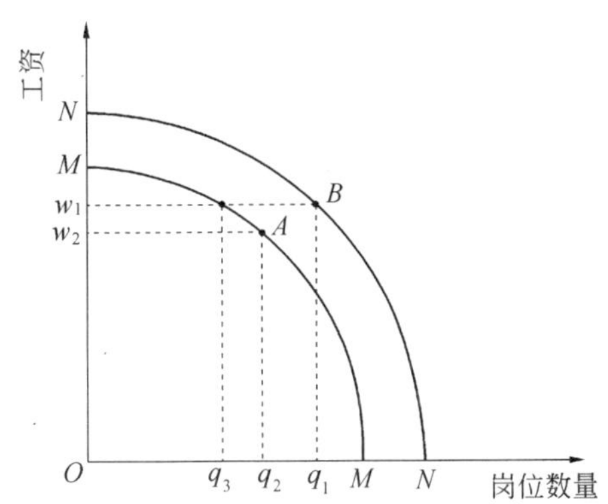

图 2　岗位数量与工资关系图

劳动关系的这种对立统一关系客观上要求工会在维护职工的经济利益时，应把握好劳动关系双方的经济利益平衡点。一方面，要积极通过促进工资立法和社会保障立法及制定相关的配套改革措施，通过集体协商来更好地维护职工的工资分配权和社会保障权。另一方面，在维护就业权和工资权时，工会应具有长远的战略眼光。鉴于中国目前和今后一段时期的严峻就业局势，对工会工作来讲，促进提高工资收入的要求和稳定就业岗位的要求已成为紧密交织在一起的两难选择。从战略发展看，劳动关系作为利益的对立统一体，双方的生存与发展均取决于提高企业经济效益，增强企业的市场竞争力。而提高企业经济效益的一个基本前提条件就是降低物力成本和人力成本。在资本全球化流动的今天，若工会一味要求提高工资，可能导致的后果就是资方转移投资，工人失去就业岗位，这一点在西方工业国家明显可见。西方国家的工会已经调整自己的斗争策略，工资要求已不仅仅视为提高收入的要求，而首先要与稳定并扩大就业岗位相连。因此，从中国国情看，工会在维护职工的工资分配权益时，应始终坚持“就业优先”的观念，立足于企业的可持续发展，立足于维护就业岗位。在这方面，更要强调维护职工的职业培训权。工会要对产业结构调整、企业生产转型进行预测性分析，督促企业加强职工培训和再就业培训，努力提高职业培训的目的性、针对性和有效性。同时，要高度重视技能再教育，切实帮助在岗职工和待岗职工做好个人职业设计和职业生涯发展规划。这就要求工会干部更多地学习企业经营管理知识，掌握人力资源管理的知识和技能，成为这方面的专才。惟有如此，才能在复杂多变的经济形势下，真正有所作为，展示出工会的维权实力，体现工会在协调劳动关系中的存在价值，从而确立自身在劳动关系中的地位和作用。

广东企业对社会公益事业的贡献

近年来，随着经济发展和社会的进步，人们对企业的要求也随着文明进程的加快而进一步提高。古典西方主流经济学理论中关于企业的利润最大化一元目标受到挑战，新的企业理论中不仅着眼于企业给社会带来经济效益，更进一步增加了对企业社会责任方面的要求。企业社会责任是指企业在创造利润、对股东和企业所有者的利益负责的同时，还要承担对员工、消费者、社区和周边环境的社会责任，即要求企业在采取行动时，既要追求股东利润最大化，又要最大限度地考虑非股东利益相关者的利益。在国际商业领域，企业社会责任则具体体现为一系列的生产标准，从早些时候的ISO9000质量管理体系到ISO14000环境管理体系，再到近几年的SA8000标准。体系标准的演变体现了国际社会对企业社会责任的要求越来越细分化、规范化、社会化、人性化，涵盖了遵守商业道德、安全生产、职业健康、保护劳动者的合法权益、保护环境、支持慈善事业、捐助社会公益事业、保护弱势群体等诸多方面。

广东省作为中国经济发展的前沿阵地，作为对外交流的重要窗口，其经济发展趋势和建立和谐社会势必要与国际接轨，应以此为契机加强广东企业社会责任建设，提高企业综合素质，增强企业竞争力。加强企业社会责任建设，首先要求企业履行遵纪守法的责任。这是最基本的社会责任，包括遵守国家的各项法律，不违背商业道德，在更高的层次上要求企业对社区、社会、环境保护的责任，以及对社会公益事业的支持和捐助。

一、社会公益事业与企业社会责任建设的关系

（一）社会公益事业的主要内容

关于社会公益事业所包含的内容，1999年6月28日第九届全国人民代表大会常务委员会第十次会议通过的《中华人民共和国公益事业捐赠法》第三条规定，本法所称公益事业是指非赢利的下列事项：

（1）救助灾害、救济贫困、扶助残疾人等困难的社会群体和个人的活动；

（2）教育、科学、文化、卫生、体育事业；

（3）环境保护、社会公共设施建设；

（4）促进社会发展和进步的其他社会公共事业和福利事业。

在美国，企业家和学者们谈论更多的是“策略性企业慈善行为”。伍德（Wood，1990）将策略性企业慈善行为定义为“一种蓄意将企业捐赠与企业经济目标联系起来的努力”①。罗格斯顿等人（Logsdon，Reiner，Burke，1990）认为，策略性企业慈善行为是“企业捐赠被导向既有利于企业商业利益又服务于受益组织或个人的慈善行为”②。而在马丁（Martin，2002）看来，策略性企业慈善行为是一种源于管理者内在冲动，并能兼容社会和股东利益的潜在工具性企业慈善行为③。

有的学者更是提出了“公益型市场营销”。所谓公益型市场营销，是指“通过资助特定公益事业以助销企业产品和提升企业形象的企业市场营销活动”，是“市场促销、慈善或资助行为、公共关系的有机结合”④。

史密斯（Smith，1994）倡导了“新企业慈善行为”（the new corporate philanthropy），并强调将慈善活动管理与其他生产经营活动整合起来，以达到通过慈善活动来提升企业知名度、提高雇员生产率、降低研究开发费用、减缓政府管制、推进企业各职能部门的协调发展的目的⑤。

（二）社会公益事业与企业社会责任建设

关于企业社会责任，美国企业社会责任专家、佐治亚大学管理学教授阿尔奇·卡罗尔（1979）认为，企业社会责任乃社会寄希望于企业履行的义务。社会不仅要求企业实现经济上的使命，而且期望企业能够遵法度、重伦理、行公益。因此，完整的企业社会责任，包括企业的经济责任、法律责任、伦理责任和慈善责任。其中，慈善责任就是企业对社会福利和公益事业的道德义务等。安德鲁斯（Andrews，1995）也强调企业承担的社会责任还应包括：①公司决

---

① Wood D J. Business and society [M]. Glenview，IL：Scott Foresman，1990：13.

② Logsdon，Reiner and Burke. Corporate philanthropy：strategic responses to the firm's stakeholders [J]. Nonprofit and Voluntary Sector Quarterly，1990，19：33-41.

③ Roger Martin. The virtue matrix：calculating the return on corporate responsibility [J]. Harvard Business Review，2002（3）：23-33.

④ Varadarajan P R，Menon A. Cause-related marketing：a coalignment of marketing strategy and corporate philanthropy [J]. Journal of Marketing，1988（7）：58-74.

⑤ Smith C. The new corporate philanthropy [J]. Harvard Business Review，1994（5-8）：105-114.

心自愿捐助教育事业和其他慈善事业，尽管这会减少其利润；②公司选择一个属于自己的经营道德标准，这个标准要高于法律和习俗所要求的最低水平；③在具有各种机会的业务中，公司根据内涵的社会价值进行选择；④为了经济报酬以外的理由（很显然仍与经济报酬有关）投资于公司内部生活质量的改善[①]。企业从事道德善事有利于实现企业的长期利益，“为了公共利益自愿花钱表面上看似乎是减少了利润，但从长远观点看，实际上却有利于企业的利润最大化。……因为这种行为最终将产生企业运营的更好氛围或文化”[②]。

如果说遵守经济义务和法律义务是企业的基本责任，那么为公益事业多作贡献则是更高层次的责任。企业的法律责任是遵守一种正式规则，而为公益事业作贡献则纯属道德义务，是遵守一种非正式规则。有人将企业社会责任等同于企业捐赠或企业所做的公益事业，或者相反，将企业社会责任等同于《国际劳工标准》、跨国公司的《企业社会责任守则》、SA 8000 认证，这些理解都是片面的。其实，企业社会责任是一个整体的概念，它包括基本的社会责任和高层次的社会责任两个方面。国外对企业社会责任的评价都包含了这两个层面的内容，遵守法律、遵守国际劳工标准仅仅是企业最基本的社会责任，它不能代表完整的企业社会责任概念。如果一个企业做到了遵守法律，保证了员工生产安全、职业健康，就可以说这个企业履行了最基本的企业社会责任，但还不能说这个企业已经达到了较高层次的企业社会责任水平。

相反，如果一个企业为社会公益事业做了大量的捐赠，但它在基本的社会责任方面受到了谴责或投诉，如使用了童工，或者生产假冒伪劣产品损害消费者利益，或发生了生产安全事故，那么，也不能说它很好地履行了企业社会责任。国外一些知名品牌的跨国公司之所以积极推行企业社会责任，原因就在于此。它们最害怕生产供应链上的企业触犯法律或国际劳工标准，损害它们的品牌形象，因此，它们要求加工企业在产品达到技术标准的同时，还要求加工企业履行企业社会责任。

需要说明的是，尽管企业为社会公益事业做捐赠属于道德义务范畴，反映了企业较高层次的道德价值观，但这并不能否定企业在作出此类决策的时候仍然考虑了其行为是否是企业最合理的财富使用方式。一般是运作良好的企业才有能力进行公益事业捐助，即企业除了维持企业基本运营所需的资本外，还有

① （美）K·P·安德鲁斯．可以使优秀的公司有道德吗？［M］．哈佛管理文集．孟光裕译．北京：中国社会科学出版社，1995：413－414．

② ［美］克拉克．公司法则［M］．北京：工商出版社，1999：566．

剩余资本可供自由支配。一般来说，企业会将这些资本投资于各种实物资产项目或者金融资产，为企业带来更大的收益，但企业也可能将部分的自由资本捐赠给社会公益事业。而企业捐赠数额的大小，部分取决于将资本进行投资的回报率的高低。如果回报率较高，企业将会以更多的资本用于投资，捐赠数额相对较小。其实，企业这种做法最终对社会是有利的。如果企业放弃了可以投资于高回报的项目，将最终减少整个社会的财富，这也不利于社会公益事业的长远发展，因为公益事业的壮大必须以社会中的企业持续发展为基础。如图 1 所示，假设企业当前有 *OA* 数量的可自由支配资本，可以用于项目投资或者公益捐赠，并设当前可投资项目的回报率为 *KO/AM*。此时，企业选择效用曲线与 *BA* 线相切的点，*AM* 用于投资，*OM* 用于捐助公益事业。如果企业面对回报率更高的项目，例如回报率为 *OL/AN*，企业将更多地进行投资，社会公益捐赠将会减少，此时企业投资为 *AN*，剩下的 *ON* 用于捐赠。可以认为，当经济比较景气的时候，企业能够得到更好的投资回报，会将更高比例的资本用于投资，从而捐赠于公益事业的比例相对会小；当经济不太景气时，企业会将更大比例的资本用于捐赠。因为在很多企业看来，捐赠公益事业也是一种投资，也会带来回报。不过，当经济景气时，企业投资的收益也较大，捐赠于社会公益的绝对值不一定小，而且这里描述的只是影响企业捐赠决策的一个因素。

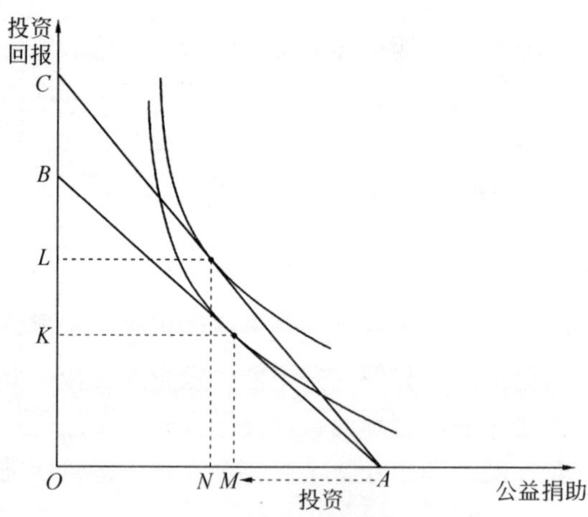

图 1　公益捐助与投资回报关系图

大卫·路德（David Ruder，1965）认为："仰赖传统的赢利最大化的理论，并不能导致对于当今公司责任的提法的否定。在经营判断原则的框架之内，存在着许多可以将资金用于有价值的公共福利措施的机会。惟一的限制是公司政策必须与公司的长远利益有着合理的联系。"[①]1983 年，美国运通公司积极为自由女神像修复计划募集和捐赠资金，迅速为公司树立了良好的公众形象，从此成为"有社会责任心、关心公益甚至爱国的公司"[②]。思科系统公司（Cisco Systems，Inc.）是"竞争环境导向型慈善行为"最成功的实践者。该公司于 20 世纪 90 年代初创办的免费网络技术培训项目，不仅产生了巨大的社会效益，也卓有成效地改善了公司的竞争环境，如企业与所在地政府及社区的关系、网络管理人员素质、公司社会声誉、客户关系以及员工工作热情等都因此而得到了明显的改善[③]。

二、企业存在和发展与社会公益事业的关系

企业的发展离不开社会的发展。每一个企业就像是整个社会肌体中的一个组织，企业的健康发展为社会稳定和发展提供动力，社会的发展与进步为企业生存提供良好的环境。

（一）"以人为本"的生产经营理念是企业长期发展的基础

社会公益事业的发展体现了"以人为本"的精神内涵。无论是对公共产品的无偿提供、对非赢利组织的捐赠，还是对灾区人民的支援，无不体现着为人民着想、为社会作贡献的出发点。企业是社会公益事业推动的主体，公益事业随着企业的发展而发展，同时对社会公益事业的贡献也体现了企业的社会责任，推动着企业的社会责任建设。

"以人为本"理念的核心，就是在企业生产经营过程中尊重劳动者作为人的价值，促进人的全面发展。在企业社会责任管理中，"以人为本"有以下几层含义：

（1）"以人为本"意味着企业员工是影响企业生产和发展最重要的生产要

① David Ruder. Public obligation of private corporation [M]. 114U.Pa.LawReview, 1965.

② Mescon T S, Tilson D J.Corporate philanthropy: a strategic approach to the bottom-line [J]. California Management Review, 1987, (Wint.): 49 - 61.

③ Porter M E, Kramer M R.The competitive advantage of corporate philanthropy [J]. Harvard Business Review, 2002 (12): 56 - 68.

素。在马克思的劳动价值论中，劳动者的劳动是价值创造的惟一源泉。因此，在产品的生产、经营过程中，劳动者不仅是一个生产或推销的工具，更应该看做是一个通过劳动实现个人价值的主体。劳动者价值的实现是由多方面因素决定的：保证生产安全就是保证劳动者的人身安全；改善工作环境也是为劳动者创造良好的工作条件，使其在生产过程中减轻工作压力，提高工作效率。只有使劳动者全身心地投入到生产中去，才能够促使劳动者充分发挥自身潜能，最大限度地实现自己的价值。

(2)“以人为本”的理念意味着在企业日常管理中必须尊重劳动者。尊重劳动者的人格，尊重劳动者应该享有的权利。企业员工不仅是赚取工资报酬的工具，虽然他们在地位上与企业的经营者和管理者不同，但是，他们也是有自我意识、有尊严、有感情、有自己思想的社会人，也是受国家法律保护的合法公民。所以，他们的合法权益必须得到保障。

(3) 从长远角度来讲，“以人为本”是一个准备长期发展的企业的立足之本。如果把劳动者仅仅看做是打工者，那么，员工与企业仅仅是一种契约性的雇佣关系。员工只是付出劳动，赚取工资报酬，就会仅仅把他们的责任限于规定的职责范围内；员工与企业的关系将随着一个短期契约的结束而结束，员工就会对企业缺乏一种主人翁的责任感。相反，如果把员工看成是各种不同的人才，尊重他们，最大限度地发挥他们的潜能，那么，他们就会成为推动企业发展、推动企业创新的动力，成为企业宝贵的人力资源。企业与员工的和谐关系、企业内部的凝聚力是企业发展的重要财富。承担社会责任，在表面上似乎是企业为员工付出了一定的成本，但实际上企业因此所获得的回报是无形的、巨大的。因此，把企业社会责任的压力转化成为企业发展的动力，这是在经济全球化背景下提高企业国际竞争力的必由之路。站在法律的角度上看，企业社会责任所强调的改善员工工作条件，保障员工生产安全、职业健康和合法权益，保护环境，支持社会公益事业和社区发展实际上是与我国劳动法、生产安全法和环境保护法的宗旨一致的。强化企业社会责任，就是强化企业遵守法律的自觉性，使企业在创造利润的同时，主动承担对员工、消费者、环境和社区的社会责任，实现企业经济目标和社会目标的协调发展。

（二）“企业公民”理念的树立是推进企业社会责任建设的核心

近年来，随着世界经济的发展，“企业公民”的理念在国际上已经得到充分认可并广泛流行。“企业公民”就是指一个企业在注重经济效益的同时，还要作为一个公民积极地承担社会责任。目前，已有越来越多的企业清楚地认识到：一个成功的企业一定是一个具有公民意识的企业，而一个具有公民意识的企业，不但要注重公司本身的经济绩效，还必须关心和努力提高企业行为对社会和环境所产生的重要影响。这些企业的成功标准已超过了财务报表的定义，上升到了与社会分享成果的层面。企业将自己的一部分利益回馈社会，开展各种慈善公益活动，不仅满足了社会公益活动对资金的需求，同时企业又将自身良好的企业文化与观念带给社会，提高了社会的道德水平。

企业的发展离不开社会的发展。近年来随着公益活动越来越受到人们的关注，赞助公益活动已经成为“活广告”。在赞助公益事业的同时，可以为企业树立一个负责、积极的社会公民形象，是提升企业品牌形象和品牌价值的主要途径之一。这种方法通过将企业的一部分利润用明确的方式返还给社会，从而在受众心目中树立起一个负责任的“企业公民”的形象，以达到增强企业品牌美誉度的目的。

在西方，从 20 世纪 60 年代对企业社会责任的纷争到 90 年代众多企业对企业社会责任的认同和支持，期间经历了 30 多年的时间。到 90 年代末期，“企业社会责任”才逐步走上制度化的发展轨道。在此期间，欧美企业家在经营理念上经历了很大的转变，这种转变不仅是企业家自身从“经济人”假设到“社会人”假设、再到“企业公民”理念的转变，而且在企业经营理念上，由原来的只对股东利益负责到对利益相关者承担社会责任，也经历了很大的转变。这些转变也是在一系列社会事件和社会运动的触动下发生的。20 世纪早期，欧美企业也并不认为企业应该承担社会责任。但是，像“伦敦烟雾事件”等一系列污染环境和损害公众利益事件的发生，以及这些事件所引起的西方消费者运动、可持续发展运动和企业社会责任运动，迫使企业家不得不承认企业与环境、与社会的关系不再是分离的、对立的，而是相互促进、相互协调的。企业承担社会责任对企业的可持续发展是有好处的，不承担社会责任就会付出更大的代价。企业家也认识到，不仅要使企业生产的产品拥有较高的知名度，而且企业还要树立良好的品牌形象和企业的社会形象，才能够更多地赢得顾客的青睐和消费者的满意。所以，西方企业家的企业社会责任也是在一系列运动的推动下逐步演进而形成的。

近年来，中国社会政治稳定和经济飞速发展为企业家带来了更多的发展机遇，让自己变得更加富裕成为人们的追求，也为所有人追求财富创造了更多的机遇。然而，一些富人的社会责任意识并未随着财富的迅速增长而提升。一掷千金、大肆挥霍已不是什么新闻，而一些社会公益事业却一度少有人问津，这曾引发了中国社会和百姓对那些富人富而忘本的行为的指责和批评。相反，那些为社会做了大量捐赠的企业家却赢得了广泛的赞誉。

当然，企业家们一方面努力经营自己的企业，积累了大量的财富，另一方面将费尽心力得来的财富不断地馈赠给社会，这个矛盾的过程在常人眼里看来令人费解。无论怎样看待他们进行慈善活动的动机，有两点事实是肯定的：其一，确实有不少需要帮助的群体从中获益，遭遇灾害的人民在困境中获得帮助，渡过难关；落后地区得到资助，社会贫富差距在一定程度上有所改变，对科技进步和教育普及也起到了推动作用。从长远来看，这些慈善活动应该会持续发挥正面的效应。其二，慈善家的善行的确赢得了大多数人的赞同。那些慈善家行善的行为正在社会上引起正面效应，在某种程度上也可以说是慈善家人生价值的实现和人格魅力的体现。

目前社会上知名的慈善家基本都是商界成功人士，所以他（她）们不大可能是为了提高自己的声誉或是为获得某种商业利益而采取这些善举。因为通过更加经济实惠的方式，他们同样可以达到这些目的。因此，慈善家们的善举，应当是基于自愿奉献的精神和强烈的社会责任感。在承担起社会责任并为之作出贡献的同时，由于得到社会正面评价的反馈，使慈善家们获得一种精神上的满足感和成就感。这种效用对于已是亿万富翁的慈善家们而言，恰恰是货币财富所不能提供的。因此，在保留货币财富和获得精神财富（幸福）之间，他们更愿意选择后者。

社会学家认为，由最初的单纯追逐利益到今天的热心社会公益事业、主动承担社会责任，是社会发展和企业家成熟的必然历程。将对人的关爱和对弱势群体的帮扶与追求企业利润置于同等重要的位置，是中国的企业和企业家日渐走向成熟和理性的标志。

三、广东企业对社会公益事业贡献的现状及存在的问题

（一）广东企业对社会公益事业的贡献的现状

虽然国内企业对公益事业的投入并不少，但在许多人的印象中，目前国内企业更多的公益行为主要是在偶然的、孤立的事件里被动参与。例如，只有灾难性事件发生时国内企业才会发生公益行为，才能掀起一股捐助热情，而不像国外企业的公益行为具有系统性和长期性，以及政府在操作上的规范性。

企业热衷于偶然性、孤立性事件的公益参与，而不太关注长期性的公益事业，可以通过以下模型进行分析。当前我国许多企业进行公益事业捐赠，并非纯粹是道德使然，而常常是考虑到该捐赠行为是否能够给企业带来较大的正面宣传效果。只要捐赠达到一定数额，媒体都会进行一定程度的报道，超过这个数额后，媒体报道的边际力度是递减的。同时，报道所产生的正面效果的持续时间是与企业捐赠的大小和媒体报道力度成正比的，但是边际持续时间是递减的。企业捐赠的数额用 x 表示，企业每期可以因为捐赠增加收益$B(x)$，并且

$$B'(x)>0,\quad B''(x)<0 \tag{1}$$

第二个约束的原因是媒体报道的力度是边际递减的，所以，企业得到的好处也随之递减。假设该作用持续 T 期，期数依赖于捐赠的 x，并且

$$T'(x)>0,\quad T''(x)<0 \tag{2}$$

所以，企业捐赠 x 可以得到的总收益为$T(x)B(x)$(为了简单起见，我们假设贴现率为 1)。为了更直观地分析，假设其具体形式为 $ax^{\alpha}x^{\beta}$，且

$$T(x)=ax^{\alpha},\quad B(x)=x^{\beta} \tag{3}$$

其中，a，α，β 为相关参数，$0<\alpha<1$，$0<\beta<1$。假设企业有 nz 数额的财富可以用于捐赠。相对于一次性地把财富投入到一个长期性、系统性的公益事业中，企业更偏好于把财富分成多份逐次捐赠，以求达到更好的宣传效果，这是与许多现实因素有关的。假设企业将 nz 数额财富分成 n 份捐赠，得到的总收益为

$$R=naZ^{\alpha+\beta} \tag{4}$$

而一次性捐赠的总收益为

$$R_0=an^{\alpha+\beta}Z^{\alpha+\beta} \tag{5}$$

当 $\alpha+\beta<1$ 时，企业更愿意逐次地进行捐赠；反之，则更愿意一次性地进行捐赠。因此，为了使得企业更加关注长期性、持续性的捐赠，社会应该创造环境使 $\alpha+\beta>1$，即减小两个边际作用的递减强度。

近些年来的体制改革，包括市场体制的发育健全，法律、法规的逐步完善，为民间公益活动家、慈善家的出现创造了一定的空间。这些企业家初步积累了个人的财富，因而，他们已经有能力从事这种公益活动。然而，那些为社会捐助了大量的物资或善款的企业家往往并不是社会中最富的那一部分人。笔者以为，应该一分为二地看待这个问题。一方面，我国目前的慈善观念尚未深入人心，慈善制度还不完善，加上有些慈善机构的操作也不规范，以及个别慈善机构的腐败现象被曝光，这些都使得诸多企业家一直有所顾虑；另一方面，毕竟企业家的首要任务不是慈善事业，而是有效地经营自己的企业，创造更多

的社会财富，再加上个人价值观不同，使得一些企业家选择了其他方式来回报社会。

如图 2 所示，假设某一企业家打算进行慈善捐助，资金上限为$\bar{x}$，其因为捐助得到的精神效用为$B(x)$，并且

$$B'(x) > 0, \quad B''(x) < 0 \tag{6}$$

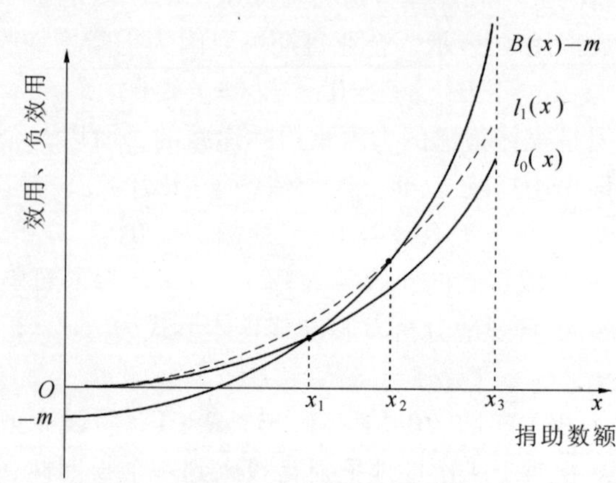

图 2　企业家捐助数额与效用关系图

而慈善款项被挪用等腐败现象出现的概率为 P，该概率不为企业家所控制。只要该概率为正，一旦腐败发生，企业捐助数量越大，给企业家带来的负效用越大。在概率给定情况下，负效用函数为$l(x)$，并且

$$l'(x) > 0, \quad l''(x) > 0 \tag{7}$$

假设企业家只要在净效用为正的情况下即进行捐助，再在此基础上寻求效用最大化。

假设无论企业家捐助的数额是多少，正常的管理成本都为一常数 m。因此，企业家捐助的效用为$B(x) - m$ 。但是，如果腐败发生的概率为正，将给企业家因捐助而带来负效用，当腐败概率为 P_0 时，负效用曲线为$l_0(x)$。在此情况下，只有企业家的捐助限额大于等于 x_1 时，企业家的捐助才会为企业家带来正的净精神效用。但实际上不少企业家的捐助上限 $\bar{x}$ 小于x_1，这些企业家将会选择放弃捐助；只有上限大于 x_1 的企业家才有可能决定维持捐助。如果腐败概率上升为 P_1，临界点将会上升到 x_2，社会将会损失更多的企业家捐助。如果整个社会拥有运作良好的慈善款项运作机构，腐败概率几乎为 0，则只要捐助款额超过管理成本 m，企业家就会选择捐助。同时，如果社会能够

降低管理成本 m，$B(x)-m$ 曲线将会上移，更有利于企业家进行慈善捐助。

（二）广东企业参与社会公益事业存在的问题

随着广东省经济实力的日益增强，越来越多的企业家积极参与社会公益事业。但不可忽视的是，目前广东企业在社会责任方面还存在不少问题，有些甚至还很严重。应该看到，目前这些公益行为大多数还不具有系统性和长期性。从总体上看，广东省劳动密集型企业还占有较大的比例，而且现阶段大多数企业还很不成熟，不少企业处在急功近利的阶段，在这一时期，企业特别不注意社会责任，突出表现为克扣工资、延长工时、偷工减料、生产假冒伪劣商品和破坏生态环境。

综合来看，广东企业对企业存在的社会责任问题主要集中表现在以下几个方面：

(1) 生产工作条件普遍较差，特殊工作环境中个人防护用品缺乏，生产安全问题突出。同时，特种人员和特种设备安全管理差，职业中毒、有毒有害化学品的保管使用不当；工人住宿拥挤，宿舍条件太差；饮食卫生、质量存在问题。

(2) 在参与公益事业的同时，往往忽视对企业职工的人文关怀。侵害劳动者权益事件时有发生，工资低于最低工资标准，不依法支付加班费；收取职工押金，扣押身份证和限制人身自由；侮辱体罚工人，侵犯工人人身权利；对员工冷漠，缺乏人文关怀；违法使用未成年工；员工基本权益缺乏保障；没有工会组织或者形同虚设；没有提供法定的福利待遇。

(3) 在对外捐助方面可能都一窝蜂地集中于那些突如其来的、备受社会关注的灾害、灾难上面，而面对需长期关注、大量投资的教育、扶贫、西部开发、环保、生态建设等问题，由于属于一些“老生常谈”的问题，就没那么热心了。

四 、广东企业对社会公益事业贡献的前景及须解决的问题

（一）广东企业对社会公益事业贡献的前景

为公益事业多作贡献是一种双赢的活动。一方面，企业投资公益事业，使得贫困地区人口或是弱势群体的生活水平得到提高，教育条件得到改善，或是

在灾后得以顺利渡过难关，他们确实得到了实在的利益；另一方面，通过投资公益事业，企业也得到了相应的回报。首先，公益行为亲切自然，易于被接受，而它实质上是一种软广告。其次，公益活动的沟通对象面广量大、有针对性，从而在不经意间以春风化雨的形式在公众心目中树立起企业的良好形象。良好的企业形象同时可以拉动产品的销售，可谓“一箭双雕”。

公益行为虽然不能直接带来产品的销售，但从长远来看，它会改变人们对企业的看法，间接地提升品牌的声誉、形象以及促进销售等。从我国目前的经济发展水平和社会文明发展的程度来分析，企业投资公益事业可能会获得如下潜在的收益：第一，树立公司良好形象，为开拓市场打下良好基础。利益相关者理论认为，与一个组织相关联的个人或群体，无论是间接相关还是直接相关，其行为和利益与相关者之间存在相互影响、相互作用的关系。第二，造就公司企业文化，增强企业凝聚力。优秀的现代企业都十分注重企业文化建设、企业道德建设、企业形象建设。因为优秀的企业文化是企业奋发向上、蓬勃发展的原动力，而社会公益事业十分有利于营造企业文化氛围和塑造企业形象。第三，获得媒体宣传等增值效应。研究表明，投资公益带来的附带宣传比单纯的广告宣传更能获得社会认同，更有利于树立企业形象，这就是人们常说的公益活动中的媒体宣传增值效应。第四，公益投资给投资人带来精神上的愉悦和享受。对公益事业多作贡献能为投资公益的企业和企业家带来心灵上和精神上的满足，而这种精神上的满足感对于那些在商业上已获得成功的人士来说不可或缺。

（二）广东企业参与社会公益事业存在问题的解决措施

目前，我国的经济、社会发展水平相对比较低，国家的主要精力放在发展经济、增强综合国力、提高国际竞争力上。因而，在投资社会公益事业方面，还没有统一、规范的运营机制，在很多方面还存在明显的不足。笔者认为，广东应该从以下几方面加强和改进社会公益事业工作。

（1）进一步加强地方政府在发展公益事业中的作用。政府机关由于其机构的特殊性，在公益活动中更容易获得企业和人民的信赖，也更具号召力。因此，政府机关应责无旁贷地担负起公益活动“引导人”的角色，建立起统一、规范的组织，把目前零散的公益活动组织起来。同时，统一的组织也为个人、企业进一步为公益事业作贡献提供一个稳定的、长期的平台。

（2）在统一组织下，允许和支持民间公益组织的存在和发展。当然，对于民间组织，政府要加强引导，规范其运行，使其健康发展，成为政府机构必要的和有益的补充。

(3) 尽快制定和完善各种相关规章制度，努力为公益活动提供稳定的制度平台，使各项公益活动有法可依、有章可循。特别是对于不同领域会存在不同的具体情况，只有完善了各项规章制度，才能保证公益事业的健康发展。

(4) 建立与之配套的激励机制，如在《中华人民共和国公益事业捐赠法》第四章优惠措施中规定的企业所得税、个人所得税、进出口企业的关税和增值税以及对公益项目的支持等优惠措施。广东也可以根据本省的具体情况以及各个行业的具体情况，制定出相关的优惠政策。哪怕是心理上的或者精神上的奖励，也足以吸引更多的富豪们慷慨解囊。

企业开展慈善活动会引起成本增加，这些成本基本上由企业承担，而社会将会收益，企业自身也会有所受益，但社会受益将远远大于企业受益。如图3所示，假设企业慈善捐助的规模用 Q 表示，其边际成本曲线为 MC_0，而企业的边际收益曲线为 PMR，企业的收益包括捐助给企业带来的预期经济效益以及企业主的精神效用，社会的边际收益曲线为 SMR，位于 PMR 上方。此时，企业捐助的数额为 q_0。如果政府和社会能够帮助企业降低捐助的边际成本，如给予一定的优惠措施和便利，则企业捐助的规模将上升。如果企业边际成本曲线下降到 MC_1，企业的捐助规模将加大到 q_2，更加接近社会的最优规模 q_1。此外，如果社会对企业捐助给予较高评价，企业家的精神效用会更高，边际效用一般也会提高，因此，边际收益曲线会上升，这也有助于促进企业捐助规模的加大。

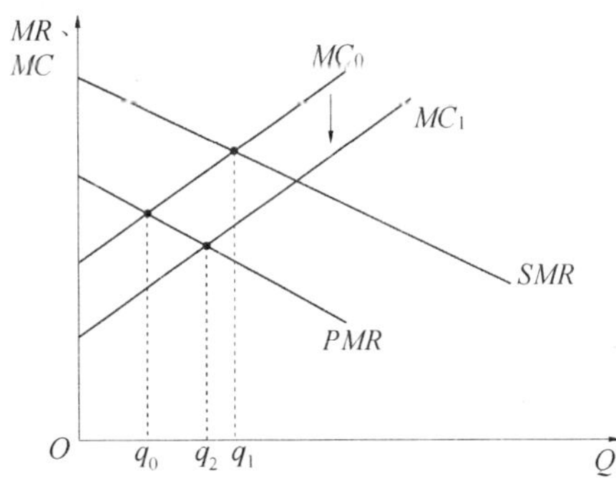

图3　企业家捐赠规模与成本、收益关系图

(5) 在公益事业相关岗位上的在职人员必须具有较高素质。在职人员应有公益心以及献身公益事业的热情，至少让那些献身公益事业的人不会有所顾虑。

（6）充分利用现代化的新闻媒体的技术优势，加强公益事业及公益活动的宣传。只有公益观念深入人心，公益活动才能在全社会范围内广泛展开。到那时，参加公益活动就会变成一种自觉的行动，公益事业定会蓬勃发展。

参考文献

[1] Archie B Carroll. A three-dimensional conceptual model of corporate social performance [J]. Academy of Management Review, 1979, 4 (4): 497-505.

[2] Howard R Bowen. Social responsibilities of the businessman [M]. New York: Harper & Brothers, 1953.

[3] John L Paluszek. Business and Society (1976-2000) [M]. New York: AMACOM, 1976.

[4] George A Steiner, John B Miner. Management policy and strategy [M]. 3rd ed. New York: Macmillan, 1986.

[5] Richard E Wokutch. Corporate social responsibility, Japanese style [J]. Academy of Management Executive, 1990 (4): 56-74.

[6] Keith Davis. Understanding the social responsibility puzzle [J]. Business Horizon (Winter1976), 10: 45-50.

[7] Keith Davis, Robert L. Blomstrom. Business and society: environment and responsibility [M]. 3rd ed. New York: McGraw-Hill, 1975.

[8] 周祖城. 企业伦理学 [M]. 北京：清华大学出版社，2005.

[9]（美）乔治·斯蒂纳，约翰·斯蒂纳. 企业、政府与社会 [M]. 北京：华夏出版社，2002.